Comentários à Nova Lei de Franquia

Comentários à Nova Lei de Franquia

LEI Nº 13.966/2019

2023 • 2ª Edição com Jurisprudência Atualizada

Alexandre David Santos

ALMEDINA

COMENTÁRIOS À NOVA LEI DE FRANQUIA
LEI Nº 13.966/2019

AUTOR: Alexandre David Santos

DIRETOR ALMEDINA BRASIL: Rodrigo Mentz
EDITORA JURÍDICA: Manuella Santos de Castro
EDITOR DE DESENVOLVIMENTO: Aurélio Cesar Nogueira
ASSISTENTES EDITORIAIS: Larissa Nogueira e Rafael Fulanetti
ESTAGIÁRIA DE PRODUÇÃO: Laura Roberti

DIAGRAMAÇÃO: Almedina
DESIGN DE CAPA:

ISBN: 9786556278148
Abril, 2023

Dados Internacionais de Catalogação na Publicação (CIP)
(Câmara Brasileira do Livro, SP, Brasil)

Santos, Alexandre David
Comentários à nova lei de franquia lei n. 13.966/2019 / Alexandre David Santos. – 2. ed. – São Paulo : Almedina, 2023.

Bibliografia.
ISBN 978-65-5627-814-8

1. Contratos – Brasil 2. Franquias (Comércio varejista) – Leis e legislação – Brasil 3. Jurisprudência – Brasil I. Título.

23-144828 CDU-34:339.176

Índices para catálogo sistemático:

1. Franquias : Leis : Direito 34:339.176

Aline Graziele Benitez – Bibliotecária – CRB-1/3129

Este livro segue as regras do novo Acordo Ortográfico da Língua Portuguesa (1990).

EDITORA: Almedina Brasil
Rua José Maria Lisboa, 860, Conj.131 e 132, Jardim Paulista | 01423-001 São Paulo | Brasil
editora@almedina.com.br
www.almedina.com.br

À minha equipe de trabalho, conhecida como TeamADA, especialmente aos advogados Gabrielle Ramos e Guilherme Vega, que me apoiaram e contribuíram para que eu pudesse me dedicar quase que exclusivamente na elaboração desta obra, conduzindo com excelência as atividades do escritório.

AGRADECIMENTOS

O apoio e incentivo de minha esposa Juliana, tanto para os estudos e trabalhos acadêmicos, como para o desenvolvimento desta obra, foram fundamentais para sua concretização. Agradeço eternamente.

PREFÁCIO

Honrado com o convite de Alexandre David Santos para prefaciar a segunda edição de "COMENTÁRIOS À NOVA LEI DE FRANQUIA: LEI Nº. 13.966/2019", asseguro que esta obra, com jurisprudência atualizada, certamente representará uma contribuição significativa para a consolidação de entendimentos em prol do *franchising* nacional – setor que tem demonstrado, ano após ano, a sua força e maturidade e deve registrar, em 2022, um faturamento recorde superior a R$ 200 bilhões.

Por isso, posso dizer com segurança que, no Brasil, cada vez mais, o *franchising* vem sendo opção para o desenvolvimento de negócios no âmbito empresarial e, gradualmente, vem ganhando espaço também no setor público. A nova Lei de Franquia trouxe aperfeiçoamentos que ajudaram a fortalecer o setor. Vemos o sistema numa cadência de expansão ordenada e regionalizada em todo o País e, sobretudo, pautado por agendas fundamentais para a perpetuidade dos bons negócios, como ESG (Ambiental, Social e de Governança), digitalização e inovação.

Se no setor encontramos esse comprometimento, neste estudo pormenorizado da nova Lei de Franquia encontramos a profundidade teórica necessária para oferecer, não apenas aos profissionais do Direito, mas também a franqueadores e franqueados, o entendimento pleno dos seus conceitos e como o Poder Judiciário tem enfrentado as questões litigiosas que lhe são submetidas em decorrência da aplicação da nova lei.

Este livro, em sua nova edição, segue firme com o propósito de contribuir e aprimorar o sistema de franquias nacional, ao entregar um estudo amplo e profundo dos conceitos estabelecidos pela nova legislação. O autor faz isso com rigor metodológico e profundidade teórica, sem descuidar da jurisprudência dos tribunais, em especial daquilo que vem sendo decidido pelas instâncias superiores judiciais.

Em suma, o autor estabelece coerência e coesão pedagógica, o que faz da obra um verdadeiro manual de franquia. Sua leitura pode ser realizada artigo por artigo, sem prejuízo do todo. É um trabalho completo, bem estruturado e muito bem escrito, fruto de exaustiva pesquisa.

Por estas razões, entre outras facilmente identificadas no conteúdo didático e instigante deste livro, é com orgulho e grata satisfação que apresento e recomendo a presente obra. Boa leitura a todos!

ANTONIO BENTO MOREIRA LEITE
Graduado em Economia (UFRJ), com MBA em Marketing (PUC-RJ) e especialização em Gestão Avançada pelo IE Business School de Madri, é presidente do Grupo Trigo, que agrupa as redes China in Box, Gendai, Gurumê, Koni, LeBonton e Spoleto. Presidente da ABF para o Biênio 2023/2024.

SUMÁRIO

INTRODUÇÃO

O Brasil conta com seu segundo marco legal de franquias. Derivado do projeto da Câmara dos Deputados (PLC 219/2015) o novo marco legal ainda tem como desafio atualizar e modernizar os negócios, além de suprir lacunas da lei anterior. Em vigor desde 27/03/2020, revogou expressamente a conhecida Lei das Franquias, sancionada no governo Itamar Franco (Lei 8.955, de 1994).

Considerando que a atual lei de franquia[1] vigora há 3(três) anos, é tempo suficiente para a necessária acomodação e adaptação dos modelos de franquia por parte dos franqueadores e dos operadores do sistema de Franchising, sobretudo pelo dinamismo e capacidade de rápida adaptação dos empresários – a exemplo do que ocorreu na pandemia da Covid-19, sendo a resiliência uma forte característica do setor.

No entanto, do ponto de vista de análise das decisões do poder judiciário a história é outra. O relógio do tempo dos tribunais concretamente não é o mesmo do mundo empresarial. Há um discrepante descompasso entre a velocidade com que os empresários promovem as adequações à nova lei e o tempo de resposta das decisões judiciais.

A nova Lei 13.996/19 ampliou o conceito de franquia empresarial. Está mais completo, incluindo o direito de uso de métodos e sistemas de implantação e administração de negócio ou sistema operacional. Além disso, estabelece que não há vínculo empregatício do franqueador com os funcionários do franqueado, mesmo no período de treinamento.

Estabelece de modo enfático a natureza eminentemente empresarial do enlace entre franqueador e franqueado, destacando a independência

[1] Lei 13.966/2019

econômica e jurídica da relação, sem a qual não poderia existir o mercado de franchising no Brasil e no mundo.

A nova lei renova a característica principal do setor, inserida no conceito de *franchising* e no dever de publicidade – Circular de Oferta de Franquia – pelo franqueador perante o candidato, aproximando-se do gênero *disclousure statute* do direito norte-americano em que a norma é imperativa no que tange à transparência da relação. Exige, portanto, que o franqueador permita ao interessado na franquia, o acesso às inúmeras informações inseridas na COF, inclusive a relação de franqueados e, também, dos franqueados que se desligaram da rede nos últimos 24 meses – a lei anterior exigia apenas 12 meses.

As novidades não foram profundas, porém, foram fundamentais em pontos estratégicos da relação. O destaque está no afastamento da hipossuficiência, afastando definitivamente o vínculo empregatício entre as partes, além de estabelecer a ausência de relação de consumo entre franqueador e franqueado, afastando a vulnerabilidade na relação eminentemente empresarial. Desse modo, na prática, tais mudanças fazem parte do dia a dia do setor, trazendo em definitivo a independência e a paridade empresarial, indispensáveis para estabilização e avanço do *franchising* como canal de distribuição no mercado de varejo.

A pujança do setor de franquia que decorre do empreendedorismo e da rápida capacidade de adaptação de empresários a novos negócios, somados à característica de resiliência para superar momentos difíceis, sobretudo no período pandêmico, são fatores que reforçam a necessidade de uma legislação que proporciona, dentro de um mercado regulado, mais segurança jurídica, capaz de manter sua atratividade.

Desde a vigência do novo marco legal, empresas privadas e entidades sem fins lucrativos podem ser franqueadoras, independentemente do setor em que desenvolvem atividades.

Questão fundamental para compreensão e interpretação do tema é a análise das características do contrato de franquia. Nesse ponto, o estudo se direciona apenas para os elementos nucleares do contrato de franquia, capazes de gerar efeitos práticos cujos resultados nos interessam. Há, portanto, uma delimitação de análise para evitar digressões desnecessárias.

Em seus 10 artigos, a nova lei também reforça a liberdade contratual, princípio fundamental do direito, sobretudo no competitivo mercado de franquia.

Já o núcleo do livro se constitui na análise dos seguintes aspectos: histórico, jurisprudencial, doutrinário, legal e comercial do contrato de franquia e da nova lei.

Em razão da relevância para o setor, foi dada ênfase ao tema das obrigações pós-contratuais, que decorre da nova previsão legal.

No aspecto histórico, acerca da cláusula de não concorrência, a referência é o caso da Cia de Tecidos Juta, defendido por Rui Barbosa; a abordagem jurisprudencial nos revela a recente decisão do Supremo Tribunal de Justiça (STJ) sobre o julgamento das cláusulas de raio, que mantêm afinidades e identidade de fundamentos com as cláusulas de não concorrência, mas que não se confundem; já os dispositivos legais, normas constitucionais e a orientação doutrinária balizam o estudo; no aspecto comercial, destacamos caso Wizard x Wisdom, considerado o *leading case* do setor de *franchising*; e, por fim, ainda que não seja objeto de análise da obra, apresentamos a posição do Cade ao julgar o caso do Shopping Center Norte, trazendo precedentes das Supremas Cortes dos Estados de Connecticut e Ohio, nos EUA.

Ainda como temas centrais, abordamos questões sobre a atividade essencial, uniprofissional, prévio domínio do *know-how*, descumprimento contratual do franqueador e responsabilidade de parentes e sócios sob a ótica da característica *intuitu personae* do contrato de franquia, responsáveis pela nossa construção do que chamamos de *requisitos estratégicos*, conforme definição estabelecida para este livro.

O estudo do direito comparado da cláusula de não concorrência no direito norte-americano – *non-compete clause* (NCC) ou *covenant not to compete* (CNC) – é uma significativa referência para que tenhamos em nosso radar as lições aprendidas. Destaque para o caso julgado pelo Tribunal de Nebraska, ao liberar o ex-franqueado para competir no mesmo território com o franqueador após a vigência contratual, em razão do reconhecimento de abusividade por parte do franqueador.

Ao final, após análise da amostra selecionada, faremos críticas à nova lei e proposições práticas acerca da *modulação* da cláusula de não concorrência, bem como uma proposta de alteração do novo marco legal do *franchising*.

Outro tema de extrema relevância que surge é o desenvolvimento de nova atividade de expansão de redes franqueadas por meio de empresas denominadas de aceleradoras. Em que pese a polêmica envolvendo o assunto, devemos fazer algumas reflexões.

Primeiro, o conceito fundamental de *franchising* é exatamente de se promover a expansão de um determinado modelo de negócio por meio de terceiros investidores denominados franqueados. Portanto, podemos afirmar que franquia é expansão por excelência, sem a qual o sistema de franquia não se sustenta e não faz sentido.

Segundo, que expansão pode ser realizada de várias formas, seja por meios próprios da franqueadora (expansão interna, orgânica), seja por empresas terceirizadas (aceleradoras e consultorias de expansão) ou mesmo de forma híbrida.

Logo, atribuir que o problema são as aceleradoras não faz o menor sentido. Pelo contrário, o conceito de aceleradora não só casa com o conceito de *franchising* como é disruptivo e contribui para o rápido desenvolvimento do setor, desde que de forma responsável e sustentável.

Portanto, o problema não é conceitual, mas sim a forma de como se faz a expansão, responsável ou irresponsável, seja por meio orgânico, aceleradoras ou híbrido. Tal decisão e gestão compete às franqueadoras, que, independentemente do modelo de expansão escolhido, deverão ser as responsáveis pela forma de atuação daqueles que provem sua expansão. Elas que devem ditar as regras, até porque eventual inobservância da lei ou das boas práticas de mercado resultará em assunção de riscos para as próprias franqueadoras.

CAPÍTULO 1
A LEI Nº 13.966 DE 26 DE DEZEMBRO DE 2019

1.1. Preâmbulo

A fim de conferir clareza e auxiliar na exata interpretação que pretendemos atingir para a perfeita compreensão dos termos utilizados nesta obra, serão especialmente definidos como:

***Payback*:** é um indicador do tempo de retorno de um investimento. Diz respeito ao período que a empresa demora para devolver ao investidor o dinheiro aplicado em um projeto ou investimento.

***Breakeven*:** é o ponto de equilíbrio nos negócios, também conhecido como *Break-even point*. Significa o ponto em que uma empresa não possui lucros nem prejuízos, isto é, sem ganhos e sem perdas – é o equilíbrio entre as despesas e as receitas.

Requisitos essenciais: são os elementos de limitação temporal, territorial e do objeto que atribuem plena aplicação da cláusula de não concorrência.

Requisitos estratégicos: são os elementos contidos na cláusula de não concorrência relativos à atividade essencial, uniprofissional, prévio domínio do *know-how*, descumprimento contratual do franqueador e responsabilidade de parentes e sócios.

Requisito de eficiência: é a previsão de multa contratual caso o franqueado descumpra o estabelecido na cláusula de não concorrência.

Modulação: é a elaboração específica da cláusula de não concorrência observando-se o caso concreto previamente conhecido pelo franqueador. É a adaptação às circunstâncias. Exemplo: o prévio domínio do *know-how* pelo franqueado é fato conhecido do franqueador. Por esse motivo, deverá contemplar esta situação específica do franqueado para compor como requisito estratégico da cláusula de não concorrência.

Relativização: é não admitir ou tomar como completo. Ao analisar o contrato objeto do litígio, o juiz deverá verificar a aplicabilidade das cláusulas questionadas na ação e decidir a lide sob os enfoques legais, entre eles, mas não se limitando, se a liberdade contratual foi exercida em razão e nos limites da função social do contrato, se houve abuso de poder, observar o cumprimento de princípios, como o da boa-fé. Significa que o juiz poderá interpretar em sentido diverso do que está expresso no texto da cláusula, resultando na insegurança jurídica.

1.2. Problema geral do tema

Enquanto muitos países de destaque mundial não têm uma lei de franquia para regulamentar o setor e proporcionar segurança jurídica às partes, após 25 anos do primeiro marco legal, o Brasil saiu na frente novamente e conta com a evolução do sistema de franquia ao aprovar sua segunda lei: o novo Marco Legal das Franquias.

Como corolário do desenvolvimento econômico e empresarial do sistema de franquia, a nova legislação não só preserva o fundamento da transparência entre as partes, como o reforça e traz novos institutos jurídicos que devem constar da Circular de Oferta de Franquia ("COF") e dos instrumentos jurídicos – Pré-Contrato e Contrato de Franquia. Fundamentalmente, por meio do artigo 1º, introduz no conceito de sistema de franquia empresarial a exclusão da relação de consumo e vínculo empregatício em relação ao franqueado ou a seus empregados, ainda que durante o período de treinamento. Verdadeiro alívio às franqueadoras que sempre se defenderam, no sentido de reconhecer a paridade e independência empresarial entre franqueadora e franqueado para afastar os referidos vínculos.

Mas, qual é a grande mudança proposta no Novo Marco Legal das Franquias?

Sem dúvidas, podemos afirmar que é a previsão do instituto legal da sublocação do franqueador para o franqueado. Além disso, o Novo Marco Legal das Franquias atribui legitimidade a qualquer uma das partes para propor a renovação do contrato de locação do imóvel – leia-se ação renovatória – vedada a exclusão de qualquer uma delas do contrato de locação e de sublocação por ocasião da sua renovação ou prorrogação, salvo nos casos de inadimplência dos respectivos contratos ou do contrato de franquia.

O novo dispositivo admite expressamente que o valor da sublocação poderá ser superior ao valor da locação paga pela franqueadora ao proprietário do imóvel, desde que o valor não onere de forma excessiva o franqueado, de modo a inviabilizar economicamente o negócio.

O novo marco legal das franquias altera o art. 4º e atribui as consequências da inobservância da entrega da COF nos termos do agora artigo 2º – na lei anterior artigo 3º – com omissões ou falsificações de informações, aplicando a sanção prevista no § 2º do art. 2º da lei ora em análise, ou seja, poderá arguir anulabilidade ou nulidade, conforme o caso, e exigir a devolução de todas e quaisquer quantias já pagas.

O parágrafo segundo do art. 2º passa a prever que a não entrega da COF no prazo poderá ensejar nulidade ou anulabilidade do contrato de franquia, com restituição de valores pagos a título de taxa de filiação ou *royalties*, corrigidas monetariamente. Na Lei 8.955/94, esse dispositivo previa que o não cumprimento da obrigação de entrega da COF no prazo ensejaria apenas a anulabilidade do contrato. Cumpre ressalvar que a utilização dos termos "anulabilidade e nulidade" tem gerado discussões entre advogados, teses, doutrinas e, claro, jurisprudências divergentes. Os termos adotados indistintamente estão fora da boa técnica profissional e trazem problemas mesmo para os mais brilhantes advogados do setor. Veremos com mais profundidade no artigo específico sobre o tema.

E como ficam as franquias internacionais neste Novo Marco Legal?

Outras duas novidades do marco legal estão no artigo 7º. A primeira, artigo 7º, inciso II, traz a previsão de contratos de franquia internacionais, que serão escritos originalmente em língua portuguesa ou terão tradução certificada para a língua portuguesa custeada pelo franqueador e os contratantes poderão optar, no contrato, pelo foro de um de seus países de domicílio.

A outra novidade está no artigo 7º, § 1º, que prevê a possibilidade de as partes elegerem juízo arbitral para solução de controvérsias relacionadas ao contrato de franquia, prática que já era adotada por algumas franqueadoras. A vantagem da utilização deste instituto do direito é poder valer-se do sigilo atribuído aos casos submetidos à arbitragem e evitar celeumas na rede.

O que deverá conter na COF nos termos da nova lei de franquias?

Sobre as alterações do artigo 2º – correspondente ao artigo 3º da lei anterior – acerca da Circular de Oferta de Franquia, a partir da vigência da nova lei, ela deverá conter (além das informações já exigidas na Lei n. 8.955/94) o seguinte conteúdo:

Relação completa de todos os franqueados, subfranqueados que se desligaram da rede nos últimos **vinte e quatro meses**, com os respectivos nomes, endereços e telefones (a Lei n. 8.955/94 exigia apenas dos últimos doze meses);

Se há e quais são as regras de concorrência territorial entre unidades próprias e franqueadas;

Previsão de como serão incorporadas inovações tecnológicas à franquia;

Detalhamento quanto ao layout e aos padrões arquitetônicos das instalações do franqueado, devendo esclarecer se a franqueadora será, ou não, responsável pelo arranjo físico de equipamentos e instrumentos, memorial descritivo, composição e croqui;

Caracterização completa acerca dos processos de registro da marca e outros direitos de propriedade intelectual, com número de registro ou pedido protocolizado, com a classe e subclasse;

Indicação da existência ou não de regras de transferência ou sucessão e quais são elas;

Indicação das situações em que são aplicadas penalidades, multas ou indenizações e respectivos valores, estabelecidos no contrato de franquia;

Informações sobre a existência de quotas mínimas de compra pelo franqueado junto ao franqueador, ou terceiros por este designado, e sobre a possibilidade e as condições para a recusa dos produtos ou serviços exigidos pelo franqueador;

Indicação da existência de conselho ou associação de franqueados, com as atribuições, poderes e os mecanismos de representação perante o franqueador;

Indicação das regras de limitação de concorrência entre franqueador e franqueados, e entre os franqueados durante a vigência do contrato de franquia;

Especificação precisa do prazo contratual e das condições de renovação, se houver.

1.3. Procedimentos metodológicos da obra

Nesta obra apresentamos uma revisão bibliográfica e comentários artigo por artigo da nova lei com base na experiência profissional e acadêmica do autor, jurisprudência atualizada quando pertinente, contemplando, ainda, entre outras obras, as pertencentes à literatura dos EUA – escolhemos analisar a literatura desse país, em razão do seu pioneirismo em *franchising* e também pelo fato de ele representar hoje o segundo maior mercado de *franchising* do mundo[2], além de representar a incontestável consolidação do setor –, artigos científicos, livros específicos, decisões administrativas, jurisprudência dos principais tribunais do país e contratos de franquia de dez franqueadores.

Será conferida especial atenção ao tema das obrigações pós-contratuais, em especial a não concorrência, por representar o principal desafio nas relações de franquia, sobretudo quanto às obrigações pós-contratuais. Nesse sentido, o tema foi composto, ainda, com contratos de dez franqueadores do país, obtidos na Associação Brasileira de *Franchising*. Analisamos um contrato de cada segmento, o que representa cinquenta por cento do número de segmentos de franquias, composto de vinte segmentos principais – alguns segmentos contemplam subsegmentos.

Para preservação de interesses e respeito aos direitos de terceiros, não revelaremos a identidade das empresas franqueadoras. No entanto, haverá identificação dos segmentos relacionados às cláusulas analisadas. Também serão adotadas a identificação e a utilização de casos julgados e/ou casos reais como exemplos e fundamentação do tema.

Com base na conclusão do livro, são feitas críticas à nova lei e propostas soluções práticas para reforçar a legitimidade dos contratos e assegu-

[2] http://g1.globo.com/economia/negocios/noticia/2012/10/brasil-e-o-4-pais-com-mais-marcas-de-franquias-no-mundo-diz-pesquisa.html Acesso em: 08 nov. 2022.

rar o cumprimento das obrigações, bem como sugestões de alteração do novo marco legal.

1.4. Justificativa

De acordo com o levantamento da Associação Brasileira de Franquias (ABF)[3], o faturamento do setor nacional de franquias teve crescimento de 16,8% no segundo trimestre do ano de 2022 e conta com mais de 178.000 unidades franqueadas. A receita subiu para R$ 195.480 bilhões. Operam no Brasil mais de 2.967 redes de franquia, responsáveis por aproximadamente 1.450.000 postos de trabalho diretos. Quando observado o crescimento deste segundo trimestre ao igual período de 2020, a alta no faturamento das franquias chega a 73,3%. As projeções e perspectivas são de continuidade do crescimento em todas as frentes, sendo de + 12% do faturamento + 5% do número de redes + 7% número de operações + 5% número de empregos, sobretudo diante da retomada e do reaquecimento da economia do país com o retorno da normalidade de nossas vidas. No momento a pandemia da Covid-19 não representa mais uma ameaça, apesar de não ter sido mundialmente encerrada, o que sempre pode ser uma ameaça.

O expressivo faturamento e a quantidade de unidades do setor revelam a sua representatividade na economia brasileira. Com a crise recente promovida pela pandemia da Covid-19 e o forte nível de desemprego registrado, ou seja, mais pessoas desempregadas, com menos postos de trabalhos disponíveis no mercado, aumenta a procura pelo setor como alternativa para o desenvolvimento do empreendedorismo.

Nesse sentido, o setor de franquia se beneficia com o novo marco legal e se destaca em relação aos demais sistemas de distribuição e expansão de marcas, produtos e serviços. Fica mais fortalecido, proporciona mais segurança jurídica às partes e resulta em sofisticação jurídica, capaz de atrair ainda mais investidores em busca de um mercado juridicamente regulado e comercialmente maduro, evoluído e consolidado, porém, ainda em franco crescimento.

[3] https://www.abf.com.br/numeros-do-franchising/?gclid=Cj0KCQiA4uCcBhDdARIsAH5jyUkXV1ENUx4QRivyWCpknawvtEpGdzQQIouXWJ1LRNwQf_rmBUZsYqUaA-mrDEALw_wcB – acesso em 13 dez. 2022.

Por outro lado, uma das principais causas de conflitos entre franqueador e ex-franqueado é a tentativa de aplicação da cláusula de não concorrência, pois muitos contratos adotam cláusulas-padrão, passíveis de relativização por serem abusivas. Acredita-se que uma cláusula redigida sob a égide da boa-fé, da função social do contrato e adequadamente modulada pode minimizar ou até mesmo resolver conflitos.

O *franchising* possui muitas características interessantes, mas a elaboração e a aplicação equivocada de uma cláusula de não concorrência podem prejudicar de forma irreversível, de um lado, o investimento e a oportunidade do empreendedor quando, por qualquer razão, decide pela saída da rede franqueada; por outro, o franqueador pela vulnerabilidade jurídica e a ameaça da prática de concorrência desleal, gerando a desestabilização da rede franqueada.

Por essa razão, daremos ênfase ao tema para viabilizar, na prática, a elaboração de cláusulas de não concorrência menos vulneráveis à relativização pelo julgador, promovendo estabilidade entre as partes com mais segurança jurídica.

A cláusula de não concorrência está prevista praticamente em quase todos os contratos de franquia e, pela experiência do autor, com mais de vinte anos atuando no setor de *franchising* como *head* jurídico de grandes empresas – uma com mais de mil unidades franqueadas e outra com cerca de quinhentas unidades – pode ser considerada uma das principais causas de conflitos entre franqueadores e ex-franqueados, inclusive é objeto de inúmeras demandas judiciais, como veremos na jurisprudência atual relacionada.

1.5. Estrutura do livro

Este livro está estruturado em sete capítulos e quatro anexos.

No capítulo I, fazemos uma breve introdução e apresentamos o problema geral do tema, os objetivos da obra, a justificativa e a estrutura.

No capítulo II, estabelecemos o referencial teórico que embasa as análises e fundamenta as ações propostas para o enfrentamento das questões suscitadas.

No capítulo III, fazemos os comentários à nova lei, artigo por artigo, com orientações jurídicas, jurisprudência atualizada e dicas práticas da elaboração da COF para os pontos da lei que não requerem explicações aprofundadas.

No capítulo IV, apresentamos aspectos legais contextualizados com a complexidade do tema sobrea a cláusula de não concorrência – obrigações pós–contratuais – dever de sigilo – artigo 2º da lei 13.966/2019.

No capítulo V, casos práticos decorrentes da posição da jurisprudência do Tribunal Superior de Justiça, Tribunal de Justiça de São Paulo e Tribunal de Justiça da Bahia. Neste capítulo, também expomos o resultado de uma análise da cláusula de não concorrência do direito norte-americano.

No capítulo VI, dedicamo-nos às críticas ao novo marco legal que, infelizmente, andou de lado nos pontos objetos de nossa análise crítica, mas com sugestões de melhoria.

No último capítulo, VII, apresentamos a nossa conclusão e proposituras de alteração do novo marco legal. Na sequência, as referências da obra e os quatro anexos, que são a Lei de Franquia anterior, a nova Lei de Franquia, o Código de Consulta e Princípios Éticos da ABF e o Quadro Comparativo entre as duas leis.

CAPÍTULO 2
REFERENCIAL TEÓRICO

2.1. Breves considerações

O registro da origem do que conhecemos hoje por franquia remonta à Idade Média, na França, onde a palavra *franc* significava a concessão de um privilégio aos nobres que recebiam da Igreja. Tal privilégio era o direito de cobrar impostos dos camponeses e repassar ao clero, mas lhes era concedido percentual sobre o total arrecadado. Séculos depois, em 1850, nos EUA, nasceu o modelo parecido com o atual sistema de franquia. A empresa *Singer Sewing Machine*[4] passou a outorgar licença a comerciantes autônomos para a revenda de máquinas de costuras movidas a pedal. Diante do sucesso obtido, outras empresas adotaram essa prática: utilizar a marca para aumentar seus próprios negócios.

No Brasil, o modelo de negócios foi iniciado pelas distribuidoras automobilísticas, engarrafadoras de bebidas e postos de gasolina ao fim da Segunda Guerra Mundial, mas não eram identificados como franquia.

Atualmente, a maturidade do sistema de *franchising* vai além da criação do antigo marco legal do setor, Lei nº 8.955, de 15 de dezembro de 1994 e, desde 2020, como resposta à evolução e maturidade do setor, após 25 anos, surge o novo marco legal – Lei 13.966/2019. A primeira rede a adotar o licenciamento, como se chamava na época, foi o Yázigi,[5]

[4] Livro de comemoração dos vinte e cinco anos da Associação Brasileira de *Franchising* (2012, p. 38),

[5] O primeiro estabelecimento do CCAA surgiu em 1961, mas o modelo de franquia apenas foi adotado oito anos depois. Já o Yázigi adotou o *franchising* no mesmo ano de sua criação, em 1950. Dados disponíveis em: <http://www.ccaa.com.br/sobre-o-ccaa/>; <http://www.yazigi.com.br/sobre-a-marca>; e <http://www.fisk.com.br/sobre/nossa-historia>. Acesso em: 08 jan. 2023.

no segmento de idiomas, em 1954. Em seguida, atraídas pelo rápido crescimento, vieram as redes CCAA, Fisk e McDonald's. Assim, paulatinamente, outras redes aderiram ao sistema de franquia diante do tamanho do mercado que poderiam atingir. Portanto, importa ressaltar que hoje as grandes redes estão consolidadas e ocupam o território brasileiro de forma capilarizada, algumas até se internacionalizaram.

Tal fato implica diretamente o modelo de crescimento das redes hoje em dia. Isso porque a maioria das redes adota o sistema de exclusividade territorial ou de direito de preferência. Desse modo, o interessado em ingressar no sistema de *franchising* dificilmente encontrará um ponto comercial interessante, considerando o esgotamento territorial que decorre do amadurecimento da rede, exceto para as novas redes ou redes ainda em desenvolvimento.

A opção dada ao interessado, geralmente, é o repasse da unidade – trespasse – que pode ser traduzido na venda do estabelecimento, com ou sem aquisição da pessoa jurídica. Nesse caso, aplicar-se-á ao ex-franqueado a regra de não concorrência do artigo 1.147 do Código Civil (CC), mas não é exatamente essa regra de não concorrência que nos interessa nesta obra. O principal foco do nosso estudo é o que ocorre quando acaba a relação entre franqueador e franqueado. Todavia, vale lembrar que a cláusula de não concorrência é aplicada também durante a vigência contratual.

O término da relação contratual pode se revelar como no modelo de repasse acima, mas também pode se apresentar pela resilição, resolução ou expiração da vigência do prazo contratual sem o necessário e automático repasse, que só ocorre quando há convergência de interesses, prazos compatíveis e harmonia entre as partes para concretização do negócio

.

2.2. Definição de *franchising*

Encontramos a definição legal de franquia empresarial no artigo 1º da Lei nº 13.966/2019:

> Art. 1º Esta Lei disciplina o sistema de franquia empresarial, pelo qual um franqueador autoriza por meio de contrato um franqueado a usar marcas e outros objetos de propriedade intelectual, sempre associados ao direito de produção ou distribuição exclusiva ou não exclusiva de produtos ou serviços

e também ao direito de uso de métodos e sistemas de implantação e administração de negócio ou sistema operacional desenvolvido ou detido pelo franqueador, mediante remuneração direta ou indireta, sem caracterizar relação de consumo ou vínculo empregatício em relação ao franqueado ou a seus empregados, ainda que durante o período de treinamento.

Com apenas dez artigos, a nova lei que dispõe sobre o sistema de franquia empresarial e outras providências consolida o setor após vinte e cinco anos. A percepção dos profissionais que atuam no setor, sobre essa lei, depois desses anos, é a permanência de liberdade conferida pela lei às partes e ao sistema como um todo. Há, sem dúvidas, lacunas na lei que podem ser preenchidas de forma favorável ao sistema, mas, em contrapartida, permitem oportunismos e abusos, como veremos nos capítulos seguintes.

A interferência da lei no setor está praticamente restrita aos artigos 2º, 3º e 4º, estabelecendo a obrigação do franqueador em fornecer ao candidato a chamada Circular de Oferta de Franquia (COF), cujo rol de informações previstas deve ser cumprido pelo franqueador. Na apresentação da COF, deve-se observar o prazo mínimo de dez dias antes da assinatura de pré-contrato, contrato ou recebimento de qualquer valor, sob pena de anulabilidade ou nulidade e devolução das quantias eventualmente recebidas e danos.

Quanto à cláusula de não concorrência e obrigações pós-contratuais, podemos afirmar que a única previsão do marco legal que se infere está estabelecida no artigo 2º:

> XV – situação do franqueado, após a expiração do contrato de franquia, em relação a:
> a) know-how da tecnologia de produto, de processo ou de gestão, informações confidenciais e segredos de indústria, comércio, finanças e negócios a que venha a ter acesso em função da franquia;
> b) implantação de atividade concorrente à da franquia.

A ausência de uma forte interferência da lei resulta, ainda, em inúmeras interpretações doutrinárias, especialmente na tentativa de definir franquia empresarial, contrato de franquia, natureza jurídica, elementos, todas sem o esgotamento da matéria.

Sem a pretensão de citar todas as definições encontradas na pesquisa, uma definição mais próxima do complexo conceito de *franchising*, mesmo com o novo marco legal, ainda é de Marcelo Cherto. Segundo Cherto (1988, p. 4), franquia:

> é, nada mais, nada menos, do que um método e um arranjo para a distribuição de produtos e/ou serviços. Juridicamente, se implementa através de um contrato pelo qual o detentor de um nome ou marca, de uma idéia, de um método ou tecnologia, segredo ou processo, proprietário ou fabricante de um certo produto ou equipamento, mais know-how a ele relacionado (o franchisor ou franqueador) outorga a alguém dele jurídica e economicamente independente (o frachisee ou franqueado), licença para explorar esse nome ou marca, em conexão com tal idéia, processo, método tecnologia, produto e/ou equipamento. É estabelecido pelo franchisor (franqueador) o modo pelo qual o franchisee (franqueado) deverá instalar e operar seu próprio negócio e desempenhar suas atividades, que serão desenvolvidas sempre sob o controle, a supervisão e a orientação e com a assistência do franchisor (franqueador), a quem o franchisee (franqueado) pagará, direta ou indiretamente, de uma forma ou de outra, uma remuneração. O franchisee (franqueado) arca, ainda, com os custos e despesas necessárias à instalação e operação de seu próprio estabelecimento.

A doutrina identifica nesse modelo duas modalidades, a depender do nível de envolvimento entre franqueador e franqueado. A primeira denominada de franquia de marca e de produto e a segunda o *business format franchising*. Simão Filho (2000, p. 45) destaca vários tipos de franquias dentro dessas modalidades, como a franquia de serviços, de distribuição, de produção, *franchise corner* (pontos de venda), *franchise* associativo, multimarcas, itinerante e a de indústria.

Para o nosso livro, importa explicar o funcionamento do sistema de franquia formatada (*business format franchise*). Bertoldi (2009, p. 762) denomina de franquia de negócio uniforme formatado, em que o franqueador atribui ao franqueado, além do direito de exploração da marca, formatação pormenorizada do negócio, mediante a transferência de normas operacionais, aplicando-lhe treinamentos, manuais, técnicas específicas, gestão financeira, administrativa, recursos humanos e métodos.

Existe ainda a classificação que divide as atividades desenvolvidas como serviços, produção, distribuição, indústria e mista, essa última quando se combina mais de duas atividades.

Plá (2001) propõe que o modelo franquia pode ser classificado por gerações,

relacionando os níveis de integração.

Níveis de integração do franqueador com a rede franqueada

Nível de integração	Características
Primeira geração	Pouco suporte do franqueador para a rede franqueada.
	Foco do franqueador no desenvolvimento de produtos/serviços.
	Maior liberdade dos franqueados.
	Concessão do produto/serviço e marca sem exclusividade.
	Maior risco por causa da baixa profissionalização do modelo.
Segunda geração	Concessão por meio de produto/serviço e marca, com revenda e/ou distribuição exclusiva.
	Nível médio de profissionalização, oferecendo apenas *know-how* de uma única unidade piloto.
	Pouco suporte do franqueador para rede franqueada.
	Foco do franqueador no desenvolvimento de produtos/serviços e sistema operacional.
Terceira geração	Concessão por meio de produto/serviço e marca, com revenda e/ou distribuição exclusiva e operação comercial do negócio – Nível médio de profissionalização.
	O franqueador desenvolve um plano de franquia para orientar sua expansão.
	Pode existir uma ou mais unidades piloto para testar o modelo de negócio e o sistema gerencial.

<table>
<tr><td rowspan="3">Quarta geração</td><td>Concessão de produto/serviço e marca, com revenda e/ou distribuição exclusiva e operação comercial do negócio – Nível alto de profissionalização.</td></tr>
<tr><td>Franqueador oferece grande assistência na operação do negócio e na tecnologia de rede, focando os planos estratégicos de marketing e oferecendo serviços especializados de suporte.</td></tr>
<tr><td>O franqueador contrata serviços especializados (consultoria gerencial, técnica, fiscal, legal etc.) para desenvolver o plano de franquias.</td></tr>
<tr><td rowspan="4">Quinta geração</td><td>Concessão de produto/serviço e marca, com revenda e/ou distribuição exclusiva e operação comercial do negócio.</td></tr>
<tr><td>Nível alto de profissionalização.</td></tr>
<tr><td>Transferência de know-how entre unidade(s) piloto e unidades franqueadas.</td></tr>
<tr><td>Franqueador oferece a possibilidade de a rede desenvolver Conselho de Administração de Franqueados; criar cargo do Ombudsman como canal de comunicação; desenvolver alternativas de financiamento para o investimento inicial dos franqueados; criar sistema de recompra ou revenda de unidades com problema.</td></tr>
<tr><td rowspan="4">Sexta geração</td><td>Franquia Social</td></tr>
<tr><td>Responsabilidade social e seu desenvolvimento</td></tr>
<tr><td>Sustentabilidade</td></tr>
<tr><td>Parceria com o Terceiro Setor</td></tr>
<tr><td rowspan="4">Sétima geração</td><td>Compartilhamento de Experiências</td></tr>
<tr><td>Learning Network</td></tr>
<tr><td>Excelência</td></tr>
<tr><td>ESG</td></tr>
</table>

A evolução de uma geração para outra demonstra um aumento do nível de profissionalização de uma rede de franquias, o que reduz o risco e aumenta a atratividade para potenciais franqueados (PLÁ, 2001).

Na franquia de quinta geração, com a participação de um Conselho de Franqueados, a proximidade fica mais evidente, pois há maior participação do franqueado na própria gestão da rede e requer que o franqueador compartilhe parte do poder para promover a negociação em processos de tomada de decisão. Uma questão sensível, pois exige maturidade das partes e capacidade de autocomposição para evitar que problemas de relacionamento impeçam a consecução dos objetivos do negócio para a rede como um todo.

Nas franquias de sexta e sétima geração há notável preocupação com a responsabilidade social, a sustentabilidade, o crescimento responsável e as parcerias com o terceiro setor para viabilizar projetos e atingir os resultados esperados. Acompanhando o ritmo do mercado internacional, a exemplo do que aconteceu com a preocupação em se observar rigorosas normas de *compliance*, na franquia de sétima geração o ESG[6] é mensagem de ordem. Com políticas fortes voltadas para o meio ambiente, a responsabilidade social e a governança corporativa, as empresas transcendem o nível profissional para cumprir metas endógenas e exógenas, sempre com foco nessas diretrizes e na reputação da marca, além de assegurar um ambiente de negócios mais atrativo e com segurança jurídica para investidores.

2.3. Contrato de franquia

Ao prefaciar a obra *Direito dos negócios aplicado*, de Simão Filho, Engler[7] é contundente ao afirmar que a abordagem puramente dogmática se torna insuficiente para compreender a essência de determinados modelos negociais, já que, para a correta aplicação do direito, devemos combinar o conhecimento da realidade fática, análise econômica, discussão sobre

[6] ESG é uma sigla em inglês para "environmental, social and governance" (ambiental, social e governança, em português). Geralmente, ela é usada para se referir às práticas ambientais, sociais e de governança de uma empresa. Na prática, o termo ESG pode ser usado para dizer o quanto um negócio busca formas de minimizar seus impactos no meio ambiente, construir um mundo mais justo e responsável para as pessoas em seu entorno, além de manter os melhores processos de administração. Disponível em https://acsp.com.br/publicacao/s/esg-o-que-significa-e-qual-e-a-importancia-desse-conceito, acesso em 14 dez. 2022.

[7] Mario Engler é coordenador do Mestrado Profissional da Escola de Direito da FGV, São Paulo.

desenhos institucionais e valoração de objetivos de política pública. No *franchising*, isso não é diferente.

O marco legal do *franchising* não regulou suficientemente o setor. Podemos afirmar o mesmo sobre o contrato de franquia. Antes da lei, as empresas já praticavam o *franchising* sob a denominação de contratos de licença de uso de produtos/serviços e de marca com obrigações estipuladas para que o licenciado, ou autorizado, seguisse os padrões e a formatação do negócio. Nesse modelo, ainda que incipiente, já havia previsão de obrigatoriedade de manutenção de *layout*, treinamentos, exclusividade de fornecedores, território etc.

A evolução ocorreu com as necessidades mercantis[8], culminando no marco legal, mas iniciando uma nova fase para o desenvolvimento e aplicação do que hoje conhecemos como contrato de franquia. Grande contribuição é dada até pelas associações de *franchising*, no Brasil, a ABF; a *International Franchise Association*[9] (IFA), nos EUA; a *British Franchise Association*[10] (BFA), na Inglaterra e a *Unidroit*[11], instituição que tem por finalidade uniformizar as relações de direito privado, especialmente quando se trata de contratos internacionais, considerada fonte do direito privado comercial internacional.

No Brasil, a ABF lançou o Código de Conduta e Princípios Éticos[12] justamente para contribuir com a regulação do setor e estabelecer o equilíbrio nas relações entre franqueadores e franqueados, sujeitando os infratores às sanções que podem ser aplicadas pela Comissão de Ética da entidade. Cumpre esclarecer que a ABF não exerce o papel de órgão regulador do sistema de *franchising*, mas é inegável a sua contribuição e importância, como associação, para o *franchising* brasileiro.

Nesse sentido, as inovações do Código Civil trouxeram um verdadeiro alento à parte afetada pelo desequilíbrio econômico, que, diga-se,

[8] Para Venosa (2009, p. 542), a utilização do sistema foi implantada pelos usos mercantis, para depois ser o negócio recepcionado pela legislação.

[9] Disponível em: <http://www.franchise.org/>. Acesso em: 08 nov. 2022.

[10] Disponível em: <https://www.thebfa.org/>. Acesso em: 08 nov. 2022.

[11] Disponível em: <http://www.unidroit.org/news>. Acesso em: 08 nov. 2022.

[12] Disponível em: https://processoassociativo.abf.com.br/Content/Documentos/Codigo-de-Conduta-e-principios-eticos.pdf Acesso em: 08 nov. 2022.

invariavelmente resulta no abuso de poder, especialmente nas relações contratuais.

Ao abrir o capítulo da Teoria Geral dos Contratos, o Código Civil estabelece fundamental preceito inserido no artigo 421[13], atribuindo às partes verdadeira liberdade de contratar e, ao mesmo tempo, balizando os limites estabelecidos nas normas cogentes, especialmente a finalidade social dessa prerrogativa. Na mesma esteira, o artigo 425[14] revela que o Código inova na forma pela qual as partes contratam e indica claramente a necessidade de observar as normas gerais.

Há de considerar, ainda, o disposto nos artigos 112[15] e 113[16] do referido *Codex* ao inserir no bojo do instituto do negócio jurídico o princípio da boa-fé objetiva, assim como a disposição dos artigos 422[17] e 187[18].

Forgioni (2009), ao se manifestar sobre as inovações do Código Civil de 2002 (função social do contrato, boa-fé objetiva, revisão por onerosidade excessiva etc.), alerta para a "consumerização" do direito empresarial, ao possibilitar que magistrados façam justiça às relações contratuais, à revelia dos princípios da autonomia da vontade e do *pacta sunt servanda*.

Inegável, portanto, que a Teoria Geral dos Contratos está fundamentada nos preceitos de equidade, boa-fé, função social e segurança com a finalidade de estabelecer o equilíbrio nas relações contratuais em busca do ideal de justiça. Podemos admitir que o marco legal tem como característica principal o conceito de *franchising* e o dever de publicidade – Circular de Oferta de Franquia – do franqueador perante o candidato,

13 "Art. 421. A liberdade de contratar será exercida em razão e nos limites da função social do contrato."

14 "Art. 425. É lícito às partes estipular contratos atípicos, observadas as normas gerais fixadas neste Código."

15 "Art. 112. Nas declarações de vontade se atenderá mais à intenção nelas consubstanciada do que ao sentido literal da linguagem."

16 "Art. 113. Os negócios jurídicos devem ser interpretados conforme a boa-fé e os usos do lugar de sua celebração."

17 "Art. 422. Os contratantes são obrigados a guardar, assim na conclusão do contrato, como em sua execução, os princípios de probidade e boa-fé."

18 "Art. 187. Também comete ato ilícito o titular de um direito que, ao exercê-lo, excede manifestamente os limites impostos pelo seu fim econômico ou social, pela boa-fé ou pelos bons costumes."

aproximando-se do gênero *disclousure statute* do direito norte-americano em que a norma é imperativa em relação à transparência da relação, mas sem regular o conteúdo contratual (EPSTEIN; NICKLES, 1976, p. 28-34 e 275-289 apud COELHO, 2012, p. 126).

O objetivo da lei, em resumo, é de criar ao interessado condições de avaliação prévia do negócio com informações necessárias e prazo suficiente para consultar advogados e especialistas a respeito do negócio objeto da franquia, proporcionando-lhe conhecer os riscos e as vantagens antes de tomar a decisão e efetuar pagamentos.

Se o mundo empresarial do *franchising* convive com a falta de plena regulação, e isso, como dito, não é necessariamente ruim, até porque há vantagens e desvantagens nisso, a doutrina também diverge, entre outros temas, sobre a natureza jurídica do contrato de franquia.

A propósito, interessa analisar a natureza jurídica do contrato de franquia, se típico ou atípico, para aplicação da sua interpretação no enfrentamento das questões trazidas nesta obra, especialmente ao analisarmos as causas de término da relação contratual e a interpretação do contrato.

A regulação legal é genérica e desencadeia, por consequência, divergências na doutrina acerca da natureza jurídica do contrato de franquia. Apesar de nominado, alguns entendem que o fato de ser regulado por lei seria suficiente para lhe conferir tipicidade.

Na doutrina temos do lado da tipicidade Martins (2010), que já sustentou posicionamento contrário, Roque (1997), Podestá (2008), Amendoeira Júnior (2012), Abrão (1995), Cretella Neto (2003); já pela atipicidade temos Coelho (2012); Diniz (2005) e Fernandes (2000).

Neste livro, o autor está pela corrente minoritária por concordar com Pereira[19] (2010) e entender que o fato de a Lei nº 13.966/2019 disciplinar o sistema de franquia não é suficiente para tornar o contrato de franquia em típico. Isso porque, nos contratos em geral, no ensinamento de Barcellos (2009, p. 15) "para ser considerado um contrato típico, é imperioso

[19] Pereira (2010, p. 60 e 61) defende que "a importância prática da classificação não pode ser renegada. Quando os contratantes realizam um ajuste daqueles que são *típicos*, adotam implicitamente as normas legais que compõem a sua dogmática. [...] A celebração de um contrato atípico exige-lhes o cuidado de descerem a minúcias extremas, porque na sua disciplina legal falta a sua regulamentação específica".

haver uma regulação legal razoavelmente completa de tal modo que seja possível contratar por referência, sem que as partes tenham de clausular o fundamental do contrato, e que possa servir de padrão, não só na contratação, mas também na integração e na decisão de casos controvertidos". Continuando, "O contrato mantém-se atípico mesmo que a Lei a ele se refira ou limite-se a disciplinar certos aspectos dele, de maneira incompleta". No mesmo sentido entendem Vasconcelos (2009), Rui Pinto Duarte (2000), o jurista italiano Sacco (1966).

São os chamados contratos socialmente típicos, mas legalmente atípicos. A Lei de Franquia não se aprofunda suficientemente para determinar a regulação do contrato de franquia. Dedica-se muito mais às necessidades de informações da Circular de Oferta de Franquia, que não gera vinculação entre as partes, do que ao contrato propriamente dito.

Vasconcelos (2009) e Barcellos (2009) citam que doutrinadores questionam como aplicar as normas aos contratos atípicos e indicam três soluções, com base nos seguintes autores: i) a teoria da absorção de Lotmar; ii) a teoria da combinação de Hoeniger; e iii) a teoria da aplicação analógica do direito de Schreiber, com aplicação da teoria subsidiária da criação, quando necessário.

Sem a pretensão de esgotar cada teoria, mas comprometido com o dever de informar qualificadamente, ainda que brevemente, temos:

A teoria da absorção: Lotmar (apud SACCO, 1966) propôs a interpretação para contratos atípicos mistos, partindo do elemento principal do contrato, que absorveria as matérias subordinadas relacionadas.

A teoria da combinação: Hoeniger (apud SACCO, 1966), basicamente aplicava, além do tipo, às prestações correspondentes, diretamente os seus elementos típicos. Há críticas em relação a essa teoria que cria uma premissa falsa de que contratos atípicos seriam a soma de contratos típicos cujas parcelas poderiam ser isoladas. Sabe-se, hoje, que os elementos contratuais se fundem e o contrato tem uma função social.

A teoria da aplicação analógica do direito: Schreiber (apud SACCO, 1966), propôs a aplicação indireta das normas de contratos típicos aos contratos atípicos mistos, por analogia, e diretamente apenas a parte geral das obrigações. É reconhecida como uma evolução da teoria da combinação.

A teoria da criação: tem a proposta de interpretar e integrar os contratos com base nos princípios e cláusulas gerais, quando não houver um contrato típico que permita a aplicação analógica.

Crítica à aplicação das teorias da absorção, da combinação e da aplicação analógica, segundo Barcellos (2009), é de que para a aplicação de qualquer uma das três teorias aos contratos atípicos dever-se-á adotar a lente dos contratos típicos.

O autor reforça que a busca pela segurança jurídica é a causa dessa tendência de reduzir os contratos aos esquemas dos contratos nominados, o que não parece lícito por ignorar, ou restringir, a importância de todas as características extraordinárias daquele contrato específico. Assim, em vez de uma visão fracionada, deve o intérprete considerar o negócio como um todo, observando as diferenças, pois, se elas não existissem, as partes não teriam renunciado à celebração de um contrato típico.

Venosa (2014) reitera esta ideia. Para o autor, não deve o intérprete fixar-se em normas predeterminadas. Os contratos atípicos devem ser examinados de acordo com a intenção das partes e os princípios gerais que regem os negócios jurídicos e os contratos em particular. A força de usos e costumes também é muito presente em sua elaboração e interpretação. Assim, as partes também terão liberdade de estabelecer em contrato regras de interpretação para colaborar com o intérprete, conferindo maior segurança jurídica ao negócio e diminuindo a interferência legislativa acima citada.

Devemos registrar, nesse sentido, as recentes alterações do Código de Processo Civil de 2015, ao permitir o chamado negócio processual antes e durante o curso da demanda judicial.

Em essência, podemos concluir que autonomia da vontade não pode ser adotada com exclusividade e plenitude na interpretação dos contratos. Há de se reconhecer a eficácia normativa dos preceitos de equidade, boa-fé, função social, segurança e ponderá-los como regra de hermenêutica, com a finalidade de estabelecer o equilíbrio nas relações contratuais e na interpretação dos contratos, em busca do ideal de justiça. Por fim, caberá ao juiz aplicar a analogia e os costumes, subsidiariamente.

Nesse sentido, a autonomia da vontade das partes e a ausência de normas específicas que regulem os contratos atípicos ganham importância para a sua interpretação.

Concordamos com Grau e Forgioni (2005, p. 291) que "da análise de nossa doutrina e jurisprudência resulta pacífica a conclusão de que regra bem definida orienta a hermenêutica das cláusulas de não concorrência: *sua interpretação há de ser restritiva*".

O artigo 425 do Código Civil reconhece expressamente a licitude dos contratos atípicos e estabelece, para tanto, que as partes devem observar as normas gerais fixadas no referido *Codex*, o que significa limitação à liberdade de contratar.

Classificação igualmente importante é a bilateralidade do contrato de franquia. Para a maioria da doutrina, com a qual concordamos, é de que o contrato de franquia é bilateral, pois prevê obrigações para ambas as partes[20].

Nesse sentido, aplica-se ao contrato de franquia o princípio da exceção do contrato não cumprido – *exceptio non adimpleti contractus* – prevista no artigo 476 do Código Civil: "nos contratos bilaterais, nenhum dos contratantes, antes de cumprida a sua obrigação, pode exigir o implemento do outro".

Outro aspecto importante do contrato de franquia diz respeito a sua característica que, no nosso entendimento, não é por adesão, na medida em que o franqueador, apesar de ser o responsável pela organização empresarial, criação e fornecimento de manuais e treinamentos para a transferência de *know-how*, fornece ao candidato a COF com dez dias de antecedência para análises, consultas a advogados, franqueados da rede e estudos econômicos/financeiros de viabilidade. Naturalmente, o próprio franqueador transfere as regras do negócio para o contrato de franquia sob o modelo por ele desenhado, estabelecendo condições previamente estipuladas, especialmente em relação ao padrão do franqueador, elemento essencial do sistema de *franchising*. Todavia, não raro se estabelece negociação de taxas de franquia, *royalties*, taxas de renovação e questões particulares.

20 "Não é pacífica a noção de contrato bilateral. Para alguns, assim deve qualificar-se todo o contrato que produz obrigações para as duas partes, enquanto para outros a sua característica é o sinalagma, isto é, a dependência recíproca das obrigações, razão por que preferem chamá-los contratos sinalagmáticos ou de prestações correlatas." (GOMES, 2008, p. 85).

Nesse sentido, Fernandes (2009) filia-se à corrente contratualista com a qual concordamos. Ele defende que o contrato por adesão ou de adesão é aquele que se aprimora por um mecanismo específico, que pode não se enquadrar nos limites do conceito clássico de contrato, não deixando, porém, de ser de fato um contrato.

Lorenzeti (2004, p. 680) define o contrato por adesão de forma esclarecedora: "el contrato se celebra por adhesión cuando la redacción de sus cláusulas corresponde a una sola de las partes, mientras que la otra se limita a aceptarlas o rechazarlas, sin poder modificarlas".

Assim, para o contrato de franquia, não podemos adotar o artigo 423[21] do Código Civil para interpretá-lo, em razão de não se revestir das características de contrato por adesão. Temos, então, que a ausência de forte regulação do marco legal atrai para a relação contratual entre franqueador e franqueado a aplicação de normas destinadas aos contratos em geral.

2.3.1 Contrato de franquia não é de adesão

Este tema é de autoria deste autor em conjunto com o nobre colega Gabriel Di Blasi, a pedido da Comissão de Estudos Jurídicos da Associação Brasileira de Franchising, presidida pelo Dr. Sidnei Amendoeira e publicado no site da ABF[22].

O Contrato de Franquia ou *franchising* é o documento que rege a relação jurídica para viabilizar o negócio entre o franqueado e o franqueador, sendo de fundamental importância para a manutenção da relação entre as partes envolvidas.

Ocorre que, diante de eventuais imbróglios judiciais decorrentes da dinâmica empresarial entre franqueadora e franqueado, algumas discussões conceituais a respeito do contrato de franquia surgiram na vigência da antiga lei de franquia nº 8955/94, como exemplo, se o contrato de franquia poderia ser classificado ou não como contrato de adesão. Na realidade, essa discussão iniciou quando se questionou se seria possível

[21] "Art. 423. Quando houver no contrato de adesão cláusulas ambíguas ou contraditórias, dever-se-á adotar a interpretação mais favorável ao aderente."

[22] https://www.abf.com.br/contrato-de-franquia-nao-e-adesao/ acesso em 20 de dez. 2022.

a inclusão da cláusula compromissória no contrato de franquia (arbitragem), o que acaba por abordar também a classificação da natureza jurídica do contrato de franquia.

Em 2016 a Ministra Nancy Andrighi, na relatoria do Recurso Especial nº 1.602.076/SP[23], entendeu que *"com fundamento na doutrina e nos julgamentos deste Superior Tribunal de Justiça, o contrato de franquia ou franchising é inegavelmente um contrato de adesão"*.

Este não é, entretanto, o entendimento majoritário da jurisprudência atual, como se observa nas seguintes decisões das Câmaras de Direito Empresarial do Tribunal de Justiça de São Paulo:

> *"O fato de ser de adesão o contrato firmado entre as partes não retira o seu caráter bilateral e sinalagmático, nem tampouco permite ao aderente vir a juízo alegar o descumprimento das obrigações do outro contratante de forma genérica, esperando que o juízo obrigue o adversário a demonstrar o contrário. Assim, conquanto a ordem jurídica confira alguma proteção aos contratos de adesão, a relação de franquia é de natureza empresarial, não se aplicando à espécie a disciplina legal de relações de hipossuficiência,*

[23] RECURSO ESPECIAL. DIREITO CIVIL E PROCESSUAL CIVIL. CONTRATO DE FRANQUIA. CONTRATO DE ADESÃO. ARBITRAGEM. REQUISITO DE VALIDADE DO ART. 4º, § 2º, DA LEI 9.307/96. DESCUMPRIMENTO. RECONHECIMENTO PRIMA FACIE DE CLÁUSULA COMPROMISSÓRIA "PATOLÓGICA".
ATUAÇÃO DO PODER JUDICIÁRIO. POSSIBILIDADE. NULIDADE RECONHECIDA. RECURSO PROVIDO.
1. Recurso especial interposto em 07/04/2015 e redistribuído a este gabinete em 25/08/2016.
2. O contrato de franquia, por sua natureza, não está sujeito às regras protetivas previstas no CDC, pois não há relação de consumo, mas de fomento econômico.
3. Todos os contratos de adesão, mesmo aqueles que não consubstanciam relações de consumo, como os contratos de franquia, devem observar o disposto no art. 4º, § 2º, da Lei 9.307/96.
4. O Poder Judiciário pode, nos casos em que prima facie é identificado um compromisso arbitral "patológico", i.e., claramente ilegal, declarar a nulidade dessa cláusula, independentemente do estado em que se encontre o procedimento arbitral.
5. Recurso especial conhecido e provido.
(Superior Tribunal de Justiça, Recurso Especial nº 1.602.076/SP, Terceira Turma, Rel. Min. Nancy Andrighi,

e sim a própria legislação específica que rege a matéria, que não confere ao franqueado a postura processual pretendida pelos apelantes" Des. GRAVA BRAZIL (TJSP; Apelação Cível 1052303-09.2016.8.26.0100; Relator Grava). Brazil; 2ª Câmara Reservada de Direito Empresarial; Julgamento: 16/09/2020).
Moderna visão dos contratos de adesão, precipuamente como fruto de uma tentativa racional dos agentes econômicos de reduzir custos de transação. As disparidades de poder de barganha e de poder de mercado entre as partes pouco têm a ver com o conceito mesmo de contrato de adesão. O contrato por adesão forma-se de maneira singular, entre partes que não podem ou não querem perder tempo com a negociação das cláusulas contratuais, sob pena de inviabilizá-lo.
(TJSP; Apelação Cível 1003942-17.2018.8.26.0576; Relator (a): Cesar Ciampolini; Órgão Julgador: 1ª Câmara Reservada de Direito Empresarial; Foro de São José do Rio Preto – 3ª Vara Cível; Data do Julgamento: 04/10/2021; Data de Registro: 04/10/2021).

2.3.2 Propósito e escopo do tema

O presente tema tem como propósito demonstrar, sinteticamente, através de uma ampla e atual pesquisa doutrinária e jurisprudencial realizada, que, apesar do desatualizado entendimento do C. STJ, os contratos de franquia não devem ser considerados contratos de adesão, pois não estão presentes nessa figura contratual os requisitos básicos necessários para caracterização desta modalidade contratual.

Neste sentido, este autor ensina que o contrato de franquia não deve ser considerado de adesão, uma vez que o franqueado tem a oportunidade de analisar, discutir, negociar e decidir por firmar ou não o contrato. Vejamos:

> "Outro aspecto importante do contrato de franquia diz respeito a sua característica que, no nosso entendimento, não é por adesão, na medida em que o franqueador, apesar de ser o responsável pela organização empresarial, criação e fornecimento de manuais e treinamentos para a transferência de know-how, fornece ao candidato a COF com dez dias de antecedência para análises, consultas a advogados, franqueados da rede e estudos econômicos/financeiros de viabilidade. Naturalmente, o próprio franqueador transfere as regras do negócio para o Contrato de Franquia sob o modelo por ele desenhado, estabelecendo condições previamente estipuladas, especialmente

em relação ao padrão do franqueador, elemento essencial do sistema de franchising. Todavia, não raro se estabelece negociação de taxas de franquia, royalties, taxas de renovação e questões particulares."
(SANTOS, Alexandre David. Aplicabilidade e limites das cláusulas de não concorrência nos contratos de franquia. São Paulo: Almedina, 2019. p. 35/36)

O contrato de franquia é em regra elaborado levando-se em conta o próprio sistema legal e a padronização inerente ao setor, prevendo regras que são essenciais à manutenção das redes de franquia, mas usualmente sofrem alterações, fruto de negociações entre as partes, conforme as necessidades do franqueador e do franqueado.

2.3.3 Conceito de contrato de franquia conforme o novo marco da lei de franquia

Importante ressaltar a promulgação da Lei nº 13.966, que revogou expressamente a Lei 8.955/94, popularmente conhecida como "A Nova Lei de Franquias", e estabeleceu expressamente alguns princípios e normas, dentre as quais a não caracterização da relação de consumo e vínculo empregatício entre o franqueador e o franqueado[24]. Neste sentido, ressalta-se que, sempre que há relação de consumo, indispensável a aplicação do Código de Defesa do Consumidor (Lei nº 8.078/90), o que, conforme se verificará, não é o caso nas relações empresariais de franquia.

Ademais, é inegável que o caráter principiológico do Novo Marco Legal do Franchising direciona o setor e seus agentes, e reforça a independência e a liberdade negocial entre empreendedores – franqueados e franqueadores – estabelecendo claramente a paridade empresarial,

[24] Art. 1º Esta Lei disciplina o sistema de franquia empresarial, pelo qual um franqueador autoriza por meio de contrato um franqueado a usar marcas e outros objetos de propriedade intelectual, sempre associados ao direito de produção ou distribuição exclusiva ou não exclusiva de produtos ou serviços e também ao direito de uso de métodos e sistemas de implantação e administração de negócio ou sistema operacional desenvolvido ou detido pelo franqueador, mediante remuneração direta ou indireta, sem caracterizar relação de consumo ou vínculo empregatício em relação ao franqueado ou a seus empregados, ainda que durante o período de treinamento.

como regra da natureza jurídica dessa relação. Registre-se, os contratos de franquia são, essencialmente, firmados em ambiente negocial entre empresários, sem qualquer relação de hipossuficiência entre as partes, com objetivo de realizar investimentos e expandir a rede de unidades franqueadas.

Seguindo este racional, a doutrina recente já se posicionou no sentido de rechaçar o entendimento proferido pelo C. STJ, estando em conformidade com o que dispõe a legislação vigente, como nos ensinamentos de Sidnei Amendoeira Jr.:

> "Em nosso sentir, a relação contratual que se estabelece entre a Franqueadora e os franqueados, em um contrato de franquia, não é, e nem pode ser equiparada a uma relação de consumo, pois o franqueado em momento algum é o destinatário final dos produtos e serviços fornecidos pela Franqueadora. E isso, como visto acima, consta expressamente do artigo primeiro da nova lei de franquias, o que não aconteceu na lei anterior.
> (...)
>
> **O contrato de franquia não é um contrato de adesão. Isso porque a Franqueada, como empresária que é, poderia ter optado por um sem-número de alternativas de mercado. Neste sentido, ensina ORLANDO GOMES:**
> *'O que caracteriza o contrato de adesão propriamente dito é a circunstância de que aquele a quem é proposto não pode deixar de contratar porque tem necessidade de satisfazer a um interesse que, por outro modo, não pode ser atendido. Assim, quem precisa viajar, utilizando determinado meio de transporte há de submeter-se às condições estipuladas pela empresa transportadora, pois não lhe resta outra possibilidade de realizar o intento. A alternativa é contratar ou deixar de viajar, mas se a viagem é necessária, está constrangido, por essa necessidade, a aderir às cláusulas fixadas por aquele que pode conduzi-lo."* (Contratos. Rio de Janeiro, Forense, 2002, pág. 119, 120).
>
> **Nesta mesma vertente, LINA FERNANDES acrescenta:**
> *"Assim sendo, enquadra-se a franquia na categoria dos contratos POR adesão. O candidato a franqueado pode dispensar o contrato ou mesmo celebrá-lo com pessoas diversas.*

Inexiste uma necessidade a ser satisfeita, que o faz aderir obrigatoriamente, a determinado contrato. Entretanto, optando pela celebração do contrato de franquia, o candidato a franqueado há de aderir a vontade do franqueador, o que caracteriza o contrato POR adesão.
Especificamente com relação à franquia, entendemos que somente da aceitação integral, pelo franqueado, das cláusulas contratualmente impostas pelo franqueador, que detém o know-how, pode advir o sucesso da rede, interesse maior dos contratantes."
Já havia na doutrina quem defendesse, de forma minoritária, a posição contrária. Assim, por exemplo, MARCELO C. P. FERNANDES afirmava que "contrato de franquia empresarial possui cláusulas rígidas, predeterminadas e uniformes, porquanto são anteriormente produzidas, não estão sujeitas a uma das partes e os aderentes. Ademais, se o franqueado está interessado na marca por seu conhecido sucesso e eficiência comercial, estão não terá escolha senão aceitar as condições impostas por esta empresa ou terá que procurar uma outra oportunidade. Por último, em um contrato de franchising, as cláusulas contratuais são todas produzidas e apresentadas pela franqueador, podendo o franqueado aceitá-las ou rejeitá-las em bloco, sendo que sua manifestação volitiva restringe-se a aceitação ou não. Para nós, o fato de o contrato ser padronizado ou tipo, decorre de uma obrigação legal, qual seja, o fato de a Lei de franquia determinar que, antes da contratação seja entregue uma cópia da Circular de Oferta de Franquia, sendo que um de seus anexos é justamente a minuta padrão do contrato de franquia. Ora, o fato de a Lei exigir a apresentação prévia aos candidatos da franqueado, da minuta padrão do contrato de franquia, não quer dizer que estes não possam negociar seu conteúdo, condições comerciais e cláusulas junto às Franqueadoras. Afirmar, pura e simplesmente, que o contrato de franquia são imutáveis e unilateralmente impostos é desconhecer a realidade do mercado de franquia. Cada vez mais, os franqueados estão mais preparados, informados e acompanhados de excelentes profissionais (advogados e consultores) que os auxiliam a negocias cláusulas e condições chave do contrato de franquia.
Além disso, é muito comum, principalmente em franquias de pequeno e médio porte, com vistas à expansão da marca, que muitas das cláusulas contratuais sejam negociadas sim. Por fim, mesmo em franquias maduras, isso também ocorre, ainda que em menor medida.
Mas um fenômeno recente é importante para demonstrar que o argumento não pode ser lançado de forma tão simplista e sem uma análise profunda do

segmento: os chamados multifranqueados. Um mesmo operador pode ser uma mesma marca. Nesta condição, sua possibilidade negocial aumenta, e muito, com relação ao contrato padrão da franquia e muitas redes, pequenas, médias ou grandes, buscando atrair esses grandes *players* do mercado, tem feito concessões expressivas em seus contratos de franquia.

Diante isso, a questão parecia pacificada no sentido de que não haveria verdadeira adesividade com relação aos contratos de franquia, mas mera existência de contrato tipo ou padronização, até que acórdão oriundo do STJ colocou a questão em xeque:

"Assim, com fundamento na doutrina e nos julgamentos deste STJ, o contrato de franquia é inegavelmente um contrato de adesão.

Quanto à diferenciação apresentada pela recorrida segundo a qual contratos "por adesão" são distintos de contratos "de adesão", entendo que essa sutileza sintática é incapaz de representar alguma diferença semântica relevante, pois o Direito não trata de forma distinta essas duas supostas categorias."

(REsp 1602076/SP, Rel. Min. NANCY ANDRIGHI, 3ª TURMA, julgado em 15.09.2016).

Trata-se de precedente isolado, em que a relatora do caso, a Ministra Fátima Nancy Andrighi, usou como fundamento para sua conclusão, trecho da doutrina da Adalberto Simão sobre o tema em que se afirma, de maneira absolutamente simplista, em nosso sentir, que o *franchising* é o contrato que permite a distribuição, industrialização ou comercialização de produtos e/ou a prestação de serviços *"nos moldes e formas previstos em contrato de adesão"*.

Ademais, ela descartar a efetividade da distinção entre contratos por e de adesão, acima referida, com base na doutrina de Nelson Nery Jr. que não se aplica ao caso por um motivo simples e que o próprio trecho transcrito pela Ministra no acórdão em comento revela. Quando o jurista diz que o contrato de adesão não encerra novo tipo contratual, mas somente uma técnica de formação que pode ser aplicada a qualquer tipo contratual, o faz, apenas e após afirmar que o Código de Defesa do Consumidor fundiu as duas situações – contrato por e de adesão – em uma única categoria. Ora, em nosso sentir, o jurista fez tal afirmação levando em conta o campo de atuação do CDC e os contratos a eles submetidos, e não a qualquer tipo contratual não submetido às regras do CDC, como é o caso do contrato de franquia. Aliás, a própria Ministra reconhece, no mesmo acórdão, que as regras do CDC são inaplicáveis ao caso. Assim, nos parece imprópria a tentativa da Ministra de, então, pura e simplesmente afirmar que o contrato de franquia é inegavelmente de adesão porque não se pode "limitar os contratos de adesão apenas às relações de consumo". Certamente, não se pode, mas também não se pode pautar em critério exclusivo e inerente às relações de consumo para tentar impor a mesma lógica a relações entre empresários autônomos, como é o caso das relações de franquia. Veja que mais uma vez, ao citar o jurista Nelson Nery, a Ministra Nancy afirma que os contratos de adesão foram criados por exigências de economia de escala visando a venda de produtos e serviços, o que certamente não é o caso dos contratos de franquia, que não tem tal finalidade

A consequência, caso o entendimento deste precedente seja adotado, é que, sendo considerados como contratos de adesão, os contratos de franquia deverão ser interpretados em favor do aderente, sendo nulas as cláusulas consideradas abusivas (arts. 423 e 424, CC). Assim, no caso de um contrato de franquia, as cláusulas contratuais deverão ser interpretadas em favor dos franqueados em caso de dúvida, omissão ou inconsistência.

Não é esta, porém, a nossa opinião como esclarecemos acima. Havendo dúvida em um contrato de franquias, como em qualquer contrato empresarial, deve ser apurada a real intenção das partes, quando da contratação de modo a interpretá-la desta forma.

(O Contrato de Franquia – Sidnei Amendoeira Jr. In Franchising / Sidnei Amendoeira Jr., Fernando Tardioli e Melitha Novoa Prado, coordenadores – São Paulo: Thomson Reuters Brasil, 2021. p. 250/254)

2.3.4 Contrato de franquia: contrato de colaboração, misto e autônomo

Parte da doutrina, além de entender que o contrato de franquia não é de adesão, classifica-o como sendo de colaboração. Fábio Ulhoa Coelho ensina quais são as formas de colaboração empresarial:

"São duas as formas de colaboração empresarial:

a) **na primeira, um dos empresários contratantes (o colaborador) compra, em circunstâncias especiais, a mercadoria fabricada ou comercializada pelo outro (o fornecedor) para revendê-la.** Nesse grupo, inserem-se os contratos de distribuição-intermediação e de concessão mercantil. b) na segunda forma de colaboração, os contratantes não realizam contrato de

compra e venda mercantil; o colaborador busca empresários interessados em adquirir as mercadorias fabricadas ou comercializadas pelo fornecedor. Contratam a compra e venda o interessado localizado pelo colaborador e o fornecedor. É o caso dos contratos de mandato, comissão mercantil, agência, distribuição aproximação e representação comercial autônoma "
(COELHO, Fabio Ulhoa. Curso de Direito Comercial, vol. 3, 16ª ed., São Paulo: Saraiva, 2015, p. 110.)

E ainda, prossegue:

"Para que exista a colaboração, é necessária a orientação geral por conta de um dos contratantes (fornecedor), à qual forçosamente se submete o outro (colaborador). Por evidente, as partes mantêm plena autonomia como sujeitos de direito, e muitos dos aspectos da organização empresarial do colaborador são definidos exclusivamente por ele, sem nenhuma ingerência do fornecedor. Mas, em variados graus, de acordo com o tipo de contrato, verifica-se certa dependência de uma das empresas envolvidas na colaboração em face da outra. Essa particularidade, inclusive, suscita discussões sobre a natureza mercantil ou trabalhista de determinados vínculos, em especial quando formalizados como de marca e o agenciamento de publicidade, também podem ser classificados entre os de colaboração."representação comercial autônoma. Para concluir, lembre-se de certos contratos, como a franquia, a licença. (COELHO, Fabio Ulhoa. Curso de Direito Comercial, Ed. Saraiva, 2013, fls. 113/114).

Nesse sentido, para que haja sucesso em um contrato de franquia deverá haver a colaboração das duas partes, de maneira ativa, autônoma e independente, pois se o franqueador não definir as diretrizes e orientações básicas de seu negócio e, por outro lado, o franqueado não colaborar para que essas regras sejam cumpridas e até mesmo serem aperfeiçoadas, o objeto do contrato não será alcançado.

2.3.5 Conceito de contrato de adesão

Podemos definir contrato de adesão como aquele que é redigido única e exclusivamente pelo fornecedor contratado, não possibilitando ao consumidor contratante qualquer modificação ou ajuste das cláusulas propostas. Em outras palavras, o contratante, na maioria das vezes consumidor, é obrigado a ingressar na relação contratual, aderindo e assinando o contrato.

O Código de Defesa do Consumidor (Lei nº 8.078/90), em seu artigo 54 assim define o contrato de adesão:

> Art. 54. Contrato de adesão é aquele cujas cláusulas tenham sido aprovadas pela autoridade competente ou estabelecidas unilateralmente pelo fornecedor de produtos ou serviços, sem que o consumidor possa discutir ou modificar substancialmente seu conteúdo.

Na relação do contrato de adesão, não há por parte do contratante ou do consumidor qualquer outra ação a não ser aquela de consumo do produto ou do serviço prestado pelo contratado. A relação de hipossuficiência e de passividade do contratante é uma característica significativa do contrato de adesão.

Neste sentido, Luiz Antônio Rizzato Nunes leciona que:

> "Dentre as características desses contratos, a mais marcante é sua estipulação unilateral pelos fornecedores, que, adotando modelo prévio, estudado e decidido por conta própria, os impõem a todos os consumidores que quiserem – ou precisarem – adquirir seus produtos e serviços.
>
> O produto e/ou serviço são oferecidos acompanhados do contrato. Com isso, o consumidor, para estabelecer a relação jurídica com o fornecedor, tem de assiná-lo, aderindo a seu conteúdo. Daí se falar em "contrato de adesão".
>
> Agora, anote-se que o uso do termo "adesão" não significa "manifestação de vontade" ou "decisão que implique concordância com o conteúdo das cláusulas contratuais". No contrato de adesão não se discutem cláusulas e não há que falar em *pacta sunt servanda*. É uma contradição falar em *pacta sunt servanda* de adesão. Não há acerto prévio entre as partes, discussão de cláusulas e redação de comum acordo. O que se dá é o fenômeno puro e simples da adesão ao contrato pensado e decidido unilateralmente pelo fornecedor, o que implica maneira própria de interpretar e que, como também vimos, foi totalmente encampado pela lei consumerista."
>
> (RIZATTO NUNES, Luiz Antônio. Comentários ao Código de Defesa do Consumidor – 4. ed. rev. – São Paulo: Saraiva, 2009. p. 633)

Veja-se que, conforme supramencionado, uma das principais características do contrato de adesão é a imposição de um modelo único de contrato, oferecido ao consumidor que, devido à sua hipossuficiência na relação, muitas vezes necessita firmar tal vínculo. É o caso, por exemplo, do fornecimento de água, luz, serviços telefônicos e venda de passagens aéreas. Sobre o assunto, vejamos as lições do professor Sílvio Rodrigues:

> "Contrato de adesão, nome que lhe deu SALEILLES, é aquele em que todas as cláusulas são previamente estipuladas por uma das partes, de modo que a outra, no geral mais fraca e na necessidade de contratar, não tem poderes para debater as condições, nem introduzir modificações, no esquema proposto. Este último contraente aceita tudo em bloco ou recusa tudo por inteiro (cf. Messineo, *Doctrina General del Contrato*, vol. I, pág. 440).
> (...)
> Para que o contrato de adesão se caracterize como tal, mister se faz a presença de várias circunstâncias, a saber:
> a) O negócio deve ser daqueles que envolvem necessidade de contratar por parte de todos, ou de um número considerável de pessoas. O exemplo do concessionário de eletricidade é característico. A vida moderna criou necessidades novais, tais a utilização da força e luz elétrica, de modo que é difícil compreender, na vida urbana, alguém que dispense o benefício decorrente de seu fornecimento. Ora, havendo um monopolista a fornecer tal serviço, este impõe as condições de fornecimento, que todos devem aceitar.
> Aqui não se trata de coação, porque o consumidor pode rejeitar o contrato, sem qualquer sanção ou perigo. Portanto, não há que falar em vício da vontade.
> b) O contratante mais forte deve desfrutar de um monopólio de direito ou de fato, ou seja, é mister que a procura exceda em tal proporção a oferta, que uns precisem comprar e os outros possam se recusar a vender. Pois, caso contrário, isto é, no de ampla e livre concorrência, o consumidor poderia se satisfazer alhures, fugindo à imposição de contratar com determinada pessoa.
> c) É mister que os interesses em jogo o permita. Isso ocorre quando há multiplicidade de situações uniformes, de maneira que a oferta é dirigida a uma coletividade."
> (RODRIGUES, Sílvio. Direito Civil – São Paulo: Saraiva, 1980-1981. p. 45/47, grifou-se.)

A consequência, caso o contrato seja considerado como contrato de adesão, é a de que seja interpretado em favor do aderente, sendo nulas as cláusulas consideradas abusivas (arts. 423 e 424, CC). Assim, no caso de um contrato de franquia ser considerado como de adesão, as cláusulas contratuais deveriam ser interpretadas em favor dos franqueados, em caso de dúvida, omissão ou inconsistência.

Não é esta, porém, nossa opinião, como esclarecemos acima. Havendo dúvida em um contrato de franquia, como em qualquer contrato empresarial, deve ser apurada a real intenção das partes, quando da contratação de modo a interpretá-la desta forma.

2.3.6 Diferenças entre contrato de adesão e contrato de franquia

Antes de mais nada, cabe diferenciar as principais características entre o contrato empresarial, aí enquadrado o contrato de franquia, e um contrato de adesão. Para alcançar tal propósito, utilizaremos como exemplo o contrato de colaboração e o contrato de locação, sendo este último o mais próximo de um contrato de adesão, e que, mesmo assim, a doutrina e a jurisprudência rechaçam qualquer dúvida a esse respeito.

Neste sentido, importa ressaltar que as características de um contrato de adesão não possuem qualquer elemento de identificação com o Contrato de Franquia. Ainda, a padronização inerente ao contrato de *franchising* – que pressupõe a necessidade de excelência na manutenção da qualidade em uma rede, é completamente distinta da massificação de contratos idênticos impostos aos consumidores no caso de contratos de adesão. Sobre o assunto:

> "Ademais, o contrato de franquia também não pode nem deve ser considerado contrato de adesão, ou seja, aquele em que a parte aderente não tem outra opção que não aderir àquele contrato para obter aquele produto ou serviço. Em primeiro lugar porque se trata de um negócio, de um investimento, da busca na montagem de uma empresa que atue perante o mercado consumidor. Não há qualquer imposição por parte da franqueadora nem exclusividade, ao contrário, existe, sim, uma prévia análise, minuciosa, de um grande investimento que o candidato a franqueado poderá ou não escolher, para atuar perante o mercado de consumo (...). Regras pré-estabelecidas existem, portanto, justamente para preservar as características e

> padrões inerentes ao conceito de "rede"; no entanto, não há que se falar em um contrato imposto e inalterável, classificado como de adesão" (Principais características dos contratos de Franchising. In: Direito Processual Empresarial. Estudos em homenagem a Manoel de Queiroz Pereira Calças. Editora Elsevier, 2012, pp. 939/940).

Ademais, não se pode considerar a relação entre franqueador e franqueado uma relação de hipossuficiência por parte do franqueado ou de vulnerabilidade de uma das partes, vez que se trata de relação puramente empresarial, em que ambas as partes estão em paridade ou em condições de igualdade. Este é, inclusive, o amplo entendimento do Tribunal de Justiça de São Paulo, conforme se verifica:

> Apelação cível. direito empresarial. contrato de franquia. ação indenizatória movida por franqueado em face da franqueadora objetivando condenação desta ao ressarcimento de danos materiais e compensação por danos morais. sentença de procedência. apelo da franqueadora pretendendo a reforma da sentença. cabimento. contrato de franquia que é essencialmente empresarial, não havendo que se falar em vulnerabilidade das partes. autor que concordou com o estabelecimento da unidade franqueada (curso de idiomas) na região de búzios, escolhendo o ponto comercial e alugando imóvel também de sua escolha. insucesso do negócio que não pode ser atribuído ao curso de idiomas ofertado gratuitamente pela prefeitura local. autor que não cumpriu com algumas das obrigações pactuadas. risco inerente à atividade comercial que deve ser assumido pelo empresário. franqueadora que não assume papel de garantidora de rentabilidade ou sucesso do negócio, que depende de muitos outros fatores, entre eles, a própria atuação do franqueado. aprovação da franqueada do ponto comercial e do imóvel que se restringe à observação de determinados parâmetros, de modo a preservar a qualidade do serviço e o prestígio de sua marca. incabível, igualmente, o pleito de ressarcimento de todas as despesas, já que estas eram de responsabilidade exclusiva do franqueado, conforme claramente disposto no contrato. dano moral não configurado. ainda que crível a frustração do autor com o insucesso do negócio, não se verifica a existência de nexo de causalidade entre a conduta da ré e o alegado dano extrapatrimonial. reforma da sentença de modo a julgar improcedentes os pedidos indenizatórios, mantida apenas a declaração de rescisão

do contrato. inversão dos ônus sucumbenciais, devendo o autor arcar com o pagamento das despesas processuais e honorários advocatícios, observada a gratuidade de justiça deferida. recurso a que se dá provimento.
(Apelação Cível no 0030180-61.2014.8.19.0209 Apelante: Yielding English School Ltda. Apelado: Rodrigo Garcez de Jesus Juízo de Origem: 4a Vara Cível do Foro Regional da Barra da Tijuca – Comarca da Capital Relatora: Desembargadora Mônica Feldman de Mattos)
APELAÇÃO CONTRATO DE FRANQUIA 1. DEFESA DO CONSUMIDOR Inaplicabilidade do CDC Franqueado e franqueador que são empresários, presumindo-se tenham conhecimento da ética empresarial que o consumidor protegido pela Lei no 8.078/90 não possui Inexistência de caracterizar de relação de consumo ou vínculo empregatício Inexistência de hipossuficiência em contratos assinados entre empresários 2. CLÁUSULA COMPROMISSÓRIA Nulidade alegada Inexistem dúvidas interpretativas Cláusula de eleição de foro firmada regularmente com destaque na sua redação Competência da Câmara Arbitral eleita para dirimir o conflito (art. 8o, par. único, Lei 9.307/96) Precedente do STJ e das Câmaras Reservadas de Direito Empresarial Extinção do processo sem resolução do mérito Sentença de acerto mantida 3. HONORÁRIOS RECURSAIS Majoração (CPC, art. 85, § 11) Valor fixado de R$ 1.500,00 majorado para R$ 2.500,00 Recurso improvido.
(TJSP – ApCiv 1009045-34.2020.8.26.0576 – 2a Câmara Reservada de Direito Empresarial – j. 17/2/2021 – julgado por Ricardo Negrão – DJe 17/2/2021, grifou-se)
Área do Direito: Civil; Processual; Consumidor APELAÇÃO FRANQUIA "REDE D LIMPA" 1. JUSTIÇA GRATUITA Pedido em sede recursal Concessão Deferimento com efeito "ex nunc", não abrangendo as condenações impostas pela sentença de primeiro grau 2. CONTRATO DE ADESÃO CDC Inaplicabilidade Não há hipossuficiência em contratos assinados entre empresários, presumindo-se ciência e experiência daquele que assume a responsabilidade de administrar uma unidade franqueada, a par da assistência técnica e administrativa a ser prestada pela franqueadora Precedentes do STJ 3. MÉRITO NULIDADE CONTRATUAL Alegação de vícios da COF Inocorrência 4. DESCUMPRIMENTO CONTRATUAL Teses de falta de suporte, treinamento e implantação da Comprovação de suporte técnico aos franqueados e treinamento Sentença de acerto mantida 5. HONORÁRIOS

> recursais Majoração Percentual de 15% majorado para 17% Efeito ex nunc Aplicação do art. 98, § 3o do CPC Recurso não provido.
> (TJSP – ApCiv 1011103-63.2019.8.26.0602 – 2a Câmara Reservada de Direito Empresarial – j. 20/11/2020 – julgado por Ricardo Negrão – DJe 20/11/2020, grifou-se).

No entanto, ainda que se considere o contrato de franquia como contrato de adesão, o que se considera neste trabalho, apenas por amor ao debate, faz-se necessário compreender que o contrato de franquia é um contrato empresarial e com partes em paridade de condições para celebrá-lo, e esse fator deve, portanto, impedir que sejam aplicados aos contratos de franquia os entraves e proteções aplicados aos contratos de adesão tipicamente de consumo.

Este já vem sendo, inclusive, o entendimento em Tribunais Pátrios, conforme se verifica:

> Contrato de "franchising". Ação movida por franqueado contra franqueadora e empresa a ela coligada. Pedidos alternativos de anulação ou resolução da avença, cumulados com pedido de indenização por danos materiais e morais. Ação conexa da franqueadora, com pedido condenatório ao pagamento de taxas, "*royalties*" e multa contratuais. Sentença de improcedência da ação e de procedência da ação conexa. Apelação. Em que pese ser de adesão o contrato de franquia, suas cláusulas não hão de ter, só por isso, a validade questionada. Moderna visão dos contratos de adesão, precipuamente como fruto de uma tentativa racional dos agentes econômicos de reduzir custos de transação. As disparidades de poder de barganha e de poder de mercado entre as partes pouco têm a ver com o conceito mesmo de contrato de adesão. O contrato por adesão forma-se de maneira singular, entre partes que não podem ou não querem perder tempo com a negociação das cláusulas contratuais, sob pena de inviabilizá-lo. Validade das disposições contratuais em causa. Precedentes das Câmaras Reservadas de Direito Empresarial deste Tribunal. Convalidação tácita, pelo decurso de largo lapso temporal, dos motivos alegados para formulação dos pedidos indenizatórios até a superveniência de atos das rés que, tendo passado a privilegiar nova marca, deixaram de dar assistência ao autor no uso da marca original. Aplicação do Enunciado IV do Grupo de Câmaras Empresariais deste Tribunal, posto que os fatos se deram sob

a égide do direito anterior à vigente Lei 13.966/2019: "A inobservância da formalidade prevista no art. 4º da Lei nº 8.955/94 pode acarretar a anulação do contrato de franquia, desde que tenha sido requerida em prazo razoável e que haja comprovação do efetivo prejuízo." Inexecução contratual das rés em dado momento, quanto ao dever de cumprir suas obrigações relativamente à marca "Los Cabrones Mexicanos", aquela originalmente objeto do contrato, passando a promover tão somente nova marca, "Los Mex". Resolução do contrato de franquia que, por ser de prestação continuada, permite a restituição das partes tão somente até o "status quo ante" ao momento da inexecução: "Só é possível remontar à situação anterior à celebração do contrato se este não for de trato sucessivo, pois, do contrário, a resolução não tem efeito em relação ao passado; as prestações cumpridas não se restituem." (ORLANDO GOMES). Contratos coligados. Apesar de sua individualidade, destinam-se eles à mesma finalidade econômica. Inadimplemento de um dos contratos acessórios que frustra a finalidade perseguida nas operações coligadas, desequilibrando a avença principal. "Ora, um contrato tido como acessório pode perfeitamente ter por objeto prestação cujo inadimplemento acarrete a frustração da coligação como um todo. Em outras palavras, o contrato 'acessório' pode conter obrigações essenciais, no contexto da coligação contratual. Por essa razão, muitas vezes será infrutífera a tentativa de determinar a relevância da prestação a partir da função acessória ou principal do contrato descumprido" (FRANCISCO PAULO DE CRESCENZO MARINO). Coligação entre circular de oferta de franquia, apresentada por uma ré, e o contrato de franquia, celebrado pela outra, que permite a responsabilização solidária de ambas pelo dever de restituir ao autor os valores pagos a partir da data da resolução contratual. Sentença reformada, julgando-se parcialmente procedente a ação por primeiro ajuizada e improcedente a ação conexa. Apelação parcialmente provida. (TJSP; Apelação Cível 1003942-17.2018.8.26.0576; Relator (a): Cesar Ciampolini; Órgão Julgador: 1ª Câmara Reservada de Direito Empresarial; Foro de São José do Rio Preto – 3ª Vara Cível; Data do Julgamento: 04/10/2021; Data de Registro: 04/10/2021

"O fato de ser de adesão o contrato firmado entre as partes não retira o seu caráter bilateral e sinalagmático, nem tampouco permite ao aderente vir a juízo alegar o descumprimento das obrigações do outro contratante de forma genérica, esperando que o juízo obrigue o adversário a demonstrar o contrário.

> Assim, conquanto a ordem jurídica confira alguma proteção aos contratos de adesão, a relação de franquia é de natureza empresarial, não se aplicando à espécie a disciplina legal de relações de hipossuficiência, e sim a própria legislação específica que rege a matéria, que não confere ao franqueado a postura processual pretendida pelos apelantes".
> (TJSP; Apelação Cível 1052303-09.2016.8.26.0100; Relator Grava Brazil; 2ª Câmara Reservada de Direito Empresarial; Julgamento: 16/09/2020)

Esclarecemos neste trabalho que o contrato de adesão se caracteriza por um instrumento contratual, no qual as cláusulas são previamente estipuladas por um dos contratantes, de modo que o outro não tem o poder de debater, negociar as condições, nem incutir modificações nos termos propostos: ou aceita tudo em bloco ou recusa por inteiro. Mas nesse último caso, não poderá consumir o serviço ou produto do objeto contratual.

Desta forma, o que se deve ter em mente é que, mesmo em casos que se considerem o contrato de franquia um contrato de adesão, não há razão para considerar o franqueado hipossuficiente, equiparando-o a um consumidor.

Nessa mesma lógica, assegura Carlos Roberto Gonçalves:

> Contratos de adesão são os que não permitem essa liberdade, devido à preponderância da vontade de um dos contratantes, que elabora todas as cláusulas. O outro adere ao modelo de contrato previamente confeccionado, não podendo modificá-las: aceita-as ou rejeita-as, de forma pura e simples, e em bloco, afastada qualquer alternativa de discussão. São exemplos dessa espécie, dentre outros, os contratos de seguro, de consórcio, de transporte, e os celebrados com as concessionárias de serviços públicos (fornecedoras de água, energia elétrica etc.).[25] E prossegue: Uma das principais características dessa modalidade contratual é, com efeito, a independência do franqueado, sua autonomia como empresário, de caráter jurídico, administrativo e financeiro, não mantendo qualquer vínculo de natureza empregatícia com o franqueador. Essa autonomia, todavia, é relativa, uma vez que o franqueado

[25] GONÇALVES, Carlos Roberto Direito civil brasileiro, volume 3 : contratos e atos unilaterais / Carlos Roberto Gonçalves. – 16. ed. – São Paulo : Saraiva Educação, 2019, p. 122

depende da estrutura fornecida pelo franqueador. Para manter uma padronização, o franqueado submete-se a muitas regras impostas por aquele. Há, efetivamente, certos atos que o franqueado não pode praticar sem a autorização do franqueador, como, promoções e descontos nos produtos. Malgrado a mencionada Lei n. 8.955, de 15 dc dezembro de 1994, tenha disciplinado alguns de seus aspectos, pode-se ainda dizer que é um contrato atípico, em que as relações entre franqueador e franqueado continuam regendo-se exclusivamente pelas cláusulas convencionadas. É, também, de natureza bilateral, consensual, oneroso e de trato sucessivo.[26]

É o que entende também Fran Martins:

O contrato de franquia compreende a prestação de serviços e a distribuição de certos produtos, de acordo com as normas convencionadas. A prestação de serviços é feita pelo franqueador ao franqueado, possibilitando a esse a venda de produtos que tragam a marca daquele. A distribuição é a tarefa do franqueado, que se caracteriza na comercialização do produto. Os dois contratos agem conjuntamente, donde ser a junção de suas normas que dá ao contrato a característica de franquia. Muito se aproxima esse contrato de outros, havendo, contudo, pontos que os distanciam. Assim, está ele bem ligado ao contrato de concessão exclusiva, mas dele se destaca porque neste há um monopólio por parte ao concessionário, enquanto tal não acontece com a franquia. Também se aproxima do contrato de fornecimento, mas dele também se distancia, pois no fornecimento o fornecedor não é obrigado a prestar assistência, técnica ou comercial, ao comprador, o que ocorre com a franquia. Igualmente, a franquia se aproxima do simples contrato de distribuição, feito pelos comerciantes por meio de agentes ou sucursais espalhadas em vários recantos. Em tal caso, as sucursais são dependentes das empresas produtoras ou distribuidoras das mercadorias e os agentes ou representantes são simples intermediários nas vendas. O franqueado é, como se disse, independente e age em nome próprio, e não como representante do produtor. A este se liga apenas porque dele recebeu o direito de comercializar o produto, franqueado muitas vezes usando do nome, título do estabelecimento do franqueador ou sua insígnia, de modo a induzir o consumidor a adquirir o produto com a mesma certeza de autenticidade que o adquiriria do próprio produtor. É, assim, o contrato de franquia autônomo, muito embora seja um produto híbrido

[26] GONÇALVES, Carlos Roberto Direito civil brasileiro, volume 3 : contratos e atos unilaterais / Carlos Roberto Gonçalves. – 16. ed. – São Paulo : Saraiva Educação, 2019, p. 876

de outros contratos. Classifica-se a franquia como um contrato consensual, bilateral, oneroso, de execução continuada, híbrido e típico. [27]

Especificamente ao contrato de franquia, partindo-se da conceituação como um *contrato complexo de colaboração*, HUMBERTO THEODORO JUNIOR conclui que não se trata de um contrato de adesão, pois nestes, a adesão seria *inevitável* (*proposta formulada à coletividade*, na qual o contratante tem a imperiosa necessidade de contratar, não havendo condições práticas de recusar a contratação): "*adere, apenas, se for de sua conveniência e interesse*" (Apontamentos sobre a responsabilidade civil na denúncia dos contratos de distribuição de franquia e concessão comercial. Revista de Direito Mercantil, São Paulo, n. 122, p. 7-37, 2001 *Apud* MARINA NASCIMBEM BECHTEJEW RICHTER, *A Relação de Franquia no mundo empresarial e as tendências da jurisprudência brasileira*, 2021, p. 78).

Por fim, no que tange ao contrato de locação, ressaltamos que, não obstante ser elaborado invariavelmente pelo locador, com cláusulas pré-estabelecidas, e não elaborado em conjunto com o locatário, a jurisprudência brasileira não o considera um contrato de adesão, senão vejamos:

> "Apelação cível – embargos à execução de título extrajudicial – contrato de locação de imóvel comercial – inaplicabilidade do código de defesa do consumidor – a existência de recuperação judicial do devedor não impede o prosseguimento das execuções contra terceiros devedores solidários – súmula 581 do stj – validade da cláusula de renúncia do fiador ao benefício de ordem – inadimplência reconhecida pela embargante – alegação de excesso de execução – não configurado – prevalência do disposto no título executivo – rejeição dos embargos à execução que se mantém. a execução vem lastreada em contrato de prestação de serviços não adimplido, instrumento que representa um título executivo extrajudicial, nos termos do previsto no art. 784, iii, do cpc/2015. constata-se que a apelante firmou o contrato locatício, na qualidade de fiadora do locatário, que se encontra em processo de recuperação judicial, fato que não impede o prosseguimento da execução, tampouco extingue o valor apontado por ter havido a habilitação do crédito

[27] Martins, Fran. Contratos e obrigações comerciais / Fran Martins. – 18. ed., rev., atual. e ampl. por Gustavo Saad Diniz – Rio de Janeiro: Forense, 2018, pg. 376

no juízo falimentar. validade da cláusula de renúncia do fiador ao benefício de ordem. art. 828, i, do cc/02. contrato de locação comercial que não se amolda ao conceito de contrato de adesão. Alegação de excesso de execução não configurado. Prevalência do avençado pelas partes no título executivo extrajudicial. Rejeição dos embargos à execução. Jurisprudência do STJ e julgados deste tribunal. Negado provimento ao recurso."
(tjrj, apelação cível nº 0065360-78.2017.8.19.0001 – Apelação. Des(a). Edson Aguiar de vasconcelos – julgamento: 30/10/2019 – décima sétima câmara cível, grifou-se
Apelação – Embargos à execução – "Contrato de arrendamento de imóvel e instalações e concessão de uso de espaço para armazenagem e movimentação de combustíveis" – Nulidade da sentença por ausência de fundamentação – Inocorrência – Nulidade da cláusula de renúncia ao benefício de ordem – Não acolhimento – Redução da multa moratória – Impossibilidade – Nulidade da cláusula de eleição de foro – Inexistência – Honorários advocatícios contratuais – Exclusão. O fato de a decisão recorrida não ter dado ao caso a solução que o apelante entende correta não caracteriza ausência de fundamentação adequada, podendo-se extrair da respeitável sentença, com clareza, os motivos que conduziram o nobre magistrado à conclusão externada no ato decisório que proferiu. Em regra, não se vislumbra nos contratos de locação a ausência de liberdade na discussão do conteúdo do contrato. Nos contratos de locação celebrados por empresas, com o objetivo de fomentarem suas atividades econômicas, essa ausência de liberdade é praticamente inexistente, dada a ampla possibilidade de negociarem e influírem, mutuamente, na fixação do conteúdo do contrato e no estabelecimento de suas cláusulas, razão pela qual não se trata de contrato de adesão e não é inválida a renúncia ao benefício de ordem. Nos contratos que não sejam de adesão, a competência em razão do valor e do território pode ser modificada por convenção das partes, desde que a eleição de foro conste de contrato escrito e faça alusão a determinado negócio jurídico, consoante disposto na norma do artigo 63 do Código de Processo Civil (CPC/1973, art. 111). Multa moratória fixada em dez por cento não é manifestamente excessiva nem destoa da praxe do mercado imobiliário, sendo este inferior ao percentual que se costuma praticar em contratos de locação, razão pela qual sua redução não deve ocorrer. Instaurada a demanda, os honorários advocatícios fixados pelas partes no contrato só têm aplicação na hipótese de resolução extrajudicial

> da controvérsia entre elas havida. Se o processo prosseguir até ser proferida sentença, só serão cabíveis os honorários que forem fixados pela decisão judicial. Apelação provida em parte.
> (TJSP; Apelação Cível 1001070-85.2018.8.26.0428; Relator (a): Lino Machado; Órgão Julgador: 30ª Câmara de Direito Privado; Foro de Paulínia – 1ª Vara; Data do Julgamento: 21/10/2020; Data de Registro: 04/11/2020, grifou-se).

Desta forma, não há qualquer racionalidade jurídica em não se considerar o contrato de locação como adesão e, por outro lado, enquadrar o contrato de franquia em tal classificação, uma vez que, ambos, mesmo possuindo cláusulas pré-estabelecidas e/ou padronizadas, possibilitam à outra parte o debate sobre estas cláusulas, em condições paritárias. Ainda, no caso específico do contrato de franquia, presume-se experiência e capacidade técnica daquele que pretende administrar uma unidade de franquia, atendendo aos requisitos mínimos de perfil desejado, não havendo, assim, qualquer relação de hipossuficiência entre as partes. Há de considerar, ainda, que os contratos de franquia são firmados em ambiente altamente empresarial, após lapso temporal necessário e suficiente para avaliação de riscos envolvendo a decisão pelo investimento por parte do empresário-franqueado, logo, incompatível com a natureza jurídica de consumidores e dos contratos de adesão.

2.3.7 Conclusão

Desta forma, resta claro que o contrato de franquia não pode ser interpretado ou caracterizado um contrato de adesão, o que é incompatível com sua classificação como contrato empresarial, de natureza jurídica autônoma, mista e de colaboração, não sendo, ainda, admitida a relação de hipossuficiência, pois há paridade e independência entre os empresários (franqueados e franqueadores). No mesmo sentido, tampouco há relação de consumo, diferenciando-se, assim, completamente em sua essência, o que já se consolida na doutrina moderna e jurisprudência atualizada.

Por fim, sob qualquer ângulo analisado, seja legal, doutrinário, jurisprudencial e mercadológico, o entendimento é uníssono: o contrato de franquia tem natureza jurídica mista, autônoma e de colaboração. Nasce e se desenvolve em ambiente puramente negocial e é firmado por investidores (franqueados) e empreendedores (franqueadores) cuja finalidade é desenvolver determinada atividade empresarial, a partir de um modelo de negócio idealizado, testado e capaz de reduzir os riscos do investimento, aumentando significativamente as chances de obtenção de êxito, caracterizando o que se encontra disposto na Nova Lei de Franquias (Lei nº 13.966/2019).

2.4. Assimetria contratual – pl nº 487/2013 e nº 1.572/2011

A Câmara dos Deputados criou o Projeto de Lei nº 1.572/2011[28], contendo 670 artigos, embora arquivado por coincidir com o anteprojeto que tramita no Senado (PLS nº 487/2013), com 1.103 artigos[29].

Importa registrar que, se aprovado nos termos propostos, haverá significativo impacto nas relações assimétricas, conforme estabelece o artigo 306:

> Art. 306. A proteção que este Código libera ao contratante economicamente mais fraco, nas relações contratuais assimétricas, não pode ser estendida para preservá-lo das consequências econômicas, financeiras, patrimoniais ou administrativas de suas decisões na condução da empresa.
> § 1º A assimetria das relações contratuais entre empresários será considerada pelo juiz em razão direta da dependência econômica entre a empresa de um contratante em relação à do outro.
> § 2º Mesmo nos contratos empresariais assimétricos, a vantagem excessiva de uma das partes relativamente à da outra não é causa de revisão judicial, invalidação do negócio jurídico ou desconstituição de obrigação.

Há, atualmente, severa crítica ao Código Civil por trazer a tendência da moderna teoria contratualista[30], que prega o chamado dirigismo con-

[28] https://www.camara.leg.br/proposicoesWeb/fichadetramitacao?idProposicao=508884 acesso em 08 nov. 2022

[29] Disponível em: https://www25.senado.leg.br/web/atividade/materias/-/materia/115437 Acesso em: 08 nov. 2022.

[30] Disponível em: <http://alcramos.jusbrasil.com.br/artigos/121943289/a-especificidade-dos-contratos-empresariais>. Acesso em: 08 nov. 2022.

tratual[31] (intervenção estatal para proteger as partes mais fracas – vulneráveis ou hipossuficientes – de uma relação contratual).

É comum encontrar argumentos de advogados de franqueados no sentido de que há hipossuficiência e vulnerabilidades técnica, jurídica e econômica, ou vulnerabilidade do franqueado em relação à subordinação empresarial e, consequentemente, assimetria contratual, ou seja, criando-se o instituto da subordinação empresarial e assimetria da relação contratual, muito embora o artigo 1º da Lei 13.966/2019 tenha resolvido definitivamente o assunto ao prever expressamente "sem caracterizar relação de consumo ou vínculo empregatício em relação ao franqueado ou a seus empregados, ainda que durante o período de treinamento."

No entanto, devemos lembrar que há também inúmeros franqueados poderosos, multifranqueados[32] – há multifranqueados[33] com dezenas e até mais de centena de unidades – com alto poder de investimento e com inúmeras lojas de uma mesma rede e até de redes diferentes. Em contrapartida, também é verdade que há muitos franqueadores iniciantes, cujo poder econômico é menor do que desses franqueados.

Devemos considerar, ainda, o chamado negócio processual e pré-processual reforçado pelo Código de Processo Civil em vigor, em seus artigos 190 e 191, tomando as devidas cautelas para evitar nulidade e a possibilidade de reconhecimento de vulnerabilidades em contratos de franquia. A propósito, deve-se presumir a simetria do franqueado perante o franqueador, e, consequentemente, sua capacidade técnica, jurídica e econômica para compreender os termos da contratação, sobretudo, em razão da sua autonomia empresarial e de empreendedorismo, pois o franqueado só optou pelo sistema de franquia em razão das vantagens que lhe são inerentes.

[31] Enunciado nº 21 da I Jornada de Direito Comercial, realizada pelo CJF: "nos contratos empresariais, o dirigismo contratual deve ser mitigado, tendo em vista a simetria natural das relações interempresariais".

[32] Disponível em: <http://www.abf.com.br/o-maior-franqueado-do-brasil/>. Acesso em: 08 nov. 2022.

[33] Disponível em: https://revistapegn.globo.com/Mulheres-empreendedoras/noticia/2020/03/dia-da-mulher-12-multifranqueadas-de-sucesso-faturam-milhoes-em-diversos-segmentos.html acesso e,: 08 nov. 2022

Questão igualmente importante identificada no PL nº 487/2013 é o parágrafo único do artigo 333, a saber: "parágrafo único: em caso de divergência entre o contrato assinado e a Circular de Oferta de Franquia, prevalecerá a disposição mais favorável ao franqueado". A ideia trazida por este dispositivo reforça a tese de que estamos tentando combater sobre o reconhecimento automático da hipossuficiência[34] ou vulnerabilidade do franqueado em relação ao franqueador, ou seja, o reconhecimento da incapacidade do franqueado de tomar decisões ou de apurar divergência(s) entre a Circular de Oferta de Franquia e o Contrato de Franquia. Para a ABF[35]:

> também significa instabilidade e insegurança pois parte de uma premissa de que as divergências foram instituídas por má-fé ou dolo do franqueador e não por um mero erro, por exemplo. Portanto, em havendo divergência, é necessário apurá-las sob a óptica dos defeitos do negócio jurídico previstos no Código Civil brasileiro e não as interpretar de forma mais favorável ao franqueado, como se este último não fosse um empresário com capacidade de avaliação.

Para corrigir esses e outros equívocos, *v.g.*, artigo 331[36], a ABF está promovendo, além da Nota Técnica, palestras, reuniões, eventos, esclare-

[34] Em acertada decisão o Tribunal de Justiça do Estado de São Paulo, Seção de Direito Privado, 1ª Câmara Reservada de Direito Empresarial decidiu na Apelação nº 0136444-51.2011.8.26.0100 que "A franqueada é sociedade empresária, não podendo ser considerada parte hipossuficiente na relação contratual. Com efeito, em contratos dessa natureza, há presunção de que as partes estão em igualdade de condições para celebração do negócio bilateral, ainda que os pactos de franquia sejam redigidos com cláusulas padronizadas, na forma de contrato de adesão pelo franqueador. É que, diferentemente do que ocorre no caso dos contratos de consumo, nos quais se protege, dentre outras coisas, a segurança do consumidor, parte notadamente mais fraca da relação, no contrato de franquia o franqueado, da mesma forma que o franqueador, sujeita-se ao risco do negócio, inerente ao regime de livre iniciativa tutelado pela ordem constitucional nacional, próprio do modo de produção capitalista. Pressupõe-se, portanto, que, antes de ingressar na avença, o franqueado tome conhecimento de todos os detalhes relevantes, inclusive, exigindo os necessários esclarecimentos do franqueador antes da celebração definitiva do ajuste".

[35] Nota Técnica – Projeto de Lei nº 1.572/2011 e Substitutivo.

[36] "Art. 331. Pelo contrato de franquia empresarial, um empresário, denominado franquea-

cimentos e conscientização da importância de um movimento anterior à aprovação dos projetos, esforços entre os operadores do sistema e políticos envolvidos para sugerir redação de substituição dos artigos que afetam o *franchising* como um todo, para proporcionar a segurança jurídica necessária ao seu saudável desenvolvimento.

A redação do artigo 331 traz o entendimento de prestação de serviços de organização de empresa pelo franqueador aos franqueados, ou seja, um conceito completamente desprovido da verdadeira relação franqueador x franqueado, em que há treinamentos, orientações, atualizações, apoio, enfim, todo o suporte e uma gama de benefícios que o *franchising* confere aos franqueados como forma de organização empresarial e observação das condições do contrato de franquia, mas que não podem ser confundidos com prestação de serviços, cuja implicação tributária é prejudicial ao próprio sistema de franquia.

A propósito, é de longa data a luta da ABF[37] contra a incidência do ISS sobre a atividade empresarial do sistema de franquia. O município de São Paulo, *v.g.*, argumenta que a Lei Complementar nº 116/2003 inclui as franquias na lista de atividades sobre as quais incide o ISS, por outro lado o Tribunal de Justiça de São Paulo já decidiu a favor dos contribuintes. Todavia, a questão recebeu o julgamento do RE 603.136[38] e foi reconhecida a repercussão geral da ação. Nesse sentido, quase duas décadas de vigência do entendimento oriundo da Súmula Vinculante 31 do STF, além de jurisprudência consolidada nos Tribunais de Justiça reconhecendo a inconstitucionalidade da incidência do ISS sobre *royalties*, o STF decide de forma diametralmente oposta e passa a reconhecer a constitucionalidade da cobrança do tributo. Inclusive, impõe sua cobrança retroativa, significa dizer que houve quebra de legítima expectativa dos contribuintes, afetando severamente as questões econômicas do setor.

dor licencia o uso de suas marcas a outro empresário, denominado franqueado, e presta a este, nas condições do contrato, serviços de organização de empresa."

[37] Disponível emhttps://www.abf.com.br/abf-decisao-do-stf/ Acesso em: 08 nov. 2022.

[38] Disponível em http://portal.stf.jus.br/processos/detalhe.asp?incidente=3756682 acesso em 08 nov. 2022

CAPÍTULO 3

COMENTÁRIOS À LEI 13.966/2019 – ARTIGO POR ARTIGO

Art. 1º Esta Lei disciplina o sistema de franquia empresarial, pelo qual um franqueador autoriza por meio de contrato um franqueado a usar marcas e outros objetos de propriedade intelectual, sempre associados ao direito de produção ou distribuição exclusiva ou não exclusiva de produtos ou serviços e também ao direito de uso de métodos e sistemas de implantação e administração de negócio ou sistema operacional desenvolvido ou detido pelo franqueador, mediante remuneração direta ou indireta, sem caracterizar relação de consumo ou vínculo empregatício em relação ao franqueado ou a seus empregados, ainda que durante o período de treinamento.

Em consonância com o movimento governamental da liberdade econômica[39], notadamente a Lei nº 13.874, de 20 de setembro de 2019, surge o novo marco legal do *franchising*.

Como reflexo da evolução natural e da maturidade do setor, a nova lei traz aprimoramentos técnicos, mas ainda não está perfeitamente alinhada com a rápida transformação do sistema de *franchising*, até porque sabemos que a lei tem por fundamento regulamentar uma situação fática anterior. Logo, o sistema legal sempre anda um passo atrás da realidade. Frente ao dinamismo do *franchising*, a lei ainda é insuficiente.

[39] Disponível em http://www.planalto.gov.br/ccivil_03/_ato2019-2022/2019/lei/L13874.htm acesso em 17 fev. 2020.

Muito embora não seja um primor, o novo conceito legal, sem dúvida, também representa significativo avanço técnico e jurídico. A primeira correção conceitual decorre da supressão da expressão "franquia empresarial é o sistema pelo qual um franqueador cede[40] ao franqueado o direito de uso de marca ou patente..." Isso porque, como é cediço, o significado técnico de **"cessão"** é atribuído aos contratos que objetivam a cessão de marca registrada ou do pedido de registro depositado no INPI, implicando na transferência de titularidade, devendo respeitar o disposto nos Artigos 134 a 138 da Lei n. 9.279/96 (LPI).[41]

Logo, a definição esculpida no conceito da antiga lei não se coadunava com a prática empresarial adotada pelo sistema de franquia, na medida em que o franqueador, ao firmar um contrato de franquia não perde a titularidade de direitos, mas apenas e tão somente **autoriza** o franqueado a usar marcas e outros objetos de propriedade intelectual, como mais bem definido no novo marco legal. Ademais, a principal vantagem do sistema de franquia é a possibilidade de clone das operações, totalmente incompatível com a perda de titularidade de direitos do franqueador.

Outro ponto que chama atenção no novo conceito é a manutenção da cautela do legislador acerca da possibilidade – bastante comum no mercado de franquia – acerca de direitos de titularidade do franqueador, por terem sido por ele desenvolvidos, porém, a lei inclui também a possibilidade de que pode o franqueador ser apenas detentor desses direitos. Não se exige, portanto, que seja o franqueador titular de direitos, desde que esteja legalmente legitimado a exercê-los. Aliás, essa cautela já existia no conceito do artigo 2º da Lei 9.855/94[42].

[40] Art. 2º Franquia empresarial é o sistema pelo qual um franqueador cede ao franqueado o direito de uso de marca ou patente, associado ao direito de distribuição exclusiva ou semiexclusiva de produtos ou serviços e, eventualmente, também ao direito de uso de tecnologia de implantação e administração de negócio ou sistema operacional desenvolvidos ou detidos pelo franqueador, mediante remuneração direta ou indireta, sem que, no entanto, fique caracterizado vínculo empregatício.

[41] http://www.inpi.gov.br/menu-servicos/transferencia/tipos-de-contratos acesso em 13 fev. 2020

[42] Art. 2º Franquia empresarial é o sistema pelo qual um franqueador cede ao franqueado o direito de uso de marca ou patente, associado ao direito de distribuição exclusiva ou semiexclusiva de produtos ou serviços e, eventualmente, também ao direito de uso de

Houve inovação e inclusão no novo conceito de sistema de franquia, com a expressão *"também ao direito de uso de métodos e sistemas de implantação e administração de negócio ou sistema operacional desenvolvido ou detido pelo franqueador"*. A redação preenche lacunas. Com o desenvolvimento dos negócios, o avanço irreversível da tecnologia, novas soluções são apresentadas diariamente e métodos são criados, outros substituídos, de modo que tudo se transforma o tempo todo num processo evolutivo natural.

A expressão "sempre associados ao direito de produção ou distribuição exclusiva ou não exclusiva de produtos ou serviços e também ao direito de uso de métodos e sistemas de implantação e administração de negócio ou sistema operacional desenvolvido ou detido pelo franqueador" representa importante mudança da lei. Agora, suprimida a expressão da lei anterior "e, eventualmente", temos como obrigatória a autorização dada pelo franqueadora por meio de contrato ao franqueado, para usar marcas e outros objetos de propriedade intelectual, **sempre** associados ao direito de produção ou distribuição exclusiva ou não exclusiva de produtos ou serviços e também ao direito de uso de métodos e sistemas de implantação e administração de negócio ou sistema operacional desenvolvido ou detido pelo franqueador.

Há no mercado inúmeras ferramentas de tecnologia capazes de analisar, medir, gerir *leads* e informações importantes para o negócio, seja na área de expansão, implantação de unidades, operação e suporte de rede. O avanço tecnológico está visceralmente relacionado ao desenvolvimento dos negócios, são de fato indissociáveis um do outro pela necessidade constante da implementação de melhorias em todos os processos de uma empresa.

Permanece atual, portanto, a definição, mesmo com o novo marco legal, de Marcelo Cherto, mais próxima do complexo conceito de *franchising*. Segundo Cherto (1988, p. 4), franquia:

tecnologia de implantação e administração de negócio ou sistema operacional desenvolvidos ou detidos pelo franqueador, mediante remuneração direta ou indireta, sem que, no entanto, fique caracterizado vínculo empregatício.

> é, nada mais, nada menos, do que um método e um arranjo para a distribuição de produtos e/ou serviços. Juridicamente, se implementa através de um contrato pelo qual o detentor de um nome ou marca, de uma idéia, de um método ou tecnologia, segredo ou processo, proprietário ou fabricante de um certo produto ou equipamento, mais *know-how* a ele relacionado (o *franchisor* ou franqueador) outorga a alguém dele jurídica e economicamente independente (o *frachisee* ou franqueado), licença para explorar esse nome ou marca, em conexão com tal idéia, processo, método tecnologia, produto e/ou equipamento. É estabelecido pelo *franchisor* (franqueador) o modo pelo qual o *franchisee* (franqueado) deverá instalar e operar seu próprio negócio e desempenhar suas atividades, que serão desenvolvidas sempre sob o controle, a supervisão e a orientação e com a assistência do *franchisor* (franqueador), a quem o *franchisee* (franqueado) pagará, direta ou indiretamente, de uma forma ou de outra, uma remuneração. O *franchisee* (franqueado) arca, ainda, com os custos e despesas necessárias à instalação e operação de seu próprio estabelecimento.

Na sua visão, Cherto já estabelecia a independência econômica entre franqueados e franqueadores, deixando absolutamente claro no texto que o franqueado deve operar seu próprio negócio de modo individual e autônomo, contando com o suporte de quem criou o negócio.

Todavia em que pesem os esforços para estabelecer a independência econômica entre franqueado e franqueador, não raro franqueados que operaram por breve período, sem mesmo aguardar o tempo natural de maturação do negócio, fecham as portas por inúmeras razões e tentam responsabilizar o franqueador pelo insucesso do negócio.

Ocorre que, Segundo o Sebrae, a taxa de mortalidade das pequenas empresas com até dois anos de operação é de 23%. Enquanto isso, no *franchising*, o mesmo indicador é de 3%.

Recentemente, a consultoria especializada no setor de franquias *Franchise Solutions* divulgou um estudo[43] realizado com redes franqueadoras

[43] Disponível em https://www.portaldofranchising.com.br/franquias/causas-de-fechamento-de-franquias/ acesso 13 dez. 2022.

do Brasil inteiro para apurar quais eram os cinco principais erros cometidos pelas franquias que acabam fechando as portas.

O primeiro e mais relevante erro diz questão à localização escolhida para o ponto de venda. Cerca de 31% das unidades que encerram suas atividades o fazem pela má escolha do local do negócio.

Para o diretor da *Franchise Solutions*, Pedro Almeida, a dica é entender se o negócio é de "destino" ou de "passagem". Ele explica:

> *"Existem negócios que são de passagem e outros que são de destino. A principal diferença entre eles é que, os de 'passagem' precisam ser instalados em locais com grande fluxo de pessoas ou de carros, como shoppings e centros de compras.*
> *Já os de 'destino' não necessitam disso, porém precisam ter facilidade de acesso"*

O segundo item mais relevante observado na pesquisa é o capital de giro, ou melhor, a falta dele. Para 28% das franquias que fecham, o esvaziamento do dinheiro de caixa é o principal motivo desse insucesso. Atualmente há uma grande oferta de linhas de crédito por parte de bancos públicos e privados, o que diminui a mortalidade de negócios por conta disto.

Podemos observar que os principais motivos de encerramento de unidades estão relacionados à gestão do franqueado e a falta de capacidade financeira para aguardar o tempo natural e necessário de maturação do negócio para atingir o ponto de equilíbrio e, a partir daí, fazer uma excelente gestão para performar bem a unidade e consequentemente, atingir o *payback* e lucros planejados.

Devemos atentar para a necessidade de repressão ao abuso da dependência econômica, sobretudo numa relação em que, de modo geral, o franqueador dita as normas do negócio aos seus franqueados. No entanto, Forgioni (2009, p. 35), fazendo um contraponto sobre a teoria geral dos contratos e a repressão ao abuso de dependência econômica empresarial, adverte: "essa proteção deverá se dar em conformidade com as regras e os princípios típicos do direito mercantil e não da lógica consumerista, incompatível com as premissas daquele sistema".

Para Forgioni (2009, p. 35), a situação de dependência econômica, ainda na teoria geral dos contratos, ocorre quando "um dos contratantes está em condições de impor suas condições ao outro, que deve aceitá-las para sobreviver"[44]. Ainda, importante destacar que "nada há de ilícito no fato de uma empresa ser economicamente superior a outra, mas o abuso dessa situação é reprimido pela ordem jurídica"[45].

O cometimento de tal *abuso* deve ser contido lançando mão dos dispositivos gerais do Código Civil para proteger a parte prejudicada em busca do reequilíbrio na relação contratual. A depender do caso, a boa-fé deverá ser elemento de restabelecimento das forças para reconhecer a ilicitude do ato.

A dependência econômica também pode ser analisada sob o ponto de vista concorrencial, mas nos interessa apenas a análise contratual.

Ao definir a situação de dependência econômica, Forgioni (2008, p. 347-348) estabelece importante distinção: "a situação de dependência econômica pode implicar a exploração oportunista da posição de sujeição do parceiro, da predominância econômica, da condição de independência e da indiferença sobre a *contraparte* (e não sobre o mercado)".

O desafio, portanto, é buscar o equilíbrio entre os mecanismos para refrear o abuso e, ao mesmo tempo, garantir a eficiência do sistema de franquia, diante do potencial de desestímulo que decorre do reconhecimento do abuso.

O abuso da dependência econômica também pode se manifestar por meio do instituto da lesão, que na definição de Caio Mario da Silva Pereira , "ocorre a lesão quando o agente, abusando da premente necessidade ou da inexperiência da outra parte, aufere do negócio jurídico um proveito patrimonial desarrazoado ou exageradamente exorbitante da normalidade".

Como consequência do reconhecimento do instituto da lesão, aplica-se a anulação do ato, exceto "se for oferecido suplemento suficiente, ou se a parte favorecida concordar com a redução do proveito", afirma o autor.

Considerando a relação entre franqueador e franqueado, imaginamos tratar-se de partes experientes, empresários empreendedores, independentes e atentos às necessidades e oportunidades de negócios. Nesse

[44] Na definição de Guyon (1992, p. 971).

[45] Na definição de Guyon (1992, p. 971).

contexto, poderíamos admiti-los como inexperientes para fins de aplicação do artigo 157 do Código Civil?

Nos termos do Enunciado 21 da Jornada de Direito Comercial do Conselho da Justiça Federal, a resposta é negativa, a saber: "**em razão do profissionalismo com que os empresários devem exercer sua atividade, os contratos empresariais não podem ser anulados pelo vício da lesão fundada na inexperiência**".

De qualquer forma, a resposta exige cautela. A relação entre empresários deve, como já vimos, ser pressuposta de equilíbrio e validade nos negócios jurídicos, ainda que haja dependência econômica, não haverá ilicitude se não houver o cometimento de abuso.

Diante dessas considerações, podemos afirmar que o instituto da lesão deve ser aplicado com moderação, a fim de não prejudicar a saúde e a credibilidade do sistema de franquia, responsável pelo crescimento econômico-histórico e reconhecido pelo mercado como um sucesso no modelo de distribuição.

Ademais, o novo marco legal contribuiu favoravelmente para o sistema ao estabelecer clara e expressamente a ausência de relação de consumo e trabalhista, inserindo no final do artigo 1º da Lei 13.966/2019 a expressão: *"sem caracterizar relação de consumo ou vínculo empregatício em relação ao franqueado ou a seus empregados, ainda que durante o período de treinamento."*

No entanto, a nova lei foi insuficiente. Poderia ter incluído expressamente a independência econômica, financeira e empresarial entre franqueador e franqueado, a fim de selar definitivamente as tentativas infundadas de responsabilização do franqueador em casos de insucesso da unidade franqueada.

Sabemos que o ritmo da lei anda em descompasso com os avanços e não é capaz de acompanhar a velocidade característica atribuída ao empresariado do *franchising*. Daí decorre a necessidade de atualização da norma legal, ainda que a destempo, mas com prazo de validade aceitável, na medida em que a lei 13.966/2019 deve regular o setor pelo menos na próxima década de modo razoável.

Concluímos que a independência econômica e empresarial é a essência do *franchising*, sob pena de subversão e insucesso do sistema de franquia no Brasil e no mundo. Resta seguirmos na luta diária e permanente para afastar as tentativas de responsabilização indevida do franqueador pelo insucesso da franquia.

§ 1º Para os fins da autorização referida no *caput*, o franqueador deve ser titular ou requerente de direitos sobre as marcas e outros objetos de propriedade intelectual negociados no âmbito do contrato de franquia, ou estar expressamente autorizado pelo titular.

A exemplo do disposto no *caput*, o novo conceito legal impõe ao franqueador a responsabilidade jurídica decorrente de contratos que objetivam a autorização do uso da marca registrada ou do pedido de registro depositado no INPI, implicando na transferência de titularidade, devendo respeitar o disposto nos Artigos 134 a 138 da Lei n. 9.279/96 (LPI).[46]

Houve uma sofisticação jurídica. Não raro, Circulares de Oferta de Franquia – COF's – indicavam a autorização do uso de marcas ou de exploração de direitos sem a certeza de que o franqueador fosse o titular ou que detinha esses direitos de exploração. Por exemplo: uma marca estrangeira cuja operação no Brasil estivesse representada por um Máster Franqueado[47], não ficava claro acerca da legitimidade da propriedade

[46] http://www.inpi.gov.br/menu-servicos/transferencia/tipos-de-contratos acesso em 13 fev. 2020

[47] Quando uma marca tem objetivos estratégicos de expandir sua atuação em uma determinada região ou país e precisa de um suporte localizado, uma opção é a do máster franqueado. Esta ação permite que um franqueado torne-se diferenciado no sistema e tenha a concessão para transmitir o know-how de implantação, operação e comercialização da linha de produtos ou serviços de uma **franquia**. Nesse caso, um máster franqueado, por força contratual, passa a deter o direito de subfranquear as unidades de negócio, atuando como substituto da franqueadora. Para ter esse direito, normalmente ele faz um investimento maior junto a franqueadora, proporcional ao potencial do território que assumirá. O máster franqueado repassa à franqueadora um percentual de todas as taxas que recebe pela concessão de subfranquias. A aplicação desse modelo de negócios, muitas vezes, ocorre como resultado de um projeto de expansão internacional. Porém, dadas as dimensões do Brasil, algumas empresas utilizam-se desse tipo de recurso para expansão em determinadas regiões ou territórios dentro do país. É fundamental para a franqueadora conhecer bem seu máster franqueado, sua capacidade financeira e gerencial e dar preferência aos que já possuem experiência dentro do sistema de franquia. O máster

desses direitos, implicando em falta de transparência e até confusões contratuais, inadmissíveis no modelo de franquia que está intrinsecamente relacionado à transparência exigida pela norma legal.

No mesmo sentido, os pedidos de registros de marcas – tão demorados[48] no Brasil – e submetidos à burocracia administrativa do INPI – Instituto Nacional da Propriedade Industrial – que se arrastam anos até a obtenção definitiva de direitos da marca ou da propriedade industrial pelo respectivo titular. Assim, eventual negociação firmada ainda no curso dos pedidos administrativos sem concessão definitiva pelo INPI, exige, doravante, o rigor técnico para que o franqueador informe e deixe claro na COF que é o titular de direito ou que ele esteja expressa e legalmente autorizado a fazê-lo.

Evoluiu, portanto, o legislador ao aperfeiçoar a técnica jurídica e, o mais importante, trazer transparência e segurança jurídica às questões relacionadas ao direito marcário e à propriedade industrial, instrumentos indispensáveis para a concretização de negócios.

Ademais, quando há consulta de franqueabilidade de um negócio, a primeira providência recomendada juridicamente é exatamente a forma-

franqueado precisa também conhecer bem o funcionamento do sistema, os direitos e deveres de todas as partes envolvidas e a legislação do país onde pretende instalar a franquia. Conhecer o seu mercado, a cultura e os hábitos locais, o potencial de consumo do território, as adaptações essenciais e, principalmente, como irá buscar e dar suporte adequado aos seus próprios franqueados são ações essenciais. A franqueadora deverá efetuar a transferência dos conhecimentos técnicos e dos processos operacionais, suas originalidades e segredos, permitindo que o master franqueado opere com o mesmo sucesso seu, e que consiga multiplicar essa habilidade para seus subfranqueados. A franqueadora e o máster franqueado deverão elaborar juntos um bom planejamento estratégico, observando o tamanho e a complexidade do território, e as possíveis adaptações que a franquia deverá ou poderá sofrer no país onde será instalada. O ideal é que o máster franqueado opere sua própria unidade, mantendo as mesmas características da franquia, com o objetivo de acumular experiência no negócio, comprovar os resultados financeiros e operacionais, conhecer melhor as reações do consumidor e principalmente, tornar-se a unidade de treinamento em seu território de atuação. Esses procedimentos melhoram em muito as chances de sucesso do máster franqueado, e permitem oferecer uma melhor assistência às unidades franqueadas. Disponível em: https://exame.abril.com.br/pme/como-funciona-uma-master-franquia/ acesso em 14 de fev. de 2020.

[48] https://vcpi.com.br/demora-para-registrar-uma-marca/ acesso em 13 de dez. de 2022.

lização do pedido de registro da marca, a fim de garantir a disponibilidade de uso pela anterioridade da marca e o ineditismo da propriedade industrial. Desse modo, poderá o empreendedor, candidato a se tornar franqueador, estruturar e formatar o negócio a partir de bases sólidas.

Por fim, há inequívoca necessidade e obrigatoriedade de se obter o registro da marca, seja pela titularidade direta ou indireta, ou pelo menos o pedido de registro da marca, com identificação do respectivo número fornecido pelo INPI para que o candidato posso fazer a consulta acerca do status da marca junto ao respectivo órgão.

§ 2º A franquia pode ser adotada por empresa privada, empresa estatal ou entidade sem fins lucrativos, independentemente do segmento em que desenvolva as atividades.

A inclusão do texto inserido no § 2º da lei, representa mais uma importante evolução para o sistema. Nos longos anos de atuação profissional do autor, participou de formatações de franqueadoras cuja natureza societária e de enquadramento tributário classificados como instituição sem fins lucrativos, inclusive de Fundações cujas atividades são fiscalizadas pelo Ministério Público. Em muitos momentos havia questionamentos acerca da legalidade e viabilidade da formatação de um negócio sob a égide da lei de franquia – eminentemente voltada para a obtenção de lucro – para essas instituições sem fins lucrativos.

No âmbito do direito há um jargão que diz "tudo que não é proibido é permitido". Claro que, nesses casos, reservas são necessárias. Desde que as atividades da franqueadora façam parte do seu objeto social, ainda que seja uma Fundação sem fins lucrativos – e que os resultados econômicos e financeiros sejam destinados exclusivamente à consecução dos objetivos sociais – Estatuto Social – será possível e viável a formatação do negócio. Nesse caso, como a rede franqueada está constituída por empresas independentes e desvinculadas da instituição sem fins lucrativos – franqueadora – poderá – e deverá haver lucros para os franqueados.

A dica que podemos dar às instituições sem fins lucrativos que pretendam formatar negócios com base na nova lei de franquia é de que tenham cuidado na hora de elaborar seus Estatutos Sociais para que não utilizem as expressões "comercializar produtos" ou "atividades comerciais". Essas expressões, conferem lastro às operações dos negócios, porém conflitam com a própria natureza jurídico-societária das instituições sem fins lucrativos, que podem ter problemas decorrentes dessa falta de cuidado técnico. Nesse caso, as expressões devem ser substituídas por "venda de produtos" que poderão gerar resultados financeiros positivos, mas não serão considerados lucros.

O resultado financeiro das instituições sem fins lucrativos deverá ser destinado aos respectivos Objetos Sociais, sem distribuição de lucros aos diretores estatutários, sob pena de desvirtuamento do instituto legal e até mesmo ser considerado fraude.

Em relação às franquias públicas, é de longa data o esforço do governo na sua criação.

Segundo Luiz Felizardo Barroso[49]:

> [...] a franquia pública pode ser um relevante instrumento de incentivo à expansão da economia formal, de geração de novas oportunidades de emprego, trabalho e renda para a população. Tal como as parcerias público-privadas, que o governo federal tenta estabelecer por lei, a franquia pública também desonerará a Administração Central da alocação de recursos próprios, sempre escassos, e da contratação de mão-de-obra, em geral complicada, na implementação e operação de atividades que podem ser perfeitamente desempenhadas pela iniciativa privada.
>
> A franquia pública está, pois, para a pequena e média empresa, assim como as parcerias público-privadas estão para as grandes. A franquia pública apresenta-se para o Estado muito mais interessante e convincente do que a concessão ou a permissão – com as quais, aliás, não se confunde, por pertencerem a regimes jurídicos distintos –, porque só a franquia permite, debaixo de um sistema de parceria e cooperação recíproca entre o franqueador e o franqueado, que aquele tenha maior controle e fiscalização sobre este, quanto ao fornecimento de seus produtos e serviços.

[49] Advogado professor doutor Luiz Felizardo Barroso é titular da Advocacia Felizardo Barroso & Associado

Art. 2º Para a implantação da franquia, o franqueador deverá fornecer ao interessado Circular de Oferta de Franquia, escrita em língua portuguesa, de forma objetiva e acessível, contendo obrigatoriamente:

Podemos admitir que o novo marco legal manteve a característica principal do conceito de *franchising* e o dever de publicidade da COF – Circular de Oferta de Franquia – do franqueador perante o candidato, aproximando-se do gênero *disclousure statute* do direito norte-americano em que a norma não regula o contrato de franquia, mas apenas impõe o dever de transparência na relação.

O objetivo da lei, tanto da antiga, já revogada, como da nova, em resumo, é de criar ao interessado condições de avaliação prévia do negócio com informações necessárias e prazo suficiente para consultar advogados e profissionais especialistas a respeito do negócio objeto da franquia, proporcionando-lhe conhecer os riscos e as vantagens antes de tomar a decisão e efetuar pagamentos.

Importante informar que a entrega da COF não estabelece nenhum vínculo entre franqueador e candidato, que ao final do prazo de 10 dias poderá aceitar a oferta e se tornar franqueado da rede ou simplesmente declinar da oferta, sem nenhum ônus ou custo. Todavia, em razão dos termos de dever de confidencialidade costumeiramente inseridos na COF e/ou seus instrumentos jurídicos, não poderá fazer uso ou transmitir a terceiros as informações acerca do segredo de negócio.

A evolução do sistema nos EUA nos remete ao fato de que alguns franqueadores já disponibilizam a COF em seus sites permanentemente, de modo que qualquer interessado poderá acessar a qualquer momento as informações necessárias.

A única mudança do novo marco legal no *caput* do artigo 2º é a obrigatoriedade do uso da língua portuguesa, de forma objetiva e acessível. Enquanto a lei anterior usava a expressão *em linguagem clara e acessível* não exigia a aplicação da língua portuguesa, tornando-se obrigatório o uso do nosso vernáculo, a exemplo de outros institutos de direito.

Parece um detalhe e até uma redundância da lei ao trazer apenas a inclusão da obrigatoriedade do uso da língua portuguesa na COF. Na verdade, houve um importante avanço.

Isso porque, o Brasil é o 4º país do mundo em número de redes franqueadoras, atrás somente dos gigantes China, Estados Unidos e Coreia do Sul.

A Associação Brasileira de Franchising (ABF)[50] é a segunda instituição mais organizada e confiável do *franchising* mundial, logo depois da *Associação Internacional de Franchising* (IFA, na sigla em inglês). Soma-se isso ao potencial consumidor brasileiro e a economia que volta a ascender e pronto: temos aí um mercado recheado de grandes oportunidades e que, por isso, atrai diversas redes de franquias estrangeiras.

Segundo a ABF, 57 marcas de diferentes países oferecem a possibilidade de franqueados brasileiros abrirem unidades no País. O número representa algo em torno dos 5,9% do total de franquias disponíveis no Brasil. Porém, em número de unidades, por conta de as operações já estarem consolidadas em outros mercados, a representatividade das franquias estrangeiras pode ser ainda maior.

Como sabemos, o brasileiro se sente naturalmente atraído por produtos e marcas de fora do País, razão pela qual a pequena mudança do texto legal representa significativo avanço, pois exige a entrega da COF, ainda que de negócio estrangeiro, em língua portuguesa, de forma objetiva e acessível.

Embora o português seja, por norma constitucional, a nossa língua oficial, não é proibido o uso de outro idioma para a redação de contratos particulares.

Assim, o Código Civil Brasileiro estabelece que:

> *"Art. 224. Os documentos redigidos em língua estrangeira serão traduzidos para o português para ter efeitos legais no País."*

Já a Lei dos Registros Públicos reafirma este conceito, ao estabelecer que:

[50] Disponível em https://www.portaldofranchising.com.br/franquias/franquias-estrangeiras-que-voce-pode-abrir/ acesso em 13 dez. 2022.

"Art. 148. Os títulos, documentos e papéis escritos em língua estrangeira, uma vez adotados os caracteres comuns, poderão ser registrados no original, para o efeito da sua conservação ou perpetuidade. Para produzirem efeitos legais no País e para valerem contra terceiros, deverão, entretanto, ser vertidos em vernáculo e registrada a tradução, o que, também, se observará em relação às procurações lavradas em língua estrangeira."

O Decreto 13.609/43 em seu artigo 18 estabelece que:

"Art. 18. Nenhum livro, documento ou papel de qualquer natureza, que for exarado em idioma estrangeiro, produzirá efeito em repartições da União, dos Estados ou dos Municípios, em qualquer instância, juízo ou tribunal ou entidades mantidas, fiscalizadas ou orientadas pelos poderes públicos, sem ser acompanhado da respectiva tradução feita na conformidade deste Regulamento."

Ainda, temos que a tradução deve ser realizada por tradutor público juramentado, nos termos do artigo 17 do citado Decreto 13.609/43:

"Art. 17. Aos tradutores públicos e intérpretes compete:
a) passar certidões, fazer traduções em língua vernácula de todos os livros, documentos e mais papéis escritos em qualquer língua estrangeira, que tiverem de ser apresentados em Juízo ou qualquer repartição pública federal, estadual ou municipal ou entidade mantida, orientada ou fiscalizada pelos poderes públicos e que para as mesmas traduções lhes forem confiados judicial ou extrajudicialmente por qualquer interessado;"

Dessa forma, vimos que não há exigência legal de que contratos particulares sejam obrigatoriamente em língua portuguesa. Todavia, como estamos diante de lei específica do setor, toda em qualquer COF, ainda que de multinacional estrangeira com interesse de atuação no mercado brasileiro, deverá ser redigida ou traduzida para a língua portuguesa, sob pena de ferir a nova lei de franquia, sujeitando-se às consequências previstas no artigo 4º[51], combinado com o §2º, do artigo 2º[52].

[51] Art. 4º Aplica-se ao franqueador que omitir informações exigidas por lei ou veicular informações falsas na Circular de Oferta de Franquia a sanção prevista no § 2º do art. 2º desta Lei, sem prejuízo das sanções penais cabíveis.

[52] § 2º Na hipótese de não cumprimento do disposto no § 1º, o franqueado poderá arguir anulabilidade ou nulidade, conforme o caso, e exigir a devolução de todas e quaisquer

I – histórico resumido do negócio franqueado;

Apesar de repetir o texto legal anterior[53], a nova lei manteve a redação, fazendo apenas a fragmentação de parte do texto do inciso I para o II, conforme se observa da sequência numérica abaixo.

A ideia da lei é que o franqueador conte sua trajetória, ou seja, é importante informar na COF a história do fundador, a origem do negócio, o primeiro ano, como surgiu o conceito ou seu aperfeiçoamento, a evolução comercial, os números de unidades próprias – se for o caso – o número de unidades franqueadas iniciais que apostaram na marca, a região onde o negócio foi desenvolvido, o contexto político e histórico, as pessoas envolvidas e as que contribuíram para o sucesso da marca, a família, enfim, todas as informações relevantes capazes de transmitir ao candidato a credibilidade e originalidade da franquia.

Como o próprio texto sugere, não estamos pedindo para que seja escrita uma biografia, mas apenas o histórico de forma resumida, a fim de permitir que o candidato conheça efetivamente a origem e evolução do sistema de franquia que irá conhecer e analisar a partir da leitura da COF.

II – qualificação completa do franqueador e das empresas a que esteja ligado, identificando-as com os respectivos números de inscrição no Cadastro Nacional da Pessoa Jurídica (CNPJ)

Como dito acima, o inciso II da nova lei representa o desdobramento do inciso I do artigo 2º da atual lei e que antes integrava o inciso I, do artigo 3º, da Lei 8.955/94[54].

quantias já pagas ao franqueador, ou a terceiros por este indicados, a título de filiação ou de *royalties*, corrigidas monetariamente.

[53] I – histórico resumido, forma societária e nome completo ou razão social do franqueador e de todas as empresas a que esteja diretamente ligado, bem como os respectivos nomes de fantasia e endereços.

[54] Art. 3º Sempre que o franqueador tiver interesse na implantação de sistema de franquia empresarial, deverá fornecer ao interessado em tornar-se franqueado uma circular de oferta de franquia, por escrito e em linguagem clara e acessível, contendo obrigatoriamente as seguintes informações:

A ideia aqui é, sempre na linha de raciocínio da transparência inerente ao sistema e principal razão de sucesso do *franchising* no Brasil e no mundo, permitir ao candidato o acesso às informações completas – na área jurídica chamamos tecnicamente de qualificação – do franqueador e das empresas a que esteja ligado, além dos CNPJs correspondentes.

Nota-se, portanto, que o liame não é apenas societário, bem como não são apenas aquelas empresas a que esteja o franqueador **diretamente** ligado, como na redação da lei anterior. A transparência aqui é ainda mais ampla, devendo apresentar a qualificação completa também das empresas ligadas à franqueadora, incluindo-se vínculos comerciais, cíveis, empresariais etc.

Os CNPJs permitirão que o candidato faça pesquisas públicas em órgãos como as juntas comerciais, poder judiciário estadual, federal, órgãos especiais do segmento, Serasa, enfim, poderá ter acesso a dados importantes para saber a respeito da saúde financeira, eventuais passivos e contingências que envolvam a empresa franqueadora ou grupo econômico.

Nos termos do artigo 2º, § 3º, da CLT[55], configura-se grupo econômico "quando as empresas envolvidas estão sob a direção, controle ou administração de outra; ou quando, mesmo guardando cada uma das empresas a sua autonomia, integrem grupo econômico.

Para a configuração do grupo são necessários os seguintes requisitos de forma concomitante: a demonstração do interesse integrado, a efetiva comunhão de interesses e a atuação conjunta das empresas integrantes.

O objetivo da criação de conceito de grupo econômico foi de moderar as decisões judiciais que aplicavam o conceito de grupo econômico de forma ampla e até banalizada. Inclusive, empresas distintas que operas-

I – histórico resumido, forma societária e nome completo ou razão social do franqueador e de todas as empresas a que esteja diretamente ligado, bem como os respectivos nomes de fantasia e endereços.

[55] § 2º Sempre que uma ou mais empresas, tendo, embora, cada uma delas, personalidade jurídica própria, estiverem sob a direção, controle ou administração de outra, ou ainda quando, mesmo guardando cada uma sua autonomia, integrem grupo econômico, serão responsáveis solidariamente pelas obrigações decorrentes da relação de emprego. (Redação dada pela Lei nº 13.467, de 2017).

sem no mesmo endereço, mas com a mesma finalidade econômica já era o suficiente para a decretação da existência de grupo econômico.

Ademais, considerando a possibilidade de estruturação societária alinhada com o planejamento tributário das empresas, é bastante comum a estruturação de organizações empresariais e formação de grupos econômicos, com mais de um, ou até mesmo vários CNPJs, dependendo da complexidade e necessidade do arranjo jurídico. Por essa razão, não importa se o candidato está diante de um franqueador simples ou estruturado por outras empresas, até mesmo um Máster Franqueado, fato é que terá acesso às informações de todos os CNPJs envolvidos.

Dessa forma, o candidato poderá obter muitas informações relevantes a partir da qualificação e CNPJs do franqueador, seja de forma individualizada ou até mesmo perante a existência de um grupo econômico ou outra forma de vínculo empresarial.

Importante registrar que o Tribunal Superior do Trabalho[56] já reconheceu que a mera coordenação entre empresas, sem o controle e fiscalização de uma empresa líder, não é suficiente para reconhecer a existência de grupo econômico.

III – balanços e demonstrações financeiras da empresa franqueadora, relativos aos 2 (dois) últimos exercícios;

O inciso III repete a redação da lei anterior e preserva a obrigatoriedade de entrega de balaços e as demonstrações financeiras da franqueadora dos dois últimos exercícios.

A questão que se coloca é o choque cultural. Empresários brasileiros não se sentem muito à vontade de abrir os números para pessoas que sequer são franqueados ainda, podendo inclusive revelar informações estratégicas para alguém que pode se passar por um candidato, mas a mando de um concorrente, por exemplo, com finalidade meramente especulativa.

Além disso, quando uma rede franqueadora está no começo, no início de sua trajetória, sequer existem os balanços e as demonstrações finan-

56 Processo: 10338-24.2017.5.03.0165 disponível em: https://tst.jusbrasil.com.br/jurisprudencia/747873230/recurso-de-revista-rr-103382420175030165 acesso em 13 dez. 2022

ceiras dos últimos dois exercícios, o que pode ser suprido com a simples informação/declaração na COF de que a empresa ainda não possui essas informações em razão da sua tenra idade comercial.

Outro ponto é o simples fato de que o empresário não quer ou não gostaria de revelar ou "abrir" os números na COF para que todos tenham acesso. Há na prática um choque cultural. De um lado o princípio do *disclousure statute* do direito norte-americano em que a norma é imperativa em relação à transparência da relação. De outro lado, a resistência do empresário brasileiro que não está acostumado com essa prática no Brasil.

Para resolver a questão, devemos analisar qual seria a consequência jurídica decorrente dessa inobservância.

A leitura mais detida da lei permite observar que a consequência jurídica está prevista no artigo 4º[57], combinado com o disposto no § 2º do art. 2º[58] da lei 13.966/2019, atribuindo ao próprio empresário – franqueador – o risco e o ônus de responder pela devolução de todas e quaisquer quantias a título de filiação – TIF – ou de ***royalties***, corrigidas monetariamente.

Logo, toda vez que o franqueador omitir informações exigidas por lei ou veicular informações falsas na Circular de Oferta de Franquia criará uma contingência ou um passivo financeiro. Estará sujeito às inseguranças jurídicas capazes de fragilizar e até mesmo comprometer sua operação no mercado, afinal, estamos falando de uma rede franqueada em que a beleza do negócio é a transparência, a boa-fé e o franqueado se beneficia do pacote de acertos do franqueador. Entretanto, quando o franqueador comete erros dessa natureza, esses erros também são replicados aos clones – franqueados – gerando uma vulnerabilidade, podendo evoluir

[57] Art. 4º Aplica-se ao franqueador que omitir informações exigidas por lei ou veicular informações falsas na Circular de Oferta de Franquia a sanção prevista no § 2º do art. 2º desta Lei, sem prejuízo das sanções penais cabíveis.

[58] § 2º Na hipótese de não cumprimento do disposto no § 1º, o franqueado poderá arguir anulabilidade ou nulidade, conforme o caso, e exigir a devolução de todas e quaisquer quantias já pagas ao franqueador, ou a terceiros por este indicados, a título de filiação ou de ***royalties***, corrigidas monetariamente.

para instabilidades no próprio negócio, capazes de colocar em risco o sucesso do negócio.

IV – indicação das ações judiciais relativas à franquia que questionem o sistema ou que possam comprometer a operação da franquia no País, nas quais sejam parte o franqueador, as empresas controladoras, o subfranqueador e os titulares de marcas e demais direitos de propriedade intelectual;

Houve uma sofisticação técnica no inciso IV. A redação está mais fluida, clara e coerente.

Merece esclarecimento o fato de inúmeras COFs contemplarem absolutamente todas as ações judiciais da franqueadora, de todas as naturezas: trabalhistas, tributárias, de franqueados, de inadimplência e até mesmo demandas em que o franqueador figurava como credor, inclusive ações de execuções.

Importante lembrar que a COF não é uma prestação de contas aos candidatos, mas um material cujas informações relevantes deverão estar registradas corretamente nos termos da lei. Isso não significa que deva constar nela informações desnecessárias e até negativas, podendo inclusive prejudicar a área de expansão do franqueador.

Resta evidente, por consequência de correta interpretação, que o objetivo da lei é de indicar – e não detalhar – apenas e tão somente as ações judiciais relativas à franquia que questionem o sistema ou que possam comprometer a operação da franquia no país, ou seja, apenas as demandas que coloquem em risco o sistema de franquia analisado. As demais demandas judiciais são irrelevantes para efeito do cumprimento a esse requisito da lei e não devem "contaminar" a COF.

Aliás, é pertinente esclarecer também que a lei não se refere aos litígios sujeitos à arbitragem[59]. Muitas câmaras de arbitragem discutem segredos de negócios das empresas, incluindo tecnologia, logística, sistemas, clientes, estratégias de negócio, entre outros. Daí a importância da confidencialidade.

[59] Lei nº 9.307 de 23 de setembro de 1996.

A Lei 9.307/1996 não é expressa com relação ao sigilo, que é tratado dentro dos deveres dos árbitros, no artigo 13, parágrafo 6º, ao dispor que o árbitro, no desempenho de sua função, deverá proceder com imparcialidade, independência, competência, diligência e discrição.

No entanto, a confidencialidade – que não é absoluta, mas relativa – tem sido regra nas arbitragens, com previsão nos regulamentos das câmaras eleitas ou mesmo por disposição expressa na cláusula compromissória.

Desse modo, a questão que se coloca é: devemos informar na COF um litígio em trâmite na arbitragem que tem por finalidade questionar o sistema ou possa comprometer a operação da franquia no país?

A resposta dependerá muito do perfil do franqueador. Do ponto de vista do conceito de transparência da lei – *disclousure statute* – seria prudente a indicação da existência do conflito arbitral. Todavia, para que não conflite com o costumeiro sigilo atribuído à arbitragem, sugere-se modular a cláusula compromissória para permitir ao franqueador divulgar na COF a indicação de eventual litígio que esteja submetido às exigências do inciso III, do artigo 2º, da lei 13.966/2019.

Não estará equivocada se a resposta for negativa, ou seja, considerando que o texto do inciso III refere-se especificamente à indicação das ações judiciais, não abrangendo, portanto, os litígios de câmaras arbitrais.

Notadamente, em razão do escopo da lei – transparência – e da necessidade de avaliação do risco antes da tomada de decisão do candidato/investidor, recomenda-se uma visão holística, levando-se em consideração a boa-fé para informar na COF também os casos que possam colocar o sistema em risco, inclusive sob o guarda-chuva da arbitragem.

Por fim, vale lembrar que a lei ora em análise surgiu 23 anos após a lei de arbitragem e não fez menção expressa sobre a necessidade de informar os casos submetidos às câmaras arbitrais, de modo que, tecnicamente, pela letra fria da lei, não se constitui como um requisito legal a ser cumprido.

V – descrição detalhada da franquia e descrição geral do negócio e das atividades que serão desempenhadas pelo franqueado;

Foi mantida a redação da lei anterior para estabelecer a obrigação do franqueador no detalhamento da franquia, isso significa especificar e descrever ao candidato leigo as particularidades do segmento, a demanda de mercado, a solução criada, o mercado a ser explorado, as estratégias comerciais, conceitos do negócio, público-alvo, formas de comercialização, atuação do operador e do franqueado etc.

Como exemplo, poderá ser disposto da seguinte forma:

O NEGÓCIO – MARCA

O franqueador desenvolveu um modelo de Unidade Franqueada analisando o potencial de mercado, a viabilidade do negócio e o investimento por parte do franqueado.

O negócio da franquia – nome da marca – é a operação de uma unidade que comercializa soluções completas em energia fotovoltaica, incluindo produtos relacionados e serviços de instalação e manutenção de equipamentos fotovoltaicos, sendo o franqueador detentor de conhecimentos, técnicas, *know-how* e tecnologia relacionados ao planejamento, instalação, operação e administração das referidas unidades **"MARCA"**, cada qual com a operação individualizada e autônoma, com a utilização de toda a metodologia desenvolvida e aprofundada pelo franqueador e na autorização para utilizar a marca.

A franquia inclui projeto especial de instalação, métodos e programas de propaganda, promoção, administração do negócio e técnicas de vendas que são divulgados para toda a rede.

Também estão implícitos alguns conceitos básicos como praticidade (visando facilitar o atendimento dos clientes), qualidade, rapidez e cortesia no atendimento. Os equipamentos são desenvolvidos para as características de negócio da **"MARCA"**, principalmente as estações de atendimento, para permitir uma operação rápida e segura por parte dos clientes.

Os projetos consistem na análise prévia do local, dimensionamento do sistema, especificação, fornecimento dos equipamentos, instalação etc.

A proposta da empresa é oferecer a solução mais adequada à demanda e ao orçamento do cliente. O cliente não precisa se preocupar com projeto, burocracia, documentação, instalação, pois a **"MARCA"** e seus franqueados cuidam minuciosamente de cada detalhe do processo.

A atuação do franqueado no Sistema **"MARCA"** é voltada para o trabalho em campo, isto é, ele não ficará restrito às instalações da unidade, devendo atuar de forma direta junto ao mercado. As instalações das unidades "**MARCA**" serão utilizadas apenas para receber visitas comerciais e demonstração do showroom, além das atividades administrativas da empresa.

Dentro do **Sistema MARCA**, o franqueado atuará sempre em conjunto com o franqueador e a empresa Fornecedora Homologada do **Sistema MARCA**, de acordo com as sistemáticas desenvolvidas. Neste modelo é instituída uma relação de franquia e parceria entre franqueador e franqueado, em que o primeiro oferece seu *know-how* e conhecimento empresarial e o segundo implanta e administra uma nova unidade da rede, com as facilidades de acesso ao conhecimento e práticas do franqueador no ramo de atuação e uma possível redução de riscos de seu investimento.

Todos os produtos comercializados, e serviços disponibilizados na rede fazem parte, obrigatoriamente, do *mix* do franqueador e são disponibilizados ao consumidor através da prestação de serviços diferenciada, padrão da marca.

O público-alvo da rede "**MARCA**" abrange consumidores residenciais, pequenas e médias empresas e indústrias, comércios, escritórios de engenharia civil, construtoras, empresas de serviços elétricos, arquitetos e projetistas, com poder aquisitivo compatível com o investimento necessário para a implantação da tecnologia "**MARCA**".

O franqueado é capacitado em todos os aspectos que envolvem o *know-how* de operação da unidade, através de Manuais de Implantação, Operações e Marketing, Vendas e Treinamentos integrantes do **"Sistema MARCA"**, elaborados com base na experiência acumulada, testada e comprovada desde a inauguração da primeira unidade e do início do negócio, como indicado no histórico apresentado.

As unidades devem ter porte e dimensões condizentes com a necessidade de seu mercado, devendo seguir o mesmo padrão de arquitetura e de identidade visual definido pelo franqueador, incluindo o *layout* interno e formas de comunicação. Desta maneira, um local escolhido, possivelmente, sofrerá algumas adaptações em relação ao projeto básico em termos de área construída, mas deverá seguir o mesmo padrão de utilidade e de identidade visual definidos pelo franqueador, incluindo o *layout* interno e formas de comunicação.

A atuação no mercado envolve a operação de unidades preferencialmente situadas em bairros que atendam o público-alvo. A escolha do local em que ficará o ponto comercial envolve vários fatores que devem ser considerados, como: localização, medidas, conservação do imóvel, luminosidade, ventilação e circulação de pessoas.

A chave para um crescimento de sucesso, além de fatores externos e de um bom ponto comercial, dependerá basicamente da determinação e do gerenciamento do franqueado. A gestão da franquia deverá ser bastante flexível e capaz de administrar bem as atividades, com a capacidade para promover um forte marketing de vendas – seguindo diretrizes do franqueador – assim como acompanhamento e administração operacional.

VI – perfil do franqueado ideal no que se refere a experiência anterior, escolaridade e outras características que deve ter, obrigatória ou preferencialmente;

Também foi mantida a redação da lei anterior para permitir que o franqueador informe na COF o perfil do franqueado idealizado quando da concepção do negócio, ou seja, quais as características e predicados que estão mais alinhados com aquele negócio, inclusive capacidade financeira, histórico profissional, projeto de vida etc.

Muito embora seja o perfil ideal, não significa dizer que o franqueador não possa admitir um franqueado cujo perfil não seja o ideal, mas que é aceitável. Em outras palavras, a prerrogativa de aprovação ou reprovação do candidato é e sempre será do franqueador, que coloca na sua rede de franquia quem melhor lhe aprouver, simples assim.

Sobretudo em tempos difíceis, não raro o conceito de franqueado ideal é relativizado para permitir o avanço da área de expansão e o crescimento da rede, sob pena de estagnação e retrocesso no mercado.

O que pode acontecer, nesses casos, é aumentar o trabalho dos consultores de campo da rede, que certamente deverão fazer visitas de campo mais frequentes, trazendo para o franqueador relatórios recheados de problemas operacionais, administrativos e de gestão, por conta da relativização do conceito de franqueado ideal, mas também como forma de manter os números e seguir crescendo no mercado em que atua. Trata-se de estratégia e assunção de riscos, não há certo ou errado.

Como sugestão e para elucidar a forma descrita do perfil numa COF, sugerimos atender ao requisito legal da seguinte forma:

O Contrato de Franquia é celebrado em caráter *intuito personae*, ou seja, para a escolha do franqueado, o franqueador leva em consideração aspectos como as características pessoais, profissionais e financeiras do candidato, descritas abaixo. Caso o candidato a franqueado seja aprovado pelo franqueador e opte pela instalação e administração de uma Unidade Franqueada do Sistema, ele deverá constituir Pessoa Jurídica apta a assumir o contrato em questão, figurando como seu administrador.

Ademais, para que o candidato seja selecionado para ser um franqueado da marca, é preciso que preencha uma série de requisitos e possua um perfil característico, conforme abaixo:

- Identificar-se com a proposta da **MARCA** de oferecer maior agilidade e praticidade aos consumidores, aliada a serviços e produtos de qualidade.
- Possuir espírito empreendedor, que foque no crescimento do próprio negócio e da rede como um todo.
- Aptidões Específicas: líder, comercial, criativo; ter facilidade na comunicação oral e no desenvolvimento de raciocínio lógico, possuindo, ainda, senso de organização; facilidade de assimilação de novos conceitos e novo ramo de atividade; respeitoso com relação a prazos e compromissos; humildade; disciplina; idoneidade; ética profissional; facilidade em relacionar-se com terceiros, clientes, empregados, além do próprio franqueador e seus funcionários.
- Disponibilidade financeira: é necessário que o franqueado possua capacidade própria de investimento, com ficha cadastral “limpa” nos órgãos de proteção ao crédito.
- Ser atento e aceitar as orientações e recomendações do franqueador sem que, contudo, deixe de opinar e apresentar ideias que sejam positivas e construtivas para o progresso da marca.

Por fim, listamos abaixo os principais desafios que o franqueado terá ao longo de toda a performance contratual:

- Atender aos clientes de forma profissional e satisfatória;

- Buscar o máximo de qualidade e excelência na prestação de serviços e venda de produtos aos clientes, zelando pela boa imagem e a marca;
- Atuar em total harmonia com o franqueador e com os demais franqueados da rede;
- Manter e atualizar permanentemente os padrões da rede sempre que o franqueador os alterar;
- Buscar, de forma constante, resultados financeiros positivos;
- Possuir um bom relacionamento com seus funcionários, mantendo-os motivados e focados em seu trabalho; e
- Analisar constantemente os concorrentes locais com o consequente investimento em marketing local.

VII – requisitos quanto ao envolvimento direto do franqueado na operação e na administração do negócio;

O legislador manteve a redação do inciso VII. O que se pretende é esclarecer e informar ao candidato se durante a operação da unidade franqueado será necessária a dedicação pessoal do franqueado ao negócio, estando este presente no dia a dia da operação. A dedicação ao negócio significa atuar direta e diariamente nele, tendo como maior objetivo ser "operador" e não "investidor" da franquia.

Poderá o franqueador permitir, por exemplo, que não exige a dedicação pessoal do franqueado na operação do negócio, admitindo a figura do sócio ou gerente operador que fará a gestão diária do negócio.

Devemos lembrar que há também inúmeros franqueados poderosos, multifranqueados – há multifranqueados com dezenas e até mais de centena de unidades – com alto poder de investimento e com inúmeras lojas de uma mesma rede e até de redes diferentes. Logo, caso o candidato tenha perfil de um franqueado mais robusto, com capacidade econômica, interesse e disposição para se tronar um multifranqueado, como exigir a dedicação pessoal? Nesse caso, será melhor indicar a possibilidade de um sócio ou gerente operador para fazer a gestão operacional das unidades.

A ressalva que devemos fazer é para aquelas operações cujo faturamento e rentabilidade são menores – micro franquias – e a permissão de um gerente operador, que não está considerado no plano de negócio inicial para fins da DRE[60], pode comprometer a viabilidade econômica e financeira da franquia, em razão do elevado custo de contratação. Deve-se, portanto, avaliar numericamente antes de tomar a decisão.

VIII – especificações quanto ao:
a) total estimado do investimento inicial necessário à aquisição, à implantação e à entrada em operação da franquia;
b) valor da taxa inicial de filiação ou taxa de franquia;
c) valor estimado das instalações, dos equipamentos e do estoque inicial e suas condições de pagamento;

Mantida a redação, temos que o objetivo aqui é informar ao candidato uma **estimativa** – e sempre será estimativa – de valores necessários para entrar na rede franqueada, incluindo as instalações, reforma, taxa inicial, enxoval inicial, enfim, tudo o que envolve a unidade franqueada para que esteja apta a operar.

Por óbvio, o legislador está dizendo que o franqueador deverá efetivamente informar, sem rodeios, quanto o candidato irá gastar na implantação da unidade franqueada.

Será sempre uma estimativa porque não há como pré-estabelecer exatamente os custos em todas as situações. Explico. Imagine que você está interessado na abertura de uma unidade franqueada de determinada marca no segmento de calçados femininos. Inicialmente, seu interesse pode ser pelos melhores shoppings da cidade, ou as melhores ruas onde estão as grifes e os aluguéis mais caros também. Imagine ainda que você tenha escolhido um imóvel em ruínas ou sem o perfil do negócio, cujo ponto é excelente na rua onde estão as lojas de grife. Certamente o investimento inicial para esse ponto comercial será bastante elevado para adaptar e padronizar o imóvel ao padrão da marca franqueadora.

Agora imagine que outro candidato tenha o interesse na abertura de uma franquia da mesma marca, porém em uma cidade do interior ou até mesmo em um bairro modesto ou até mesmo periférico. Imagine, ainda, que esse candidato tenha encontrado o imóvel ideal para os padrões da

[60] A DRE é a Demonstração do Resultado do Exercício, uma representação estruturada da posição financeira da empresa.

franquia, sem a necessidade de muitas adaptações com reformas. Claro que o custo de investimento será muito menor.

Levando em consideração, ainda, a grandeza continental do país, somada às várias realidades sociais e culturas regionais brasileiras, é impossível prever os custos para cada realidade local. Isso só será possível no caso concreto e individual, por isso sempre será uma estimativa com base na experiência e planejamento do franqueador.

Em relação à taxa de franquia, podemos afirmar que é a remuneração referente à obtenção, pelo franqueado, da transferência do *know-how* inicial do negócio transferido pelo franqueador. A taxa inicial remunera todos os esforços iniciais do franqueador que movimenta todos os departamentos internos do sistema da empresa para capacitar, treinar, transferir o *know-how*, orientar e aprovar o candidato e o ponto comercial, até que a unidade esteja pronta para inauguração.

Por essas razões, sugerimos destacar enfaticamente que os valores investidos são estimados e, portanto, não há garantia de rentabilidade, podendo variar em função da infraestrutura existente, variação cambial e das características do local da sua instalação, como segue:

Não há qualquer garantia dada pelo FRANQUEADOR de retorno do investimento ora especificado e/ou rentabilidade do negócio. O candidato a FRANQUEADO deverá analisar e tomar a sua decisão individual e conscientemente, ciente dos riscos inerentes ao negócio.

A taxa inicial de franquia

A transferência inicial do know-how do negócio está abaixo descrita:

(i) Definição de um mix de Produtos;
(ii) Disponibilização dos Manuais e de todas as informações inerentes ao Sistema;
(iii) Formação e treinamento operacional do Franqueado e de sua primeira equipe;
(iv) Assessoria com relação à abertura da unidade; e
(v) Indicações de equipamentos insumos.

Sempre relevante destacar que a contratação de funcionários não está inclusa na Taxa Inicial de Franquia e, inclusive, é de responsabilidade exclusiva do franqueado e não do franqueador.

Da mesma forma, deverá restar claro que não estão incluídos na Taxa Inicial de franquia os custos pré e pós inauguração como: transporte, hospedagem, alimentação e outros suportados pelo franqueador, fornecedores homologados envolvidos e funcionários do franqueado em treinamento inicial. Ademais, após a inauguração, os custos de hospedagem, alimentação e transporte para realização de visitas dos consultores do franqueador na unidade franqueada, serão integralmente arcados pelo franqueado.

A Taxa Inicial de Franquia deverá ser paga preferencialmente à vista mediante assinatura do Pré-Contrato – quando existir – e outorgará ao candidato o direito de abrir a unidade franqueada em determinada região ou local previamente acordado entre as partes.

Caso a unidade por algum motivo já esteja implantada e apta para o início das atividades, o candidato, respeitados os dez dias da entrega da COF, assinará diretamente o Contrato de Franquia e a Taxa de Franquia deverá ser paga integralmente nesta data.

No valor da Taxa de Franquia está incluso o custo do(s) profissional(is) do franqueador envolvido(s) no treinamento inicial, o acompanhamento na implantação da unidade franqueada, assim como o suporte, necessários para que o candidato esteja habilitado a gerenciar adequadamente sua unidade franqueada.

Por fim, vale informar se o franqueador oferece, direta ou indiretamente, crédito ou financiamento de qualquer natureza aos candidatos e franqueados, bem como recomendação ou não de endividamento para instalação da unidade franqueada e seus limites.

IX – informações claras quanto a taxas periódicas e outros valores a serem pagos pelo franqueado ao franqueador ou a terceiros por este indicados, detalhando as respectivas bases de cálculo e o que elas remuneram ou o fim a que se destinam, indicando, especificamente, o seguinte:

Sem alterações significativas no texto legal, foi realocada a redação apenas para excluir o então inciso VIII, letra "e" da Lei 8.955/94 que estabelecia "outros valores devidos ao franqueador ou a terceiros que a ele sejam ligados" inserindo o novo texto agora no próprio inciso IX "**outros valores a serem pagos pelo franqueado ao franqueador ou a terceiros por este indicados**", ajustes técnicos com mais abrangência, porém sem impactos jurídicos.

a) remuneração periódica pelo uso do sistema, da marca, de outros objetos de propriedade intelectual do franqueador ou sobre os quais este detém direitos ou, ainda, pelos serviços prestados pelo franqueador ao franqueado;

O dispositivo legal acima se refere claramente ao instituto dos *royalties*, característico do sistema de franquia e que têm como contrapartida remunerar a fruição da vigência do contrato de franquia, ou seja, enquanto o franqueado ostentar a bandeira da marca na unidade franqueada e estiver gozando dos inúmeros benefícios decorrentes dela e do sistema de franquia sob o guarda-chuva do franqueador, serão devidos os *royalties*, desde que expressamente informados na COF e previstos no Pré-contrato e/ou contrato de franquia.

Via de regra, o valor de uma taxa de *royalties* no sistema de franquia é calculado como um percentual do valor total do faturamento da unidade. Também pode ser definido como um valor fixo periódico ou mesmo sobre as compras junto ao franqueador ou sobre as vendas.

Pequenas redes de franquia ou microfranquias costumam adotar a cobrança fixa de *royalties*, podendo variar em decorrência do tamanho e até mesmo do modelo de negócio – *home based*, carrinhos, quiosques, lojas etc. pela dificuldade nos controles rigorosos de faturamento da rede franqueada e facilitando a gestão de pagamentos.

O pagamento dos *Royalties* segue um fluxo específico, pormenorizadamente demonstrado no Contrato de Franquia cujo modelo deve constar na COF.

Os *royalties* são pagos pelo franqueado como remuneração pelo conjunto de direitos imateriais que lhe são assegurados ao longo do prazo de vigência do contrato de franquia, dentre eles: (a) direito de utilizar continuamente o sistema e *know-how* de operação de uma unidade da marca, bem como de ter acesso às melhorias porventura implementadas em tal sistema; (b) direito de receber supervisão e suporte periodicamente, visando manter uniformes os padrões do sistema operacional da marca; (c) direito de utilização continuada das marcas, metodologias, métodos, sistemáticas e *know-how* da marca; (d) direito de participar e obrigação de zelar pelo bom uso de todos os elementos corpóreos e incorpóreos, figurativos, materiais e/ou abstratos, integrantes do sistema operacional da marca.

De acordo com pesquisas[61] realizadas, pagamentos de *royalties* por licenciamento têm variado entre 0,1% e 50% do preço líquido de vendas. Esta é uma ampla faixa que demonstra que, para cada contrato, é necessário dispor de um bom estudo econômico-financeiro para embasar as negociações. De acordo com o site[62] pesquisado, peritos dizem que uma taxa de *royalties* justa é aquela que dentro do prazo de execução do licenciamento, garanta ao licenciante em torno de 25% dos lucros obtidos pelo licenciado, quando da exploração comercial da referida propriedade intelectual. Isto é apenas uma referência, que pode ser apropriada em alguns casos e em outros não.

No cenário do mercado de franquia leva-se em consideração, eminentemente, o plano de negócio e a viabilidade econômica e financeira do negócio formatado para cálculo dos *royalties*. O estudo de viabilidade financeira, que precede à formatação do negócio, sugere ao franqueador o percentual de *royalties* mais adequado, assegurando que o faturamento estimado da unidade franqueada será capaz de, dentre outras obrigações, suportar o pagamento periódico dos *royalties* pelo franqueado.

A sustentabilidade e longevidade de grandes e tradicionais redes de franquia têm por fundamento e diferenciais, além da receita decorrente de *royalties*, a obtenção de receitas derivadas da comercialização de produtos e serviços.

[61] Disponível em http://portaldemarcasepatentes.com.br/negocios-com-bens-de-propriedade-intelectual/ acesso em 13 dez. 2022.
[62] Disponível em http://portaldemarcasepatentes.com.br/negocios-com-bens-de-propriedade-intelectual/ acesso em 13 dez. 2022.

Isso porque, durante os primeiros anos de expansão e crescimento de uma rede de franquia é comum o franqueador obter receitas decorrentes das Taxas Iniciais de Franquia – TIF's – que são extremamente importantes para manter a sustentação da operação do franqueador. Todavia, na medida em que a rede cresce e a marca adquire capilaridade no mercado nacional, ou internacional, torna-se cada vez mais difícil manter o ritmo da expansão, fazendo com que a receita oriunda das TIF's caia naturalmente.

A queda natural dessa receita representa um grande desafio de sustentabilidade e longevidade das redes, exigindo previsibilidade e estratégia dos franqueadores para manter as receitas em níveis saudáveis, que permitirão fazer a história da marca.

Nesse sentido, marcas que integram ao seu faturamento receitas derivadas de *royalties*, TIF's e comercialização de produtos e serviços – não consideramos fundo de propaganda receita da franqueadora por caracterizar receita de terceiros – aliadas à gestão de qualidade e de alta performance, conseguem se perpetuar no tempo e ganham espaço no mercado, sobretudo enfraquecendo ou eliminando concorrentes.

Não devemos confundir os *royalties* com o disposto na parte final do texto expresso da letra "a" do inciso IX, ao estabelecer ***"ou, ainda, pelos serviços prestados pelo franqueador ao franqueado."*** Nesse caso, a lei faz clara referência aos modelos de negócio em que o franqueador pode prestar serviços aos franqueados ou aos clientes dos franqueados, situação comercial que não deve ser confundida com *royalties* e com as atividades de origem da franqueadora. Nesse caso é indiscutível a incidência de ISS sobre a eventual prestação de serviços do franqueador.

A propósito, é de longa data a luta da ABF[63] contra a incidência do ISS sobre a atividade empresarial do sistema de franquia. O município de São Paulo, *v.g.*, argumenta que a Lei Complementar nº 116/2003 inclui as franquias na lista de atividades sobre as quais incide o ISS, por outro lado o Tribunal de Justiça de São Paulo já decidiu a favor dos contribuintes. Todavia, a questão recebeu o julgamento do RE 603.136[64] e foi reconhe-

[63] Disponível emhttps://www.abf.com.br/abf-decisao-do-stf/ Acesso em: 08 nov. 2022.

[64] Disponível em http://portal.stf.jus.br/processos/detalhe.asp?incidente=3756682 acesso em 08 nov. 2022

cida a repercussão geral da ação. Nesse sentido, quase duas décadas de vigência do entendimento oriundo da Súmula Vinculante 31 do STF, além de jurisprudência consolidada nos Tribunais de Justiça reconhecendo a inconstitucionalidade da incidência do ISS sobre *royalties*, o STF decide de forma diametralmente oposta e passa a reconhecer a constitucionalidade da cobrança do tributo. Inclusive, impõe sua cobrança retroativa, significa dizer que houve quebra de legítima expectativa dos contribuintes, afetando severamente as questões econômicas do setor.

Defendemos que o franqueador oferece ao mercado uma opção de negócio com inúmeras vantagens competitivas, como as informadas nesta obra, dispondo uma gama de informações relevantes previamente para que o candidato possa eleger tantos negócios quanto bastem para atender seus objetivos. Uma vez implantada a unidade, após receber todo o *know-how*, treinamentos, manuais, orientações e apoio do franqueador, contará ainda com o suporte operacional para que mantenha as atividades de acordo com os padrões da marca. Logo, não se pode confundir suporte operacional, destinado à correção e manutenção de padrões com serviços prestados pelo franqueador.

Resta nítido e bastante óbvio que o franqueado não contrata o franqueador para lhe prestar serviços, mas sim porque elegeu no amplo mercado de franquia um modelo de negócio cuja operação exige a competência do franqueador para, literalmente, capacitá-lo para desempenhar as atividades da unidade franqueada nos termos e padrões da marca. Ainda, ao eleger o sistema de franquia terá o franqueado 7 (sete) vezes mais chances de êxito após dois anos de operação do que uma empresa sem o guarda-chuva da marca, conhecida como bandeira branca, em que a taxa de mortalidade é alta justamente por não contar com as vantagens do sistema de franquia.

Por razões obvias, tendo em vista a enorme gama de modelos de negócio estruturados e formatados como franquias, não estamos nos referindo aqui aos modelos de negócio em que a prestação de serviços pelo franqueador é parte intrínseca do negócio.

a) aluguel de equipamentos ou ponto comercial;
c) taxa de publicidade ou semelhante;
d) seguro mínimo;

Aluguel de equipamentos ou ponto comercial

O intuito legal é informar ao candidato, quando existente, o valor periódico – mensal ou não – de aluguéis de equipamentos, muito comum em cafeterias que alugam máquinas de café para suas operações, ou do ponto comercial.

Por evidente a lei não pretendeu excluir a informação do aluguel do ponto ou de equipamentos, e vice-versa, mas uma leitura literal daria margem à interpretação de que a conjunção "ou" é inegavelmente excludente, logo, permitiria a informação de apenas um em detrimento do outro, mesmo na presença de ambos os elementos. Lamentamos o equívoco do legislador.

Vale destacar que as informações de aluguel do ponto estão voltadas para a indicação de sua existência, podendo ser informado ainda se o modelo objeto da franquia está mais destinado à rua ou shopping, por exemplo.

Não há como o franqueador pré-estabelecer ou prever o valor do ponto comercial. Aliás, o valor do ponto comercial dependerá muito da pesquisa e da busca a campo do candidato, que deverá indicar os pontos comerciais encontrados para aprovação do franqueador. Logo, outros indicativos e elementos dispostos fartamente na COF serão capazes de definir as características ideias do ponto comercial em relação a tamanho, público, fluxo de pessoas, perfil, localização, valores etc.

Importante informar na COF que, embora o franqueador auxilie o candidato/franqueado na aprovação do ponto comercial e possa até eventualmente assessorá-lo na negociação do valor do ponto comercial e do aluguel, não haverá qualquer garantia de que sua franquia será lucrativa ou que o nível de vendas chegará ao patamar desejado. A autorização do franqueador indica apenas que o local está de acordo com os requisitos mínimos exigidos. Essa é uma medida preventiva e responsável por parte do franqueador, evitando que o franqueado comece seu negócio em locais inadequados operacionalmente.

Ademais, como esclarecido acima, espera-se e se exige do franqueado que apure, em função de seus conhecimentos locais os melhores imóveis com as características mais adequadas para a instalação da unidade, prospectando e obtendo os pontos que possuam maior potencial indicando-

-os, então, ao franqueador para que possa realizar a análise nos termos estabelecidos.

Importante destacar que, além da viabilidade comercial, o franqueado deverá avaliar a legalidade e possibilidade jurídica da exploração da atividade da franquia no imóvel de acordo com a legislação aplicável, que varia de cidade para cidade. Esta avaliação deverá ser conduzida exclusivamente pelo franqueado.

Taxa de publicidade ou semelhante – fundo de publicidade

Diferentemente dos *royalties*, apesar da previsão na COF e possibilidade de cobrança da Taxa de Publicidade ou Fundo de Propaganda, a natureza jurídica dessa verba é contratual, fundamentada na lei ora em análise e representa recursos de terceiros para fins contábeis, não devendo compor o faturamento do franqueador.

Dessa forma, os valores recebidos a título de taxa de publicidade ou fundo de propaganda, têm natureza jurídica de recursos de terceiros e não compõem a receita do franqueador para fins tributários. Aliás, não raro os franqueados se organizam por meio de associações de franqueados, normalmente de natureza meramente consultiva, sem poder deliberativo, mas com o propósito de contribuir para as decisões estratégicas de *marketing*, promoções, preços e, sobretudo, fiscalizar a arrecadação e a destinação dos valores geridos pelo franqueador sob esta rubrica.

Como exemplo, o franqueado contribuirá mensalmente ao franqueador uma Taxa de Propaganda cooperada que será equivalente a 2,5% (dois e meio por cento) do faturamento bruto mensal da Unidade Franqueada sendo que objetivo principal desta arrecadação é a divulgação da marca, dos produtos e serviços comercializados pelo Sistema.

Este valor poderá subsidiar, a critério do franqueador, custos como a criação, preparação, contratação de agências de publicidade e condução das campanhas publicitárias em veículos de comunicação de abrangência nacional ou regional, contratação de assessoria de imprensa, preparo de vídeos e áudios, contratação de agências ou profissionais de publicidade, pesquisas de marketing, manutenção e atualização do site da empresa, o desenvolvimento e manutenção dos manuais ligados ao marketing, à participação de feiras e eventos que promovam a divulgação da marca e do negócio, entre outras ações e despesas de divulgação.

Importante ressalvar que o franqueador não assegura que qualquer franqueado em particular se beneficiará, direta ou indiretamente, da propaganda ou promoção realizada mediante utilização dos recursos do Fundo de Publicidade.

As contribuições ao Fundo de Publicidade poderão alocadas em conta bancária específica do franqueador, até para facilitar a prestação de contas, que é a contrapartida do franqueador. Logo, o franqueador deverá manter contabilidade em separado para proporcionar mais transparência na gestão e facilitar a prestação de contas do referido Fundo de Publicidade.

Verba de propaganda local

Além da previsão de contribuição ao Fundo de Publicidade, é bastante comum conter nas COF's que o franqueado deverá investir o equivalente a 1% (um por cento), às vezes até 2% (dois por cento) ou mais, de sua receita de forma periódica com ações de propaganda/publicidade local, com o objetivo de divulgar a Unidade Franqueada naquele território onde está inserida comercialmente. As ações de propaganda local devem acontecer na frequência estabelecido e durante todo o período contratual estabelecido.

Diferentemente do Fundo de Publicidade, a propaganda local será realizada no decorrer da operação do negócio pelo e deve ser administrada e custeada pelo próprio franqueado, mas realizada de acordo com as orientações da franqueadora e mediante a prévia e expressa aprovação de todo e qualquer material/recurso de comunicação a ser utilizado.

Muito comum a previsão contratual de que qualquer material não autorizado pelo franqueador deverá ser removido da unidade franqueada, ou ter sua veiculação cancelada rapidamente. Caso o franqueado não o faça, após ser notificado, o próprio franqueador poderá fazê-lo, às expensas do franqueado, sem prejuízo da rescisão contratual e aplicação das multas daí oriundas.

No mesmo sentido são as previsões em relação aos contratos de patrocínio, parceria e outros que venham a ser firmados com quaisquer empresas e que tenham por fim, exclusivamente ou não, a divulgação das marcas, produtos e serviços ao público e sejam disponibilizados nas unidades franqueadas do sistema. Nesses casos, deverão ser formalizados apenas e tão somente pelo próprio franqueador, restando terminantemente proibida a celebração destes acordos diretamente pelas unidades franqueadas do sistema sem prévia e expressa manifestação por escrito do franqueador.

Aspectos gerais da publicidade

Tendo em vista que o estabelecimento de diretrizes da marca compete exclusivamente ao franqueador, abaixo, relacionamos questões práticas comumente encontradas em COF's utilizadas pelos franqueadores e que podem ser de interesse do leitor:

O franqueado sob hipótese alguma poderá:

(i) Realizar qualquer pronunciamento público em nome do franqueador, do sistema de franquia, da marca e/ou de sua unidade franqueada, sem a prévia e expressa autorização do franqueador;
(ii) Realizar qualquer tipo de publicidade sem expressa e prévia autorização por escrito do franqueador;
(iii) Participar ou criar espaços em redes sociais de qualquer natureza e/ou publicar conteúdos em redes sociais sem o prévio e expresso consentimento do franqueador.

No entanto, o franqueado poderá propor, caso autorizado, a divulgação da sua unidade franqueada na internet, redes sociais, em particular *Facebook*, *Instagram*, *LinkedIn* etc. Para tanto, deverá seguir as diretrizes do franqueador e retirar a divulgação do meio de comunicação assim que o franqueador determinar ou adequá-lo imediatamente ao que restar estabelecido.

Seguro mínimo

A pretensão da lei aqui é informar ao candidato se o franqueador exigirá em a contratação de seguro mínimo ou se apenas recomenda a contratação. Há modelos de negócio com maior ou menor grau de risco operacional, de qualquer forma, ainda que sugestão de contratação do seguro, importante a indicação de seguradoras de primeira linha e de renovações ao longo do período da relação de franquia, cobrindo pelo menos:

a) Incêndio, queda de raio, explosão de qualquer natureza e fumaça;

b) Despesas fixas;
c) Danos elétricos e eletrônicos;
d) Derrame de *sprinklers*;
e) Roubo e/ou, furto qualificado de valores ao portador;
f) Responsabilidade civil geral, tendo por objetivo o reembolso do franqueado das despesas que seja responsabilizado, em ação judicial ou por acordo extrajudicial, com prévia anuência da seguradora por danos causados a terceiros decorrentes de:

   Operações, uso e conservação da unidade;
   Danos pessoais causados por funcionários, no desempenho de suas funções;
   Tumulto.

g) Lucros cessantes (período indenizatório de 03 (três) meses, respeitando-se o limite segurado).

O franqueado poderá contratar as apólices de seguro da seguradora indicada pelo franqueador – parceira – ou escolher livremente no mercado, sempre observando as informações contidas na COF específica. Ademais, recomenda-se que o franqueador deva enviar as cópias das apólices para ciência, controle e arquivamento pelo franqueador antes mesmo da inauguração da unidade franqueada.

O franqueado, caso deseje, poderá contratar coberturas adicionais. Todavia, deverá considerar a necessidade, o custo do seguro e o impacto na receita da unidade – e na DRE.

X – relação completa de todos os franqueados, subfranqueados ou subfranqueadores da rede e, também, dos que se desligaram nos últimos 24 (vinte quatro) meses, com os respectivos nomes, endereços e telefones.

Houve alteração significativa no texto para ampliar de 12 (doze) para 24 (vinte e quatro) meses o prazo de desligamento dos franqueados (atuais ex-franqueados) cuja relação com nomes, endereços e telefones deverá constar nas COF´s.

É de longa data críticas de alguns operadores do sistema quanto ao tema. Isso porque, é fácil resistir à exigência da lei que pode soar como absurda. Alguns chegam a comparar tal exigência com um relacionamento de um casal, em que não é condizente, e nem apropriado, pedir a relação de ex-namorado(a) ao pretendente, ainda mais dos últimos 24 (vinte e quatro) meses.

Do mesmo modo, há quem defenda a interpretação literal no sentido de pretender informar apenas a relação de ex-franqueados **que se desligaram**, ou seja, aqueles que saíram da rede por vontade própria e não por rescisões motivadas ou justificadas.

Nitidamente as teses acima não se sustentam, o escopo da lei é permitir ao candidato o pleno acesso à rede franqueada para conhecer as operações em plena atividade, para que possa conversar pessoalmente ou não com os franqueados da rede, tirar dúvidas e confirmar inúmeras informações concretamente.

Devemos lembrar que a interpretação de uma lei não ocorre de forma fragmentada, desconexa e isolada de artigos sucessivos. A correta interpretação deve se dar pela visão holística e pelo espírito do legislador, que no caso específico, fez clara referência à relação de ex-franqueados dos últimos 24 (vinte e quatro), independentemente de terem se desligado ou terem sido desligados. Não faz sentido ser diferente. Por que motivo o legislador exigiria a informação na COF dos franqueados que se desligaram e não os que foram desligados? Com mais razão ainda exigir os que foram desligados, por razões obvias se considerarmos a transparência do sistema.

Como já afirmamos, autonomia da vontade não pode ser adotada com exclusividade e plenitude na interpretação dos contratos. Há de se reconhecer a eficácia normativa dos preceitos de equidade, boa-fé, função social, segurança e ponderá-los como regra de hermenêutica, com a finalidade de estabelecer o equilíbrio nas relações contratuais e na interpretação dos contratos, em busca do ideal de justiça.

No mesmo sentido a relação de ex-franqueados, para permitir ao candidato o acesso aos que não fazem mais parte da rede franqueada – independentemente do motivo, se foi desligado ou se deligou-se – para que o candidato converse com essas pessoas e saiba, direta e genuinamente, o verdadeiro motivo por ter saído da rede. Aliás, a preocupação do franqueador é de que o ex-franqueado poderá falar mal a seu respeito, no entanto, a principal razão de desligamento de franqueados é a má gestão da unidade franqueada.

Estamos diante do auge, do apogeu da transparência do sistema legal, nada pode ser mais amplo e cristalino como alimentar e atualizar permanentemente na COF a relação de franqueados e ex-franqueados, a fim de permitir que os candidatos acessem absolutamente todas as informações exigidas por lei e dispostas na circular de oferta de franquia. Observa-se que poucos ou nenhum outro sistema de distribuição e varejo atingem tal nível de transparência e maturidade, mais uma razão para o sucesso histórico do setor de franquias.

Por uma questão prática, considerando que as COF's são "seres vivos" e carecem de atualização constante – recomendamos atualização sempre que uma ou mais informações sofrerem alterações, como novos fornecedores, novos franqueados etc. – a fim de preservar o elevado nível de transparência, em cumprimento ao disposto na lei sob análise.

Dessa forma, é bastante comum a utilização de anexos nas COF's, apresentando a relação das unidades franqueadas ativas e as que encerraram suas atividades nos últimos 24 (vinte e quatro) meses, com endereços, nomes e telefones. Essa estratégia permite a rápida substituição e atualização das informações sem ter que alterar o texto e conteúdos dispostos no corpo das circulares.

XI – informações relativas à política de atuação territorial, devendo ser especificado:

a) se é garantida ao franqueado a exclusividade ou a preferência sobre determinado território de atuação e, neste caso, sob que condições;

b) se há possibilidade de o franqueado realizar vendas ou prestar serviços fora de seu território ou realizar exportações;

c) se há e quais são as regras de concorrência territorial entre unidades próprias e franqueadas;

A novidade no inciso XI foi o acréscimo da letra "c" inexistente na lei anterior.

Bastante característico do sistema de franquia é a concessão de território, pelo franqueador, ao franqueado. Isso pode se dar de diversas formas, as mais comuns são a exclusividade e a preferência. Há a possibilidade de não ser concedido nenhum território e isso, por si só, não significa ser ilegal, desde que as regras estejam claras na COF e nos instrumentos jurídicos da franquia.

A exclusividade, geralmente, estabelece um território onde apenas o franqueado terá a liberdade de exploração das atividades naquela praça. Todavia, poderá existir a previsão contratual acerca do novo fato mercadológico dentro do território. Significa que, a título de exemplos, no surgimento ou alargamento de ruas e avenidas, linha de metrô, surgimento de novo shopping center ou centro comercial, polos industriais, novo perfil comercial etc., a exclusividade perderá seus efeitos automaticamente, transformando-se em direito de preferência.

Outra possibilidade de regra territorial estabelecido pelo franqueador, diz respeito às operações das unidades franqueadas que estão instaladas dentro de centros comerciais, postos de combustíveis, shoppings center, enfim, locais que contam com o mix comercial próprio. Nesses casos, a exclusividade territorial estará restrita à área interna desses locais, não se aplicando às áreas externas, ruas, avenidas, praças localizadas forma desses centros comerciais.

Ainda, há de se registrar que a exclusividade territorial pode ter como natureza jurídica apenas a garantia para abertura de novas unidades naquela praça, não se aplicando, nesse caso, para a exploração comercial pela franqueadora, ainda que por outros canais, de modo que poderá haver concorrência comercial mesmo diante dessa modalidade de exclusividade. Por exemplo, uma franquia que tenha como objeto a venda de carnes nobres para churrasco – boutique de carnes – com exclusividade territorial apenas para abertura de nova unidade, poderá enfrentar a concorrência de outros varejistas – supermercados, hortifrutis, mercearias, açougues etc. – ainda que o fornecedor principal das mesmas carnes comercializadas nesses estabelecimentos seja a franqueadora ou seu fornecedor homologado.

Para a viabilidade econômica das franquias, poderá a franqueadora e criar vantagens competitivas para promover um diferencial de mercado, aplicando um desconto maior à rede franqueada na compra da matéria prima – carnes nobres – a fim de possibilitar e permitir uma competitividade saudável e justificar os investimentos pelos franqueados.

É bastante comum estabelecer, ainda, que as unidades franqueadas do sistema atuarão apenas e tão somente nos locais onde forem prévia e expressamente autorizados, por meio do contrato de franquia. Esse dispositivo visa a garantir que apenas a franqueadora tenha a prerrogativa de promover a expansão da rede e o controle de territórios de acordo com suas políticas normativas e comerciais, evitando problemas de conflitos territoriais.

Uma regra que foi adotada amplamente no sistema de franquia no passado e, ainda existe em algumas redes, é o raio a partir do ponto, do endereço da unidade franqueada. Essa regra, quando a rede franqueada e de unidades próprias ganha capilaridade na medida em que se desenvolve a expansão da marca, torna-se um enorme problema. Isso porque, ao criar um raio em torno de uma unidade, haverá, inevitavelmente, uma zona de intersecção cujo espaço territorial será comum a duas unidades franqueadas, gerando conflitos territoriais desnecessários e que podem colocar o franqueador em situações complicadas, sobretudo do ponto de vista jurídico.

Para resolver esse problema, sugerimos, quando houver a regra de exclusividade territorial, ou mesmo o direito de preferência na abertura de novas unidades, estabelecer a delimitação territorial em polígono personalizado para cada situação, definindo os limites e divisas rua a rua.

Há inúmeros *softwares* no mercado com soluções em gestão de territórios que garantem a visão completa dos seus distribuidores, vendedores e clientes sob a ótica dos mapas. A utilização desses sistemas elimina a sobreposição de territórios e redirecionam profissionais para regiões com alta aderência aos produtos do portfólio, identificando áreas quentes. Aliás, há uma gama de informações acerca de renda, idade, sexo, hábitos de consumo e outras igualmente importantes, que são disponibilizadas para alimentar o franqueador e proporcionar assertividade na expansão da rede e da marca.

Poderá existir também a exclusividade territorial em área determinada, porém, pelo prazo inicial de três anos e após esse prazo, automaticamente, o direito de exclusividade territorial se transforma em direito de preferência na abertura de novas unidades naquele território.

Nessa hipótese, o franqueado será notificado pelo franqueador para exercer o seu direito de preferência no prazo máximo de 30 (trinta) dias a contar do recebimento da notificação enviada pela franqueadora, mencionando as condições para a referida aquisição. Caso o franqueado não exerça o direito de preferência, poderá o franqueador implantar novas unidades franqueadas com novos franqueados, ou até mesmo unidades próprias.

Há a possibilidade de a notificação não ser necessariamente enviada por via postal com AR (aviso de recebimento), podendo ser considerado notificado o franqueado informado pelo e-mail oficial de sua unidade ou outro canal oficial indicado pelo franqueador.

Havendo a aceitação por parte do franqueado, a inauguração da outra unidade deverá ocorrer, geralmente, em até 120 (cento e vinte) dias.

Recomenda-se que sejam considerados também para o exercício do direito de preferência os seguintes pré-requisitos pelo franqueado, cabendo, entretanto, ao franqueador, por seus livres critérios, a decisão pela concessão ou não:

- **i)** O franqueado e a unidade deverão estar totalmente adimplentes com as suas obrigações perante a franqueadora, fornecedores homologados, locador do imóvel onde se localiza a unidade franqueada, verbas trabalhistas e demais obrigações financeiras;
- **ii)** O franqueado deverá conduzir a unidade franqueada em operação dentro dos padrões visuais vigentes à época no sistema de franquia da marca;
- **iii)** O franqueado deverá manter a unidade franqueada em operação dentro do nível de aproveitamento satisfatório, conforme regras vigentes à época e estabelecidas pelo franqueador, inclusive quanto às recomendações da consultoria de campo e outras instruções e regras dispostas nos manuais;
- **iv)** O franqueado não deverá ter sido notificado por eventual infração, durante todo o período do contrato;
- **v)** O franqueado deverá comprovar que possui os recursos financeiros necessários e suficientes para instalação da segunda unidade, conforme os valores vigentes à época para toda a rede de franquia.

Fica a dica, ainda, para estabelecer que na hipótese de inadimplemento do franqueado em relação a qualquer um dos termos do contrato de franquia firmado, o franqueador estará dispensado de notificá-lo acerca da existência de oportunidades em seu território. Nesse caso, poderá o franqueador explorar o ponto por si ou indicar terceiros para tanto, sem que caiba qualquer tipo de preferência ou ainda indenização de qualquer natureza em favor do franqueado. Ademais, o território do franqueado será recalculado, sendo firmado aditamento contratual para refletir essa mudança.

Em relação ao tema "se há possibilidade de o franqueado realizar vendas ou prestar serviços fora de seu território ou realizar exportações" normalmente as COF's estabelecem que não é permitido ao franqueado realizar as seguintes ações: (i) prospecção de clientes fora do território, sem o prévio e expresso consentimento do franqueador; (ii) atendimento remoto a clientes através da internet, meio de comunicação e comercialização, sem prévia e expressa autorização por escrito do franqueador e (iii) permitir a participação da unidade franqueada em sites de compras coletivas, shopping centers on-line, sites de classificados e/ou ainda qualquer outro *marketplace* digital e web que permita a exposição ou comercialização de produto e serviços, realizando promoções sem o prévio e expresso consentimento do franqueador.

Não raro, os franqueadores reservam-se no direito de explorar o chamado mercado em larga escala, ou seja, enquanto o franqueado terá a exclusividade na venda de produtos diretos ao consumidor final em seu território, contudo, poderá à franqueadora realizar vendas a nível nacional ou abrangendo diversos territórios, devendo para tanto o franqueado aderir as condições de venda realizadas, bem como, prestar o serviço indicado, recebendo para isso um repasse diferenciado, conforme cada negociação específica.

Além disso, costuma-se prever que o franqueador poderá desenvolver novos modelos de negócio, inclusive no mesmo segmento, por meios digitais ou físicos, sendo que, de forma alguma será considerado como atividade concorrente em relação ao franqueado, que poderá ou não participar do novo projeto, segundo critério exclusivo do franqueador.

O franqueador costuma reservar para si o direito de explorar, direta ou indiretamente, o sistema de comércio eletrônico "*e-commerce*" (vendas através da rede mundial de computadores). O franqueador reserva-se no direito de além de estabelecer novos produtos, criar modelos de negócio, ficando a seu exclusivo critério, a utilização de novos modelos de comercialização pelo franqueado ou não.

Se e quando outros modelos de negócio e formatos forem instituídos pelo franqueador e disponibilizados à rede franqueada, eles poderão ser objeto de contrato de franquia em separado e poderá ser cobrada uma Taxa Inicial de Franquia adicional relativa a esses outros modelos.

Via de regra, o franqueador poderá, ainda, instalar outras franquias, de outros segmentos, sem que fique obrigado a oferecer o direito de preferência ao franqueado e sem que isto constitua qualquer infração aos direitos conferidos.

Em relação aos requisitos de "se há e quais são as regras de concorrência territorial entre unidades próprias e franqueadas" restará ao franqueador destacar se há alguma política específica ou diferente para suas unidades próprias, deixando de forma bem clara o funcionamento dessa política específica, justificando-a.

Ademais, com a pandemia da Covid-19 a multicanalidade (*omnichannel*) das redes ganhou força e relevância nas atividades comerciais das operações de franquias em todos os segmentos. Aliás, muitos tiveram que se reinventar, criar delivery do zero, *to go, cloud kitchen, dark kitchen*, enfim, novas formas de fazer negócios.

Com isso, a importância ainda maior e o cuidado na criação de políticas territoriais que atendam aos requisitos da nova lei ganham destaque quando da formulação de estratégias de negócios e, sobretudo, no momento de formatação ou reformatação do modelo de franquia, a fim de atualizar, pavimentar e viabilizar as operações, sejam elas próprias ou franqueadas.

***a) Know how* ou segredo de indústria a que venha a ter acesso em função da franquia**
***b)* Implantação de atividade concorrente da atividade do Franqueador**
***c)* Concorrência entre Franqueados da rede**

Além do disposto acima, o franqueado, em função da aquisição da franquia, terá acesso aos segredos industriais e de negócio, consistentes em técnicas relativas à prestação de serviços, preço, sistema de controle e operacionais, de políticas, de procedimentos, de sistemas, de informações, especificações, de manuais, acesso a produtos e de toda a sorte de dados usados na operação de franquia e que são de propriedade do franqueador. Chamamos de **pacote de acertos do franqueador**, ou seja, o franqueado só recebe aquilo que deu certo para o negócio, de modo que os erros e valores investidos em experiências frustradas, são absorvidos pelo franqueador, que repassa aos franqueados apenas o "pacote de acertos". Mais uma enorme vantagem do setor.

Nesse sentido, após o término ou a rescisão do contrato de franquia, o franqueado deverá, imediatamente, devolver os documentos recebidos que lhe foram entregues por qualquer forma e, que estejam em seu poder, deixando de utilizá-los imediatamente. O franqueado deverá, ainda, abster-se de fazer uso, de revelar ou de copiar, a qualquer tempo, todo e qualquer *know how* e informações confidenciais transmitidas pelo franqueador. durante o período em que com ele manteve a relação de franquia.

Por qualquer que seja o motivo, rescisão, resilição, ou término antecipado ou não do contrato de franquia o franqueador deverá ter acesso integral à base de clientes finais, podendo atendê-los direta ou indiretamente, sem que para isso, seja considerado qualquer tipo de indenização ou ressarcimento. Tal possibilidade faz mais sentido ainda diante da solidariedade que decorre do Código de Defesa do Consumidor[65]ao possibi-

[65] A solidariedade passiva entre os fornecedores (e não a fracionariedade) é a regra geral estabelecida no art. 7º, parágrafo único do CDC: "*Tendo mais de um autor a ofensa, todos responderão solidariamente pela reparação dos danos previstos nas normas de consumo*". O mesmo dispositivo é repetido pelo § 1º do art. 25 e diluído através dos arts. 12, 14, 18, 19 e 20 do CDC. Neste sentido, "o art. 14 do CDC estabelece regra de responsabilidade solidária entre os fornecedores de uma mesma cadeia de serviços, razão pela qual as "e;bandeiras"e;/marcas de cartão de crédito respondem solidariamente com os bancos e as administradoras de cartão de crédito pelos danos decorrentes da má prestação de serviços." (STJ – REsp. 1.029.454-RJ – 3ª Turma – j. 01.10.2009 – rel. Min. Nancy Andrighi, DJe 19.10.2009), disponível em: http://www.cartaforense.com.br/conteudo/colunas/a-solidariedade-nas--relacoes-de-consumo/5553 acesso em 13 dez. 2022.

litar a responsabilização do franqueador pelos danos causados pela rede franqueada aos consumidores da marca.

O mesmo se diga em decorrência da Lei nº 13.709, de 14 de agosto de 2018, a LGPD, que obriga as empresas, em apertada síntese, a desenvolverem novas políticas de coleta e tratamento de dados e metadados.

Assim, o franqueador costuma estabelecer que o franqueado deverá atuar tão somente no território definido no contrato de franquia, sendo vedada sua atuação em territórios de outras unidades.

Há também a possibilidade de ser realizada uma venda que compreenda dois territórios, em que deverão os franqueados envolvidos compor em conjunto com o franqueador os termos e condições da execução dos serviços.

No mesmo contexto de arranjo concorrencial entre unidade franqueadas e próprias do franqueador, é importante prever que, ocorrendo o término ou a rescisão do contrato de franquia, seja qual for o motivo, fica assegurado ao franqueador o direito de preferência na aquisição das instalações, mobiliário, equipamentos e do estoque, utilizados na unidade para a exploração da franquia, bem como do ponto em que está instalada e eventual locação.

O preço do mobiliário, dos equipamentos e demais bens que integram as instalações e estoque serão aqueles de aquisição pelo franqueado, devidamente depreciado em proporção ao estado de conservação em que se encontrarem na ocasião da negociação, adotando-se as normas contábeis pertinentes.

Para essa situação, o franqueador terá o prazo[66] de 30 (trinta) dias para exercer o direito de preferência e, caso o exerça, o pagamento será efetuado ao franqueado na forma prevista no contrato de franquia.

Ainda sobre o tema "se há e quais são as regras de concorrência territorial entre unidades próprias e franqueadas", trataremos com mais detalhes quando da análise do inciso XXI, em razão da sua abrangência maior em que o mesmo assunto está inserido, sim, uma redundância do legislador ao repetir o mesmo tema em pontos distintos da lei em análise.

[66] O prazo de 30 (trinta) dias foi sugerido pelo autor e não decorre de lei ou de norma, podendo ser livremente estipulado.

XII – informações claras e detalhadas quanto à obrigação do franqueado de adquirir quaisquer bens, serviços ou insumos necessários à implantação, operação ou administração de sua franquia apenas de fornecedores indicados e aprovados pelo franqueador, incluindo relação completa desses fornecedores;

Praticamente a mesma redação do inciso XI, artigo 3º, da lei anterior, com pequeno ajuste de texto sem alteração de conteúdo ou significado.

Caso haja necessidade de o franqueado adquirir insumos, bens e serviços para implantação da unidade franqueada e demais itens essenciais para realizar os procedimentos operacionais da franquia, diretamente do franqueador ou por meio de seu(s) fornecedor(es) indicado(s) por ele, essas informações e valores deverão compor o quadro de investimentos do negócio dentro da COF.

Além disso, se o franqueador irá fornecer, por si ou por terceiros (os chamados fornecedores homologados) os produtos e serviços que serão utilizados pelos franqueados para a operação de sua unidade.

Havendo fornecedores homologados, deverão constar as informações da empresa fornecedora oficial e a identificação acerca da relação comercial com informações sempre atualizadas na COF, ou seja, caso o franqueador tenha acrescentado um novo fornecedor ou substituído outro, deverá atualizar as informações na COF.

A propósito, vale lembrar que a COF é um ser vivo que requer atualização permanente. Sempre que houver uma alteração de informação a COF deverá ser atualizada. Por exemplo, uma unidade que acabou de fechar ou surgiu um novo balanço financeiro do franqueador, são informações que, ato contínuo, deverão ser ajustadas na COF imediatamente, a fim de preservar os direitos do franqueador em cumprimento ao comando legal.

A fim de assegurar que tais informações sejam de fato atualizadas na COF, recomendamos que o franqueador nomeie uma pessoa responsável pela permanente atualização da COF. Denominamos o "pai" ou a "mãe" da COF. Assim, sempre que alguém da área de expansão precisar enviar a COF para um candidato, que na correria do dia a dia poderá equivocar-se e enviar um arquivo desatualizado, colocando o franqueador em situação de vulnerável, poderá contar com o "pai" ou a "mãe" da COF que terão como atribuição fornecer o arquivo atualizado corretamente, eliminando possíveis problemas.

Noutro giro, deverá ser clara a informação acerca dos pagamentos de valores previstos e a indicação para quem serão feitos, se junto ao fornecedor homologado ou perante o próprio franqueador, conforme o caso. Deverá ser informado, ainda, sobre o fornecimento dos produtos, insumos, serviços fornecidos e o frete para entrega.

Costuma-se, também, estabelecer que não será admitida, em nenhuma hipótese que: (i) o franqueado não poderá adquirir produtos ou serviços de fornecedores não homologados sem autorização expressa do franqueador, tudo sob pena de multa e rescisão contratual; e (ii) o franqueador não se responsabilizará pelos produtos e serviços fornecidos por terceiros ainda que por ele homologados.

No mesmo sentido, o franqueador poderá, a qualquer tempo, alterar a lista dos fornecedores homologados e/ou dos serviços prestados, incluindo outros, substituindo-os ou excluindo-os; devendo informar o franqueado, o qual, obrigatoriamente, acatará tal alteração, imediatamente após o informe do franqueador.

A norma ora em comento aplica-se às operações que exigem o uso de uniformes. Nesse caso, deverá ser informado o valor destinado para a compra dos uniformes dos funcionários, ou, ainda, se o franqueado contrata e paga diretamente estas despesas, junto aos fornecedores homologados, nas condições estipuladas por eles, normalmente com pagamentos à vista ou a curto prazo.

Aplica-se também ao estoque inicial, ou enxoval, como se costuma chamar, devendo esclarecer o que estará incluso na lista de insumos de instalação, ferramentas, EPI e EPC, e a respectiva quantidade necessária para se inaugurar a unidade franqueada e que são suficientes para abastecer aproximadamente os primeiros dias de funcionamento da unidade. No mesmo sentido, se o franqueado contrata e paga diretamente estes custos, junto aos fornecedores homologados, nas condições estipuladas por eles, normalmente com pagamentos à vista ou a curto prazo.

Para preservar direitos, importante deixar claro a respeito de outras despesas inevitavelmente ligadas ao processo pré-operacional da unidade franqueada. Por exemplo, se o valor calculado não inclui: i) viagens: em se tratando de uma unidade fora da cidade de localização do franqueador, serão necessárias outras despesas, tais como passagens aéreas, hospedagem e alimentação para realização dos treinamentos, visita do arquiteto que fará o projeto da unidade, do profissional que implantará o sistema e do profissional que fará o treinamento pré-inauguração; ii) custos de aquisição do ponto comercial (luvas – CDU) para operação, o que poderá ocorrer em casos excepcionais; iii) capital de giro, que é uma reserva de caixa e tem a função de cobrir as despesas da unidade franqueada até esta atingir o ponto de equilíbrio, isto é, tornar-se autossuficiente.

XIII – indicação do que é oferecido ao franqueado pelo franqueador e em quais condições, no que se refere a:
a) suporte;
b) supervisão de rede;
c) serviços;
d) incorporação de inovações tecnológicas às franquias;
e) treinamento do franqueado e de seus funcionários, especificando duração, conteúdo e custos;
f) manuais de franquia;
g) auxílio na análise e na escolha do ponto onde será instalada a franquia; e
h) leiaute e padrões arquitetônicos das instalações do franqueado, incluindo arranjo físico de equipamentos e instrumentos, memorial descritivo, composição e croqui;

No inciso XIII houve alterações importantes, como a inclusão expressa sobre a indicação do suporte prestado pelo franqueador ao franqueado, letra "a", bem como suas condições, além da inclusão da letra acerca da incorporação de inovações tecnológicas às franquias, letra "b" e na letra "h" a expressão "incluindo arranjo físico de equipamentos e instrumentos, memorial descritivo, composição e croqui".

O suporte do franqueador gera muitas confusões nos operadores do setor. Primeiro porque há uma ideia geral de que o suporte é uma obrigação do franqueador. Na verdade, a lei não exige que o franqueador preste suporte ao franqueado, até porque há modelos de negócio simples em que basta o treinamento inicial para que o franqueado vá ao mercado desenvolver suas atividades sem a necessidade do suporte do franqueador.

O que a lei estabelece é que, caso o franqueador preste suporte, deverá informar de que modo o faz e em quais condições, apenas isso. Daí não há de se confundir com a obrigatoriedade de prestar suporte, no entanto, se é oferecido o suporte que é importante para o negócio, aí sim deverá informar e prestá-lo na exata medida adotada.

Outra questão geralmente confundida a respeito do suporte é a questão do pagamento dos *royalties* como contrapartida do suporte prestado pelo franqueador. Como já dissemos, os *royalties* remuneram a marca, sua atualização e a fruição da vigência do contrato de franquia enquanto a bandeira da marca estiver hasteada na unidade franqueada. Admitir que *royalties* remuneram o suporte é um equívoco, até porque não admitimos que o franqueador preste serviços aos franqueados, mas sim, suporte operacional voltado ao modelo de negócio por ele criado.

Como já afirmamos, não há prestação de serviços de organização de empresa pelo franqueador aos franqueados[67], ou seja, um conceito completamente desprovido da verdadeira relação franqueador x franqueado, em que há treinamentos, orientações, atualizações, apoio, enfim, todo o suporte e uma gama de benefícios que o *franchising* confere aos franqueados como forma de organização empresarial e observação das condições do contrato de franquia, mas que não podem ser confundidos com prestação de serviços, cuja implicação tributária é prejudicial ao próprio sistema de franquia.

A supervisão da rede, assim como o suporte, não é obrigatória e deve ser indicada, bem como suas condições, periodicidade – apenas se houver – e forma – presencial e/ou online – bem como as modalidades, se administrativas, de gestão, técnicas, de vendas, de marketing, operacionais etc.

Além disso, o franqueado deverá permitir que o franqueador e seus agentes ou consultores de campo e/ou auditores externos promovam visitas de inspeção e orientação, assegurando-lhes acesso amplo e irrestrito.

[67] Exceto quando o franqueador adota o modelo de franquia em que também presta serviços ao franqueado ou aos clientes, conforme disposto no artigo 2º, IX, letra "a" da Lei 13.966/2019.

O franqueado deverá apresentar na forma como for requerida pelo franqueador, informações e relatórios periódicos de resultados da sua operação. O franqueado deverá estar apto, inclusive, para fornecer as informações e relatórios via internet. Em qualquer hipótese, deverá fazê-lo dentro do prazo estipulado pelo franqueador.

O franqueado deverá manter, durante a vigência do contrato de franquia, registros contábeis e gerais, completos e acurados, prestando toda e qualquer informação solicitada pelo franqueador para inspeção e controles dos livros fiscais e demais registros, permitindo, inclusive, amplo acesso do franqueador para a realização de auditorias, quando solicitadas.

Caberá também ao franqueado, ao longo da performance contratual, alimentar adequada e corretamente qualquer sistema de gestão informatizada que vier a ser instalado pelo franqueador, bem como acessar diariamente a central do franqueado para manter-se atualizado.

No que tange à incorporação de inovações tecnológicas às franquias, deverá ser informado que, caso necessárias, o franqueador comunicará antecipadamente, com prazo[68] médio esperado de 30 (trinta) dias, podendo essa comunicação ocorrer por notificação simples, e-mail, comunicados, atualizações no sistema de intranet/extranet ou similares. Uma vez expirado o prazo de comunicação, o franqueado terá até 10 (dez)[69] dias corridos para concluir a implantação e treinamento da nova tecnologia adotada.

A transferência do *know-how* do franqueador ocorre pelo treinamento do franqueado e de seus funcionários. É a capacitação para que se torne franqueado apto a operar a unidade franqueada nos moldes e preceitos pré-estabelecidos pelo franqueador. Para tanto, deverá ser informado na COF sua duração, conteúdo e custos, se houver, bem como:

Auxílio pré-inaugural

Antes de o franqueado iniciar suas atividades, o franqueador fornecerá a ele um treinamento inicial, em local e data previamente estabelecidos, em princípio na sede do franqueador e/ou em alguma unidade já em operação. O treinamento poderá englobar vários temas e tópicos, tais como:

[68] O prazo é apenas uma sugestão do autor e não uma exigência legal.

[69] O prazo é apenas uma sugestão do autor e não uma exigência legal.

Trilha – Franqueado: cursos exclusivos do franqueado, material previamente gravado e escrito;

Trilha – Comercial: cursos para o colaborador comercial, material previamente gravado e escrito;

Trilha – técnica: cursos para o colaborador técnico, material previamente gravado e escrito;

Discovery Day: é o primeiro dia de integração do franqueado;

Treinamento de Operações: treinamento presencial do franqueado no franqueador.

O franqueado deverá completar o treinamento de forma satisfatória e poderá ser avaliado por um teste no final do treinamento. Durante o treinamento, o franqueado receberá, geralmente por meio eletrônico, os Manuais do Sistema.

Os Manuais contêm informações confidenciais relacionadas à operação da unidade franqueada.

Como parte do treinamento inicial, o franqueador designará uma pessoa especializada em implantação para assessorar na fase pré-operacional até chegar o dia da inauguração da unidade, que poderá ocorrer de forma remota, exceto se acordado de modo diverso.

Todos os custos envolvidos nesse treinamento na unidade franqueada correrão por conta do franqueado, incluindo hospedagem, alimentação, estadia e outras despesas, se assim dispuser a COF.

O franqueador poderá, ainda, realizar treinamentos de reciclagem em que será obrigatória a participação do franqueado, sendo-lhe facultada a opção de cobrança ou não desses eventos.

Em relação aos custos com o treinamento inicial do franqueado, geralmente, o franqueador arcará com as despesas dos seus instrutores, com as instalações e com o material de treinamento.

B. auxílio operacional

Para assistir ao franqueado, o franqueador poderá:

(i) Supervisionar os franqueados através das informações do *software* de gestão, de ligações telefônicas e/ou por e-mail ou outro meio eletrônico, verificando os aspectos quer de natureza operacional, gerencial ou comercial da operação da franquia, de forma a avaliar se os procedimentos adotados pelo franqueado estão de acordo com as normas estabelecidas, podendo, a seu critério realizar visitas in loco por si ou por empresas contratadas;

(ii) Acompanhar os pedidos do franqueado ou sua empresa, através do sistema de informática;

(iii) Dar o suporte à distância aos franqueados para dirimir as principais dúvidas relativas à operação da franquia, que atuará por meio da Internet, por telefone, *WhatsApp*, *Google*, *Microsoft Teams*, *Skype* ou outro meio eletrônico de sua escolha ou em reuniões solicitadas pelo franqueado;

(iv) Promover treinamentos de reciclagem em que seja obrigatória a participação do franqueado, sendo-lhe facultada a opção de cobrança ou não destes eventos, devendo o franqueado arcar com todas as despesas destes treinamentos;

(v) Manterá o Manual do Franqueado atualizado, tendo em vista transmitir ao franqueado as inovações introduzidas na franquia;

(vi) Desenvolver novos produtos e serviços a serem oferecidos pela rede aos seus clientes e;

(vii) Buscará maior divulgação possível da rede e o fortalecimento da marca.

Quanto ao auxílio na análise e na escolha do ponto onde será instalada a franquia, deve-se informar se o franqueador auxilia ou não o candidato/franqueado na aprovação do ponto comercial e possa até, eventualmente, assessorá-lo na negociação do valor do ponto comercial e do aluguel, situação em que não haverá qualquer garantia de que a franquia será lucrativa ou que o nível de vendas chegará ao patamar desejado.

A autorização do franqueador indica apenas que o local está de acordo com os requisitos mínimos exigidos. Essa é uma medida preventiva e responsável por parte do franqueador, evitando que o franqueado comece seu negócio em locais inadequados operacionalmente e perca tempo e dinheiro num ponto queimado no mercado. Ademais, como esclarecido acima, espera-se e se exige do franqueado que apure, em função de seus conhecimentos regionais, os melhores locais para a instalação da unidade franqueada, devendo prospectar e obter os pontos que possuam maior potencial, indicando-os, então, ao franqueador para a análise nos termos estabelecidos.

No que concerne ao *layout*, adotando o termo da lei leiaute, e projeto arquitetônico das instalações do franqueado, incluindo arranjo físico de equipamentos e instrumentos, memorial descritivo, composição e croqui, deverá o franqueador informar a possibilidade, ou não, da execução do projeto arquitetônico completo para as instalações da unidade pelo candidato/franqueado. Poderá ser realizada por empresa contratada pelo candidato/franqueado para esse fim, bem como deverá ser informado se o valor estará ou não incluso na Taxa Inicial de Franquia. Poderá, ainda, ser disponibilizado pelo franqueador apenas um projeto simples, sem informações referentes à elétrica, hidráulica, incêndio, mapa de risco etc.

Ponto importante a ser informado é sobre a natureza e completude do projeto arquitetônico, sobretudo se o seu valor já está incluído no investimento inicial. O projeto poderá englobar, além da montagem da unidade, a definição de mobiliário, equipamento técnico, equipamentos, instrumentos, letreiros, avisos e demais itens de montagem e de comunicação visual, visando à garantia de identidade com a marca.

Obras Civis. O investimento estimado pode referir-se apenas aos itens de construção da unidade, de acordo com o projeto de arquitetura e seguindo os padrões de construção da marca. O franqueado contrata e paga diretamente essas despesas, nas condições que conseguir no mercado local, ao fornecedor de sua escolha, caso não haja fornecedor homologado, que deverá seguir o Projeto de Arquitetura na íntegra. O investimento estimado não incluirá a demolição de construção pré-existente, construção de muros, pista, terraplenagem e demais aspectos não compreendidos na construção ou reforma do edifício da unidade franqueada padrão propriamente dita.

Legalização da empresa. Custo necessário dos honorários pagos ao escritório de contabilidade que assessora o franqueado, visando providenciar todos os registros, licenças de funcionamento e demais formalidades burocráticas, para a correta constituição da empresa e a sua regulamentação junto a todos os órgãos públicos. O franqueado contrata e paga diretamente estas despesas, nas condições que conseguir no mercado local, ao fornecedor de sua escolha, caso não haja um homologado.

Sistema de Informática. Valor referente à aquisição do software para a gestão da unidade. É obrigatória a aquisição do software de gerenciamento da unidade franqueada. Os custos de treinamento para uso do software, sua implantação e reciclagens periódicas são, normalmente, de responsabilidade do franqueado.

Instrumentos, equipamentos e equipamentos de Informática: o valor correspondente pode ou não englobar o valor dos equipamentos (computadores, impressora fiscal, monitores, entre outros), levando-se em consideração o modelo de negócio escolhido. O franqueado, normalmente, contrata e paga diretamente essas despesas, nas condições que conseguir no mercado local.

Fachada. Engloba os ativos identificadores das unidades da marca e o valor dos elementos de comunicação visual (banners, adesivos etc.). O franqueado contrata e paga diretamente essas despesas junto aos fornecedores, homologados ou não, nas condições estipuladas por eles, normalmente com pagamentos à vista ou a curto prazo.

O projeto base de arquitetura desenvolvido pelo franqueador, busca chamar a atenção dos consumidores e facilitar o seu acesso e compra. O consumidor vê a qualidade dos produtos pela imagem que a unidade transmite.

O projeto de arquitetura deverá buscar a otimização do espaço, o que é importante levando-se em conta os custos de aquisição ou locação do ponto e das instalações.

Concluída a elaboração do projeto arquitetônico aprovado pelo franqueador e com a realização das obras de instalação, a unidade deve ser submetida à aprovação do franqueador, antes da inauguração, sob o risco de rescisão do pré-contrato de franquia, ou contrato, conforme o caso. A aprovação depende em grande medida da fiel execução do projeto arquitetônico e da observância de todas as orientações do franqueador quanto às especificações da obra, mobiliário, elétrica, hidráulica, comunicação visual e demais aspectos relacionados.

Para a manutenção do padrão de operação da unidade, conceito e reputação da marca, o franqueado deverá preservar o padrão de operação e de administração exigidos pelo franqueador, efetuando, regularmente, a manutenção e reparos em suas instalações ao longo da duração do contrato de franquia, comprometendo-se a realizar reformas na unidade sempre que houver um novo Projeto Arquitetônico sugerido pelo franqueador. Isso poderá incluir a:

(i) Reposição de equipamentos desgastados ou obsoletos, acessórios, mobília e materiais de comunicação visual;
(ii) Substituição ou adição de novos e melhores equipamentos, acessórios, mobília e materiais de comunicação visual;
(iii) Substituição, adição ou remoção de itens de comunicação e/ou de produtos conforme as instruções do franqueador;
(iv) Redecoração total ou parcial com a introdução de novas linhas de produtos ou de novo Projeto Arquitetônico, conforme determinado pelo franqueador;
(v) Reparo do interior e parte externa da loja;
(vi) Modificações estruturais e remodelação;
(vii) Adaptações aos novos padrões que vierem a serem impostos pelo franqueador.

XIV – informações sobre a situação da marca franqueada e outros direitos de propriedade intelectual relacionados à franquia, cujo uso será autorizado em contrato pelo franqueador, incluindo a caracterização completa, com o número do registro ou do pedido protocolizado, com a classe e subclasse, nos órgãos competentes, e, no caso de cultivares, informações sobre a situação perante o Serviço Nacional de Proteção de Cultivares (SNPC);

A lei anterior previa apenas a necessidade de o franqueador informar na COF a situação perante o INPI – Instituto Nacional de Propriedade Industrial – das marcas ou patentes utilizados no modelo de negócio franqueado.

A lei atual ampliou o leque de possibilidades, incluindo a necessidade de informações mais completas, como o número de registro ou do pedido protocolizado, a classe e subclasse nos órgãos competentes bem como passou a incluir os cultivares e a situação perante o órgão competente SNPC – Serviço Nacional de Proteção de Cultivares[70].

[70] LEI Nº 9.456, DE 25 DE ABRIL DE 1997

Nos termos da Lei de Proteção de Cultivares, Lei n.º 9.456/1997, cultivares são espécies de plantas que foram melhoradas devido à alteração ou introdução, pelo homem, de uma característica que antes não possuíam. Distinguem-se das outras variedades da mesma espécie de planta por sua homogeneidade, estabilidade e novidade.

Segundo a UFRGS – Universidade Federal do Rio Grande do Sul – as cultivares desenvolvidas em território nacional e caracterizadas como novas cultivares, depois de cadastradas junto ao Ministério de Agricultura, Pecuária e Abastecimento (MAPA), passam a compor o Patrimônio Genético Nacional. A Medida Provisória 2.186-16/2001 não especifica a necessidade de autorização de acesso ao patrimônio genético para trabalhos com cultivares nacionais[71].

Nesse sentido, o objetivo do legislador é de ampliar e aprofundar os níveis de informações disponibilizadas. Sabemos que nem sempre o franqueador possui o registro da marca ou a patente industrial objetos do modelo de negócio franqueado. Todavia, a ausência de registro definitivo não impede que o empresário faça a formatação do negócio para explorar o sistema de franquia.

Isso porque, um pedido de registro para chegar à fase final de conclusão definitiva leva em média 4(quatro) anos, o que dificultaria significativamente o crescimento do setor que conta com o dinamismo do mercado e, principalmente, em razão da característica majoritária do empresariado brasileiro que é a resiliência para superar momentos difíceis, criando alternativas e novas soluções rapidamente.

Logo, considerando essas características do setor, o legislador passou a exigir muito mais do que apenas a situação perante o INPI. Diante de novas possibilidades de negócios e do dinamismo das atividades de *franchising*, passou a estabelecer a necessidade de o franqueador disponibilizar na COF outras informações, como classes e subclasses e o número do registro ou do protocolo de pedido de registro para facilitar a análise por parte do candidato. Com essas informações, poderão ser analisadas outras situações, como a adequação e enquadramento da classe ou subclasse relacionadas às atividades desenvolvidas pela franquia.

[71] Disponível em http://www.ufrgs.br/patrimoniogenetico/conceitos-e-definicoes/cultivares acesso em 09 de mar de 2020.

Assim, como mero exemplo, deverá ser informado que a marca está registrada junto ao Instituto Nacional de Propriedade Industrial (INPI) sob os protocolos de n.º 000000000- NCL(XX) 00, nº 000000000 - NCL(XX) 00, nº 000000000 - NCL(XX) 00 e nº 000000000 - NCL(XX) 00.

Recomendamos, ainda, informar que o franqueado poderá utilizar-se da marca, desde que o faça sob as condições e na forma estipuladas no contrato de franquia e nos manuais, de acordo com a política de uso da marca. A autorização de uso da marca será concedida a título **não exclusivo**, para utilização na própria unidade franqueada e em locais previamente autorizados pelo franqueador, bem como em produtos e/ou serviços específicos.

Ressalta-se que se trata de autorização temporária e não exclusiva de direito de uso e não cessão da marca propriamente dita, que é de propriedade exclusiva do franqueador. Isso porque, a lei anterior, por falha técnica, fazia menção à cessão da marca e, como já vimos, a definição esculpida no conceito da antiga lei não se coadunava com a prática empresarial adotada pelo sistema de franquia, na medida em que o franqueador, ao firmar um contrato de franquia não perde a titularidade de direitos, mas apenas e tão somente **autoriza** o franqueado a usar marcas, produtos, serviços e outros objetos de propriedade intelectual, como mais bem definido no novo marco legal.

Ademais, a autorização é não exclusiva por conta das demais franquias existentes. É o franqueador quem define os rumos a serem tomados em relação à marca e seu desenvolvimento, política de uso e aproveitando-se dos benefícios daí advindos. Assim, a observância das regras inerentes ao uso da marca é essencial para manter a relação de franquia, a boa reputação da marca no mercado, de modo que qualquer falha na sua utilização poderá ser considerada como falta grave e levar à rescisão contratual.

XV – situação do franqueado, após a expiração do contrato de franquia, em relação a:

a) know-how da tecnologia de produto, de processo ou de gestão, informações confidenciais e segredos de indústria, comércio, finanças e negócios a que venha a ter acesso em função da franquia;

b) implantação de atividade concorrente à da franquia;

O disposto no atual inciso XV, letras “a” e “b”, anteriormente inciso XIV, letras “a” e “b”, refere-se ao complexo tema denominado Cláusulas de Não Concorrência, ou como se diz no direito norte-americano *no compete*.

Esse tema, em específico, sem razão da sua complexidade, será tratado logo após a finalização dos comentários artigo por artigo da Lei 13.966/2019.

O tema, por ser o mais importante nas relações e nos conflitos entre franqueadores e franqueados, demanda uma imersão na sua análise, que terá como ponto de partida a obra do autor denominada Aplicabilidade e Limites das Cláusulas de Não Concorrência nos Contratos de Franquia, Editora Almedina 2019.

XVI – modelo do contrato-padrão e, se for o caso, também do pré-contrato-padrão de franquia adotado pelo franqueador, com texto completo, inclusive dos respectivos anexos, condições e prazos de validade;

Sem novidades, o texto é idêntico ao anterior não requer análise além de esclarecer que o objetivo do legislador é de permitir ao candidato, antes mesmo de assinar o contrato de franquia ou o pré-contrato e até mesmo antes de efetuar qualquer pagamento, tenha acesso pleno às minutas dos contratos que serão assinados após 10 (dez) dias do recebimento da COF, ou seja, não poderá haver elemento surpresa quando das assinaturas dos contratos.

Aliás, nossa crítica ao legislador que, por falha técnica, denomina pré-contrato o instituto do Contrato Preliminar previsto nos artigos 462 a 466 do Código Civil, inexistindo a denominação técnica de pré-contrato.

O erro do legislador certamente decorre da prática do sistema de franquia, que comumente atribui ao contrato preliminar a denominação geral e indistinta de pré-contrato. O mesmo ocorre nos casos de repasse de unidades franqueados, em que é comum a confusão quando o setor chama de repasse o que a lei prevê como trespasse[72].

[72] *Art. 1.144. O contrato que tenha por objeto a alienação, o usufruto ou arrendamento do estabelecimento, só produzirá efeitos quanto a terceiros depois de averbado à margem da inscrição*

A propósito, muitos questionam a pertinência e aplicabilidade do pré-contrato. Alguns dizem ser coisa de advogados, outros dizem que é totalmente desnecessário.

Entendemos que depende do modelo de negócio. De fato, operações em que têm por natureza comercial o desenvolvimento de atividades denominadas de *home based*, ou seja, na casa do franqueado, cuja implantação da unidade e padronização visual demandam muito pouco do franqueador e que a fase de treinamento para transferência de *know-how* é bastante simples e rápida, talvez possa prescindir da utilização de pré-contrato.

No entanto, entendemos como fundamental e estratégica a utilização de pré-contrato em operações regulares e comuns em que a fase pré-operacional pode levar mais de 30 (trinta) dias, podendo chegar a 120 (cento e vinte) ou 180 (cento e oitenta) dias. A razão principal para a adoção do pré-contrato, que tem por finalidade regular a fase pré-operacional, é de resolver todos os possíveis problemas, e são muitos, ainda nessa fase, sem que o candidato tenha o *status* de franqueado e sem que tenha sido concedido o território pelo franqueador.

Imagine uma situação muito comum. O candidato quando assina o pré-contrato, via de regra, ainda é apenas uma pessoa física, que terá como obrigações na fase pré-operacional, de constituir empresa, contratar e treinar a equipe inicial, buscar ponto comercial, firmar contrato de locação, adequar o imóvel, reformá-lo, padronizá-lo, comprar o enxoval inicial, fazer cadastros em fornecedores homologados, comprovar a capacidade financeira, enfim, deixar tudo absolutamente pronto para a inauguração da unidade, seja qual for o modelo de negócio.

É possível imaginar que o risco de ocorrer algum problema nessa fase é bastante elevado, tendo em vista as inúmeras obrigações estabelecidas para que o candidato esteja apto a operar o negócio. Com a utilização do pré-contrato, todas as situações pré-operacionais estarão previstas, bem como suas consequências contratuais, podendo inclusive haver o descumprimento, rescisão ou até mesmo a prorrogação – caso o franqueador aceite – do pré-contrato de franquia até a regularização das obrigações.

do empresário, ou da sociedade empresária, no Registro Público de Empresas Mercantis, e de publicado na imprensa oficial.

Significa dizer que o franqueador ainda não firmou um contrato de franquia com vigência de 5 (cinco) anos, nem mesmo deu autorização para exploração da marca e desenvolvimento de atividades e sequer há concessão para exploração de território. Ou seja, na ocorrência de algum problema ou inadimplemento, o franqueador não terá aquele território indisponibilizado pera a expansão e poderá, inclusive, concedê-lo a um novo candidato ou mesmo algum franqueado da rede com o perfil mais adequado, podendo aproveitá-lo como melhor lhe aprouver.

Nesse caso, a concessão direta de um contrato de franquia, já com *status* de franqueado, ainda que contenha cláusulas regulatórias da fase pré-operacional, poderá gerar inúmeros problemas, principalmente em relação à indisponibilização do território, cujo conflito certamente será judicializado, prejudicando a expansão e anulando aquele território, além de abrir um flanco para os concorrentes.

Ademais, o pré-contrato tem por uma de suas finalidades lastrear a cobrança da TIF – Taxa Inicial de Franquia – bem como estabelecer obrigações de sigilo e não concorrência, sobretudo em razão da transferência de *know-how* por meio dos treinamentos e acesso aos manuais da franquia na fase pré-operacional. Portanto, além de pertinente, entendemos como estratégica a aplicação do pré-contrato nesses casos.

XVII – indicação da existência ou não de regras de transferência ou sucessão e, caso positivo, quais são elas;

Este inciso foi criado com a nova lei e tem por finalidade informar se há ou não regras para repasse ou trespasse da unidade franqueada, bem como de sucessão em caso de falecimento do franqueado.

Há muitas redes que cobram taxas em caso de repasse e até mesmo nas sucessões e não há nenhuma proibição para essa prática. Como a natureza jurídica da TIF – Taxa Inicial de Franquia – é a contrapartida pelo esforço inicial do franqueador que necessariamente irá treinar novamente o novo franqueado em caso de repasse e o sucessor em caso de sucessão, justifica-se tal cobrança.

Há redes que cobram apena a metade do valor vigente praticado à época da ocorrência e há redes que não cobram a TIF, seja no repasse ou sucessão.

Há redes que fazem todo o processo de seleção do zero, seja para os casos de repasse ou sucessão.

Há redes que não fazem o processo de seleção e admitem automaticamente o comprador do estabelecimento em casos de repasse e sucessão – não recomendamos por inexistir análise de perfil de franqueado.

Como dissemos, é comum o perfil de franqueado que faz do negócio a sua vida e de sua família, em que anos se passam e até gerações se alternam para dar continuidade às atividades da unidade franqueada, inclusive o tema é objeto de incentivo, orientação e programas desenvolvidos por franqueadores para que haja interesse e capacitação dos sucessores nas operações das franquias[73].

Via de regra, o franqueado não poderá ceder a terceiros os direitos e deveres oriundos do contrato de franquia. No entanto, poderá transferir sua posição, indicando novo franqueado, desde que haja prévia e expressa anuência do franqueador, anuência essa que será concedida a seu exclusivo critério.

Nesse sentido, seja no repasse ou na sucessão, o franqueador deverá estabelecer quais são os critérios e exigências previamente, inclusive informando se há cobrança ou não de nova TIF. O franqueador possui o poder do veto, a prerrogativa de analisar e aprovar, ou não, os novos franqueados.

Com o amadurecimento do sistema de franquia no Brasil, que existe aqui há mais de 60 anos, existem redes tradicionais e que experimentam com mais ênfase os movimentos de troca de comando das unidades franqueadas, seja pelo repasse ou pela sucessão. Há estratégias ligadas aos DNAs das empresas franqueadoras para adoção de processos e incentivos à conscientização e a participação de sucessores nos negócios, dada a sinergia com a família, levando em consideração o caráter personalíssimo do contrato de franquia na pessoa do franqueado.

De qualquer forma, compete ao franqueador, que possui a prerrogativa do processo de seleção, criar e informar suas regras, tanto no repasse como na sucessão.

[73] Disponível em: <http://exame.abril.com.br/revista-exame-pme/edicoes/46/noticias/para-quando-chegar-a-hora>. Acesso em: 9 mar. 2020.

Com a propagação da necessidade de adoção do ESG[74]pelas empresas, torna-se indispensável e urgente por parte dos empresários a adoção de consciência e de políticas compatíveis com as agendas e urgências do meio ambiente, do social e da governança corporativa, como forma de preservação da transparência, das boas práticas e de *compliance*.

Nesse sentido, estruturar societariamente temas de sucessão é uma excelente oportunidade de instituir o Protocolo de Governança Corporativa para criar um Conselho de Alta Gestão, regras societárias e políticas de sucessão familiar e empresarial.

XVIII – indicação das situações em que são aplicadas penalidades, multas ou indenizações e dos respectivos valores, estabelecidos no contrato de franquia;

Mais uma inovação da Lei 13.966/2019. Nos parece que o inciso XVIII é completamente prescindível juridicamente. Na medida em que o candidato já conta com a obrigação de fornecimento da minuta do pré-contrato e do contrato de franquia, conforme determina o inciso XVI da mesma lei, não há razão para exigir que o franqueador indique também as situações em que serão aplicadas as penalidades, multas e valores, que, necessariamente, deverão constar das referidas minutas e posteriormente nos contratos, sob pena de perda dos seus efeitos jurídicos.

Passar a exigir tal disposição de forma apartada das minutas de pré-contrato e de contrato de franquia – de forma destacada e descontextualizada – irá dificultar muito a vida da equipe de expansão e do time do jurídico do franqueador, que perderão muito tempos justificando cada situação e valoração das multas antes mesmo de o candidato tornar-se franqueado da rede. Haverá perda de tempo e, pior, de muitos negócios

[74] ESG é uma sigla em inglês para "environmental, social and governance" (ambiental, social e governança, em português). Geralmente, ela é usada para se referir às práticas ambientais, sociais e de governança de uma empresa. Na prática, o termo ESG pode ser usado para dizer o quanto um negócio busca formas de minimizar seus impactos no meio ambiente, construir um mundo mais justo e responsável para as pessoas em seu entorno, além de manter os melhores processos de administração. Disponível em https://acsp.com.br/publicacao/s/esg-o-que-significa-e-qual-e-a-importancia-desse-conceito, acesso em 14 dez. 2022.

quando a análise descontextualizada do projeto maior, que é o a operação do modelo de negócio, tiver como foco principal a discussão de multas e penalidades. Uma pena tal disposição para o sistema de franquia que já conta com elevado nível de transparência no processo de seleção do candidato.

Por outro lado, talvez a preocupação do legislador esteja voltada para as situações de abuso, de fraude, de casos que certamente ocorrem no setor quando pessoas mal-intencionadas se utilizam das vantagens e do apelo comercial do sistema para vender franquias e depois sumir no mercado, sem oferecer a contrapartida. Nesses casos, há uma busca por aplicações de multas e de remuneração em detrimento do relacionamento, que é a tônica do *franchising*. Mesmo assim, criar tal dispositivo não impedirá que isso ocorra, mas certamente prejudicará, de modo geral, os bons operadores do *franchising*.

Talvez a preocupação do legislador seja de trazer para o contexto da COF, que tem uma linguagem mais comercial e informal, os elementos do contrato de franquia que possam impactar na sua decisão. Talvez, ainda, pelo conhecido fato das letras minúsculas nos contratos – o que é vedado – ou pelo simples fato de que ninguém lê os contratos. De qualquer forma, em que pese a nossa indignação e discordância, para dar efetivo cumprimento ao ditame legal, passaremos a dispor algumas situações comuns que deverão ser apontadas para fins de cumprimento do famigerado inciso XVIII:

No momento da instalação da unidade, caso o candidato deixe de inaugurar no prazo estabelecido no pré-contrato, ficará sujeito ao pagamento de multa de R$ XXX (XXX reais) até a efetiva inauguração; sem prejuízo de rescisão do pré-contrato, hipótese em que não terá direito ao reembolso do valor pago a título de Taxa Inicial de Franquia.

Na hipótese de não ocorrer o pagamento da Taxa Inicial de Franquia, o franqueador, independentemente da rescisão contratual imediata, poderá cobrar X% (X por cento) desta taxa não paga pelo a título de multa rescisória.

Não poderá o candidato inaugurar a unidade sem assinar o respectivo contrato de franquia, sob pena de sujeitar-se ao pagamento de multa, que pode ser diária, no valor de R$ XX (XX reais) da data da inauguração até a data em que ocorrer a sua efetiva assinatura.

No período operacional ou pré-operacional todas as constatações realizadas pelo franqueador ou por seus prepostos, que de qualquer forma violem as regras dos manuais ou quaisquer disposições dos contratos firmados, deverão ser sanadas pelo franqueado em prazo a ser estabelecido pelo franqueador, sob pena do pagamento de uma multa no valor de R$ XX (XX mil reais) por ponto descumprido ou por dia de atraso, e não sanado no prazo determinado.

Não sendo paga a multa e/ou permanecendo sem correção a falta por um período de 48 (quarenta e oito) horas, contados do vencimento do prazo anteriormente concedido para regularização, poderá ser imediatamente rescindido o contrato.

Na hipótese de o franqueado receber do franqueador 03 (três) advertências e/ou 03 (três) notificações ainda que por eventos diferentes, o franqueador terá o direito de rescindir por justa causa o contrato, sem prejuízo de exigir o pagamento da multa e indenização previstas no instrumento, além das medidas judiciais cabíveis.

Sem prejuízo das multas específicas, a parte que infringir o contrato, dando motivo a sua rescisão, ficará obrigada a pagar o valor de uma multa contratual equivalente a R$ XXX (XXX reais), sem prejuízo de serem tomadas as medidas judiciais cabíveis. A mesma penalidade poderá ser aplicada em desfavor da parte que denunciar o contrato, sem justa causa, por vontade própria e antecipadamente.

A cobrança das multas previstas não impede a parte inocente de haver, por ação própria, a parcela dos prejuízos sofridos que houver excedido o valor de tal indenização. Sem prejuízo do disposto, constituem justa causa para rescisão automática do contrato, independentemente do envio de Notificação, e dentre outras previstas no contrato, as seguintes hipóteses:

i) Qualquer das partes solicitar recuperação judicial ou ter pedido de falência solicitado, ou insolvência civil dos sócios, mesmo que presumida, bem como a condenação de qualquer um dos seus sócios em processos criminais;
ii) O franqueado modificar o quadro societário da empresa, sem a prévia aprovação do franqueador;

iii) O franqueado deixar de sanar as falhas cometidas depois de 03 (três) vezes advertido ou 03 (três) vezes notificado pelo franqueador;

iv) O franqueado não renovar ou não mantiver em vigor o contrato de locação da unidade Franqueada e/ou não obter, em até 90 (noventa) dias do término ou da rescisão do referido contrato, a locação de outro Ponto Comercial que não tenha sido vetado pelo franqueador;

v) O sócio operador transfira a sua participação societária ou deixar de exercer a gerência e administração da operação da unidade franqueada;

vi) O franqueado ficar inadimplente em relação aos valores devidos ao franqueador por mais de 30 (trinta) dias;

vii) O franqueado, por si ou por seus sócios, praticar condutas ilícitas ou prejudiciais ao bom nome da marca no mercado;

viii) O franqueado comercializar outros serviços, que não os serviços ou exercer outras atividades não autorizadas pelo franqueador;

ix) O franqueado sonegar, dificultar, subfaturar ou omitir informações do negócio ao franqueador;

x) Se for proposta ação de despejo por falta de pagamento do aluguel, por parte do locador do imóvel onde se encontra a unidade franqueada;

xi) O franqueado cessar a comunicação com o franqueador e/ou não retornar às tentativas de contato, por qualquer meio (pessoalmente, telefone, e-mail, telegrama, fax, carta etc.), por mais de 30 (trinta) dias corridos e consecutivos;

xii) O franqueado ou quem estiver na unidade franqueada impeça, desacate ou dificulte as visitas realizadas pelo franqueador ou por quem este vier a indicar, ou ainda, se recuse a assinar o Relatório de Supervisão de Campo;

xiii) O franqueado apresentar problemas de divergência societária, e não sanar tal controvérsia no prazo de 30 (trinta) dias da solicitação do franqueador.

Constitui ainda causa de rescisão automática, independentemente de notificação prévia, com incidência de multa no valor de R$ XXXX

(XXXX reais), sem prejuízo de indenização devida, o franqueado deixar de operar a unidade franqueada por qualquer motivo ou encerrar as suas atividades, sem prévia e expressa autorização do franqueador.

O franqueado não poderá fazer ou permitir que se façam cópias dos manuais, material promocional ou qualquer outra informação confidencial fornecida pelo franqueador. Qualquer comprovada violação ao sigilo ora pactuado, a qualquer tempo, por parte do franqueado e/ou de seus sócios, acarretará o pagamento de multa no valor de R$ XXXX (XXXX reais), sem prejuízo de demais disposições legais ou contratuais cabíveis e/ou perdas e danos.

A violação as disposições de sigilo e não-concorrência, sujeita o franqueado ao pagamento de uma multa no valor de R$ XXXXX (XXXXX reais), sem prejuízo da responsabilidade civil decorrente de perdas e danos. Ainda a utilização da marca pelo franqueada, após o término do prazo contratual ou sua rescisão, ou a falta de descaracterização da unidade, o sujeitará ao pagamento de multa exclusivamente punitiva correspondente a R$ XXX (XXX reais) por dia de utilização indevida da marca ou do atraso na descaracterização, sem prejuízo de serem tomadas as medidas judiciais cabíveis.

Na hipótese de inadimplemento de qualquer das importâncias previstas, o franqueado estará sujeito ao pagamento de multa moratória equivalente a X% (X por cento) sobre o total devido, juros de mora de 1% (um por cento) ao mês, calculado *pro rata die*, e atualização monetária pelo índice do IGPM/FGV ou, na ausência deste, qualquer outro índice que venha a substituí-lo, na menor periodicidade permitida em lei, ocorrida entre em que o pagamento deveria ter ocorrido e a do efetivo pagamento. Assumirá o franqueado as despesas judiciais, assim como honorários advocatícios na base de 20% (vinte por cento) sobre o total do débito, se a cobrança se efetivar judicialmente ou com a intervenção de advogado.

A não observância pelo franqueado do disposto nos itens acima permitirá que o franqueador opte, antes de impor a rescisão contratual, pela notificação do mesmo a fim de que este regularize a situação, concedendo-lhe um prazo para tanto. Não sendo cumprida a irregularidade no prazo, o franqueador poderá, ainda, antes de aplicar a pena de rescisão contratual, a seu exclusivo critério, impor o pagamento de uma multa, tal como definida no contrato de franquia e/ou nos manuais e que será periodicamente revista, por cada ponto descumprido, quantas vezes for necessário para a regularização da questão pendente.

Como se observa, são disposições bastante pesadas e ficam fora do contexto quando destacadas e inseridas na COF, longe das informações contratuais e suas justificativas.

XIX – informações sobre a existência de cotas mínimas de compra pelo franqueado junto ao franqueador, ou a terceiros por este designados, e sobre a possibilidade e as condições para a recusa dos produtos ou serviços exigidos pelo franqueador;

Mais uma novidade da lei em análise e decorre do aperfeiçoamento do princípio geral da transparência e da boa-fé adotados inerentes ao sistema de franquia.

Decorre da prática de mercado. Alguns modelos de negócio consistem na dinâmica de compras de cotas mínimas, necessárias para estabelecer a performance financeira desejada e o desenvolvimento saudável das atividades para aquele modelo de negócio.

Para alguns segmentos o modelo de cota mínima é crucial para a viabilidade do negócio como parte integrante da estratégia de mercado. Por exemplo, uma operação voltada para o varejo de sapatos e acessórios femininos exige, por parte do franqueado, a aquisição periódica do enorme mix de produtos, cujo estoque ou a capacidade de atendimento deva estar permanentemente adequado, a fim de garantir a venda ao cliente na unidade, evitando o índice de ruptura no processo.

De acordo com o site e-commerce brasil[75] o "índice de ruptura mede a indisponibilidade dos produtos de uma loja para o consumidor final. Na prática, a ruptura ocorre quando você vê o anúncio de um determinado item e encontra uma mensagem como: "item indisponível" ou "produto não disponível em estoque".

É algo equivalente a ir para uma loja física em busca de determinado item e não o encontrar disponível para a venda na prateleira. A escassez pode ser pontual ou se estender por um longo intervalo de tempo.

[75] Disponível em https://www.ecommercebrasil.com.br/artigos/ruptura-estoque-vendas-marketplaces/ acesso em 14 de dez. de 2022.

O grande problema nesse tipo de situação é a perda de clientes com grandes chances de conversão, ou seja, uma venda quase certeira. Esses consumidores podem desistir da compra, buscar outro canal de venda ou selecionar outra marca ou tipo de produto. Em operações de venda nas quais o estoque é um item-chave, ficar sem produtos por um longo período é inaceitável. Em resumo, o indicador tem efeito direto sobre o faturamento da sua loja".

Daí a necessidade da transparência na informação, até porque haverá impacto no fluxo financeiro da unidade franqueada e na capacidade patrimonial do franqueado que precisará de mais capital de giro no seu fluxo de caixa.

Caso o modelo de negócios do sistema de franquia seja exercido em razão da demanda, ou seja, o atendimento ao consumidor final é feito mediante realização projetos exclusivos, ou serviços, poderá não ser exigida a aquisição de cotas mínimas de compra pelo franqueado junto ao franqueador, ou a terceiros por este designados, mas ainda assim deverá ser informado na COF para fins de cumprimento ao ditame do inciso XIX.

XX – indicação de existência de conselho ou associação de franqueados, com as atribuições, os poderes e os mecanismos de representação perante o franqueador, e detalhamento das competências para gestão e fiscalização da aplicação dos recursos de fundos existentes;

Outra novidade da lei em análise que também decorre do aperfeiçoamento e da evolução do sistema de franquia no país.

Primeiro devemos distinguir conselho de associação. O conselho decorre da iniciativa e participação do franqueador, cuja finalidade é de contar com os representantes eleitos de forma legítima pela rede franqueada, para participarem das reuniões periódicas junto à franqueadora acerca de assuntos relacionados ao marketing e a destinação do fundo de publicidade.

A natureza do conselho de franqueados é sempre consultiva, tendo em vista que a prerrogativa das diretrizes de investimentos, fortalecimento e estratégias de marketing competem ao franqueador, que é o detentor ou dono da marca.

Por outro lado, uma associação de franqueados independe da vontade do franqueador, uma vez que é assegurado constitucionalmente[76] a livre associação, porém, sua participação perante o franqueador poderá restar prejudicada caso a associação não tenha espaço ou voz junto ao franqueador.

Assim, fará mais sentido se uma associação representar toda a classe de franqueados do sistema de franquia, e não apenas os franqueados de uma rede, a exemplo do que faz a ASBRAF -Associação Brasileira de Franqueados, cujo objetivo[77] é:

> Contribuir para o fortalecimento e desenvolvimento sustentável do sistema de franquia empresarial brasileiro, defendendo junto às autoridades governamentais, órgãos públicos, entidades e associações de classe, e formadores de opinião, os interesses, ideais e objetivos econômico-sociais de empresas e

[76] Art. 8º É livre a associação profissional ou sindical, observado o seguinte:
I – a lei não poderá exigir autorização do Estado para a fundação de sindicato, ressalvado o registro no órgão competente, vedadas ao Poder Público a interferência e a intervenção na organização sindical;
II – é vedada a criação de mais de uma organização sindical, em qualquer grau, representativa de categoria profissional ou econômica, na mesma base territorial, que será definida pelos trabalhadores ou empregadores interessados, não podendo ser inferior à área de um Município;
III – ao sindicato cabe a defesa dos direitos e interesses coletivos ou individuais da categoria, inclusive em questões judiciais ou administrativas;
IV – a assembléia geral fixará a contribuição que, em se tratando de categoria profissional, será descontada em folha, para custeio do sistema confederativo da representação sindical respectiva, independentemente da contribuição prevista em lei;
V – ninguém será obrigado a filiar-se ou a manter-se filiado a sindicato;
VI – é obrigatória a participação dos sindicatos nas negociações coletivas de trabalho;
VII – o aposentado filiado tem direito a votar e ser votado nas organizações sindicais;
VIII – é vedada a dispensa do empregado sindicalizado a partir do registro da candidatura a cargo de direção ou representação sindical e, se eleito, ainda que suplente, até um ano após o final do mandato, salvo se cometer falta grave nos termos da lei.
Parágrafo único. As disposições deste artigo aplicam-se à organização de sindicatos rurais e de colônias de pescadores, atendidas as condições que a lei estabelecer.

[77] Disponível em https://asbraf.com/missao/ acesso em 14 dez. 2022

empreendimentos que realizam suas atividades de comércio, serviço, indústria e agronegócio, na condição de franqueados em conformidade com os princípios e a regulamentação da Lei nº 8.955/94, que dispõe sobre contrato de franquia empresarial (Franchising).

Como revela o texto da lei, não é obrigatória a existência de um conselho ou de uma associação de franqueados. Também não há momento correto pré-definido para sua criação. Cada rede tem um ritmo, característica, perfil de franqueados e elementos peculiares importantes para determinar, ou não, o momento de criação do conselho de franqueados.

Havendo interesse do franqueador na criação de um conselho de franqueados, a renomada consultoria Bittencourt[78] recomenda:

O conselho consultivo de franqueados tem por objetivo:
Co-criação – Aumentar o trabalho em equipe franqueador/franqueado para melhorar o atendimento aos clientes.

Manter o foco na lucratividade do franqueado e franqueador.

Engajamento – Promover o envolvimento dos franqueados no desenvolvimento de novos produtos e programas de marketing.

Comunicação – Melhorar a comunicação entre franqueador e franqueados.

Colaboração – Discutir problemas com a intenção de encontrar soluções benéficas para todos.

Transparência e Representatividade da rede na tomada de decisões.

O poder do conselho consultivo de franqueados na tomada de decisão.
Deve estar sempre muito claro e entendido para toda a rede o poder do CONSELHO CONSULTIVO DE FRANQUEADOS na tomada de decisões. Tendo em vista que os Franqueados têm um alto envolvimento emocional e financeiro no desenvolvimento da Rede, é de grande valia que a Franqueadora conheça as ideias e perspectivas dos Franqueados para tomadas de decisão assertivas. No entanto, o CONSELHO CONSULTIVO DE FRANQUEADOS não deve ser entendido como ferramenta de

[78] Disponível em https://www.bittencourtconsultoria.com.br/gestao/conselho-de-franqueados/ acesso em 14 de dez. 2022.

decisão compartilhada, mas sim, uma ferramenta de escuta organizada das dores da Rede, em caráter exclusivamente consultivo.

Formalização e transparência.
Um CONSELHO CONSULTIVO DE FRANQUEADOS deve ter estatuto escrito, guiando seus propósitos, objetivos, membros, códigos de conduta, frequência de reuniões, como itens da pauta serão decididos, a função do franqueador, custos etc. Após sua criação, O Estatuto deve ser divulgado na rede para todos os Franqueados, bem como a minuta deve ser inserida na Circular de Oferta de Franquia para os candidatos a novas Franquias.

O estatuto do CCF deve prever as seguintes informações:
Objetivo: De acordo com as definições e expectativas das Partes.

Atribuições do Conselho (Poderes): Consultivo ou Deliberativo

Representatividade: Exemplo: 5 Franqueados eleitos, sendo 1 de cada região do Brasil. Os franqueados somente poderão votar nos candidatos de sua região; ou 5 Franqueados escolhidos pela Franqueadora – 1 de cada Região.

Cronograma de Reuniões: Presenciais ou virtuais – Mensais/Bimestrais/Trimestrais

Condições de elegibilidade:

Ex:
1. Estarem adimplentes com o contrato de Franquia (obrigações financeiras, administrativas, padrões da Franquia);
2. Ter contrato de Franquia assinado e vigente;
3. Estar presente em 80% (oitenta por cento) das reuniões convocadas pela Franqueadora (presenciais ou videoconferência).

Eleição:
1. Convocação e forma de votação;
2. Causas e procedimento para afastamento temporário ou definitivo (destituição do cargo/exclusão), substituição, suplentes etc.;
3. Atribuição dos eleitos.

Despesas: Ex: As passagens e os locais das reuniões serão disponibilizados pela Franqueadora. Hospedagem e demais despesas serão arcadas: pelos próprios Conselheiros? Pela Franqueadora? Rateada pelos Franqueados? Utilizada a verba de Fundo de Marketing?

Mandatos: Ex: Uma combinação de franqueados como membros eleitos e franqueadores como membros designados pode ser uma boa ideia. A filiação deve ser rotativa com ao menos metade do CONSELHO CONSULTIVO DE FRANQUEADOS mudando em determinado momento. Isso ajuda a criar consistência de propósito. Filiação do CONSELHO CONSULTIVO DE FRANQUEADOS deve ser restrita a franqueados ou sócios, mantendo assim o status e influência.

* Os Conselheiros deverão manter-se em condições de elegibilidade durante todo o mandato, sob pena de exclusão.

** A primeira formação do Conselho poderá ser em caráter extraordinário, podendo haver flexibilidade das condições de elegibilidade.

Práticas de sucesso de um conselho consultivo de franqueados.

1. Ter um mediador nas reuniões, que ajude a manter a discussão sempre sobre temas relevantes e apto a encorajar um diálogo aberto e construtivo – pode ser um executivo da Franqueadora, um Franqueado ou terceiro envolvidos;
2. O envolvimento de executivos da franqueadora do alto escalão da rede;
3. Franqueados dispostos a respeitar os direitos e responsabilidades da franqueadora e motivados para elevar o valor da marca, preferencialmente com experiência de mercado relevante;
4. Pautas de conteúdos que objetivem a discussão de interesses que beneficiem todas as partes.

Recomendações:

Cronograma prévio – para evitar desfalques;

Pauta antecipada – para otimizar o tempo;

Convocações com objetivos claros – para evitar equívocos.

Há de se esclarecer ainda a existência de comitês de franqueados, que têm caráter colaborativo, consultivo e contam com a participação – a convite do franqueador – de franqueados com competências relacionadas à natureza do comitê. São menos formais e podem servir para discussão de temas como marketing, vendas, novos produtos, metas, novas práticas, performance etc. Recomendamos, minimamente, o estabelecimento de diretrizes na criação e desenvolvimento das atividades, bem como distribuição de funções e direcionamento das atividades do comitê.

A exigência do legislador é de promover a transparência no processo de seleção do franqueado e permitir que tenha acesso aos membros do conselho, formação, competência e atuação na fiscalização da aplicação das verbas do fundo de marketing, afinal, a contrapartida do franqueador em relação à arrecadação do fundo é a prestação de contas, junto à rede franqueada, dos investimentos e destinação dos recursos nas campanhas de marketing. Portanto, estamos diante de mais uma evolução do sistema de franquia e seu aperfeiçoamento.

XXI – indicação das regras de limitação à concorrência entre o franqueador e os franqueados, e entre os franqueados, durante a vigência do contrato de franquia, e detalhamento da abrangência territorial, do prazo de vigência da restrição e das penalidades em caso de descumprimento;

O inciso XXI também representa uma novidade da nova lei e merece nossas críticas.

Perdeu-se a oportunidade de levar para o inciso XV[79] da Lei 13.966/2019 os requisitos necessários, fundamentais e obrigatórios recomendados na obra deste autor que tem como tema a Aplicabilidade e Limites das Cláusulas de Não Concorrência nos Contratos de Franquia, editora Almedina, 2019, e agora, utilizados pelo legislador, quais sejam: i) abrangência territorial; ii) prazo da quarentena; iii) penalidades.

[79] XV: situação do franqueado, após a expiração do contrato de franquia, em relação a:
a) know-how da tecnologia de produto, de processo ou de gestão, informações confidenciais e segredos de indústria, comércio, finanças e negócios a que venha a ter acesso em função da franquia;
b) implantação de atividade concorrente à da franquia;

Não faz sentido estabelecer no inciso XXI as regras de ouro da não concorrência no curso da vigência do contrato de franquia. Isso porque, tradicionalmente, os contratos de franquia já proíbem a concorrência com o franqueador e franqueados pelos próprios franqueados com outras marcas, inclusive estabelecendo as regras de concorrência entre si ainda que sob a mesma bandeira.

Muito melhor se as regras de ouro estivessem dispostas no inciso XV que trata da não concorrência após a expiração da vigência do contrato de franquia, situação em que se exige mais rigor e técnica para a validade e aplicabilidade das cláusulas de não concorrência, que serão tratadas com profundidade mais adiante.

Lamentamos o equívoco e a perda da oportunidade de atribuir ao marco legal uma perfeição técnica necessária ao setor. Como veremos adiante, o tema requer atenção e a validade de uma cláusula de não concorrência bem escrita e modulada à prova de nulidades depende, indiscutivelmente, dos requisitos mínimos de prazo, território, segmento e penalidades. No entanto, tais requisitos constaram do inciso XXI que se refere ao período de vigência do contrato de franquia, deixando de fora o mais importante, disposto no inciso XV.

Poderia o legislador repetir os termos no inciso XXI por questão de preciosismo em atribuir os requisitos necessários também durante a vigência do contrato de franquia, mas jamais poderia deixar de dispor no inciso XV. Daí decorre a necessidade de reforçarmos a nossa tese de não concorrência ainda com mais vigor, mas haverá um enorme esforço, sem garantia de resultado, para tentar atribuir os mesmos requisitos às cláusulas de não concorrência pós-contratuais.

Em que pese o nosso inconformismo, deverá a COF preconizar e indicar as regras de limitação à concorrência entre franqueador e franqueados, independentemente dos canais, não necessariamente franquia, bem como o detalhamento da abrangência territorial, prazo e penalidades, tudo durante a vigência do contrato de franquia.

Muito comum constar da COF que o franqueado deverá atuar tão somente no território definido no contrato de franquia, sendo vedada sua atuação em territórios de outras unidades, inclusive próprias do franqueador.

Alguns modelos de negócio estabelecem a possibilidade de se realizar uma venda que compreenda dois territórios, situação em que os franqueados devem seguir a regra prevista pelo franqueador ou compor em conjunto com ele os termos e condições da execução dos serviços, venda de produtos e pagamento de *royalties*.

Não nos parece que foi a intenção do legislador, mas devemos pensar na possibilidade de o franqueado pretender tornar-se um franqueador para concorrer com o franqueador e a rede franqueada, inclusive em fora do território delimitado. Do mesmo modo, recomendamos prever todas as situações, sejam entre unidades próprias e franqueadas, franqueadas entre si e franqueador, mesmo por meio de outros canais, a fim de evitar conflitos e demandas judiciais.

As demais questões, não menos importantes, atinentes ao tema ora em análise serão profundamente abordadas adiante quando tratarmos das cláusulas de não concorrência.

XXII - especificação precisa do prazo contratual e das condições de renovação, se houver;

Outra novidade do marco legal, merece elogio. O prazo contratual e as condições de renovação, ao contrário da previsão do inciso XVIII que sofreu nossas críticas, por mais que sejam informações constantes do contrato de franquia, merecem cautela.

Quando o candidato/investidor opta pelo modelo de negócio franqueado, calcula-se o valor do investimento e o tempo de retorno – *payback* – que levará para receber de volta o valor investido. Depois do prazo do *payback*, com o valor investido recuperado, deverá, necessariamente, haver mais um prazo para que o investidor aufira os lucros decorrentes das atividades da unidade franqueada.

Para elucidar, imagine um *business* com previsão de *payback* de 36 (trinta e seis) meses. O contrato de franquia deverá, portanto, ter o prazo de vigência de pelo menos 5 (cinco) anos, ou seja, 3 (três) anos para recuperar o investimento e mais 2 (dois) anos para auferir os lucros.

Tal dispositivo encontra guarida no Código Civil que traz o preceito da função social dos contratos, no artigo 473, parágrafo único[80]. No setor de *franchising*, é conhecido como *payback*, ou seja, o tempo mínimo necessário para obtenção do retorno do capital investido. Assim, caso o prazo do contrato de franquia seja inferior ao prazo do *payback* e se o franqueador optar pela não renovação contratual, ele estará sujeito ao pagamento de indenização e eventuais perdas e danos, em decorrência da previsão expressa da lei:

> Art. 473 . Parágrafo único. Se, porém, dada a natureza do contrato, uma das partes houver feito investimentos consideráveis para a sua execução, a denúncia unilateral só produzirá efeito depois de transcorrido prazo compatível com a natureza e o vulto dos investimentos.

A renovação contratual também costuma gerar confusão. A princípio há uma ideia geral e até uma expectativa de que as renovações dos contratos de franquia ocorrem automaticamente. Ressalvada a hipótese acima em que o franqueador deva obedecer ao prazo do contrato para permitir o retorno do investimento, não se pode admitir que os contratos se renovem automaticamente, exceto se houver disposição contratual nesse sentido.

Como dissemos, ao abrir o capítulo da Teoria Geral dos Contratos, o Código Civil estabelece fundamental preceito inserido no artigo 421[81], atribuindo às partes verdadeira liberdade de contratar e, ao mesmo tempo, balizando os limites estabelecidos nas normas cogentes, especialmente a finalidade social dessa prerrogativa.

Nesse sentido, o princípio fundamental do direito contratual privado é a liberdade das partes, tornando-se instransponível qualquer ameaça à liberdade de contratação.

[80] "Art. 473. A resilição unilateral, nos casos em que a lei expressa ou implicitamente o permita, opera mediante denúncia notificada à outra parte. Parágrafo único. Se, porém, dada a natureza do contrato, uma das partes houver feito investimentos consideráveis para a sua execução, a denúncia unilateral só produzirá efeito depois de transcorrido prazo compatível com a natureza e o vulto dos investimentos."

[81] "Art. 421. A liberdade de contratar será exercida em razão e nos limites da função social do contrato."

Portanto, caberá ao investidor analisar friamente os números e a viabilidade do negócio a partir da vigência contratual, sem levar em consideração renovações de contratos ante a ausência de garantia de que isso ocorrerá.

Não raro, pessoas questionam: mas é possível o franqueador não renovar o contrato de franquia imotivadamente? A resposta é sim. Pelo princípio da liberdade de contratação, ninguém está obrigado a contratar ou permanecer na relação contratual após o fim da vigência.

Ora, se vivemos tempos em que existe o divórcio direto, de relações fluidas e efêmeras das redes sociais em que as pessoas se casam e descasam como trocam de roupa, por qual razão se exigiria, compulsoriamente, a permanência na relação contratual? Não faz sentido.

Fazendo um exercício do raciocínio ao contrário, poderia o franqueador exigir a renovação do contrato mesmo diante da recusa do franqueado? A resposta parece óbvia, não há meios para isso. Logo, a recíproca é verdadeira.

Claro que o interesse na renovação também é do franqueador, que espera o bom desempenho, a disciplina e coesão do franqueado para avaliar sua trajetória no período de vigência contratual e promover a renovação, garantindo a manutenção da marca naquele território, fazendo frente à concorrência.

O que costuma acontecer é a análise do franqueador que olha no retrovisor para verificar a o histórico do franqueado no período anterior. Espera-se que tenha sido um franqueado adimplente, solícito, com presença nos eventos e reuniões, com boa performance comercial, representante legítimo dos preceitos da marca franqueada. Sendo um franqueado que seguiu a cartilha, o franqueador terá total interesse na renovação do contrato de franquia.

Do contrário, o franqueador poderá "reprovar" o franqueado e amargará com o prejuízo da marca pelo fechamento da unidade, ou buscar-se-á o repasse para alguém com perfil mais adequado. De qualquer forma, não é isso que o franqueador espera de uma unidade franqueada.

A propósito, somos contra a utilização da expressão **"renovação"** como utilizado no texto legal. Renovação passa a ideia de que o contrato será renovado e, portanto, nos mesmos termos em que foi assinado no passado. Isso é uma falácia. Primeiro por inexistir a garantia de renovação, segundo porque se o franqueador aceitar e quiser a manutenção da relação com o franqueado, haverá uma **"nova contratação"** – termo que preferimos e utilizamos – cujas condições contratuais certamente não serão as mesmas firmadas há 5 (cinco)[82] anos.

O dinamismo empresarial, especialmente do sistema de franquia, é uma característica que deve ser levada em consideração. Logo, após longos 5 (cinco) anos de contrato de franquia muitas condições sofreram mudanças, sejam de caráter comercial, financeiro, administrativo ou mesmo jurídicas. Portanto, caso haja interesse recíproco na continuidade da unidade franqueada com o franqueado, haverá uma **nova contratação.**

Uma dúvida relacionada a esse tema é sobre a necessidade de entrega de nova COF nos casos de "renovação".

Como defendemos que não existe "renovação", mas sim "nova contratação" e para evitar riscos desnecessários, recomendamos fortemente a entrega de nova COF, atualizada, também nesse caso, ainda que seja o mesmo franqueado, na mesma unidade. A lei não exige isso, apenas a entrega da COF ao candidato, mas por se tratar de uma nova contratação, com novas condições, indicamos pecar pelo excesso.

Aliás, há contratos que preveem a cobrança de taxa de renovação. Há contatos que estabelecem descontos na taxa de renovação caso o franqueado tenha atingido determinadas metas pré-estabelecidas. Há contratos isentando a taxa em caso de renovação. São, portanto, algumas condições de renovação que devem constar da COF para cumprimento ao requisito exigido no inciso XXII.

Assim, como exemplo prático, se prazo contratual for de 5 (cinco) anos, deverá ser informado na COF e eventual "renovação" somente se concretizará caso o franqueado cumpra todos os requisitos previstos contratualmente para tanto, além de aceitar o contrato de franquia que esteja em vigor no momento da renovação, e, ainda, o franqueador concorde e deseje, expressamente, realizar a nova contratação e formalize novo contrato de franquia.

No caso de nova contratação do contrato de franquia empresarial, deverá ser informado que será cobrada, a título de Taxa de Franquia, a

82 5 (cinco) anos é o prazo adotado em larga escala pelos franqueadores.

quantia correspondente a XX% (XX por cento) do valor da Taxa Inicial de Franquia vigente à época, devidamente corrigido pelo IGPM/FGV, ou outro índice ajustado pelas partes. Importante lembrar que alguns índices, a exemplo do IGPM, tiveram uma alta desproporcional na pandemia e ensejaram inúmeras medidas judiciais para resgatar o equilíbrio econômico e financeiro dos contratos em geral.

Em qualquer situação, sugerimos que o franqueado deverá expressar seu desejo de permanecer, ou não, na rede franqueada com antecedência mínima de 180 (cento e oitenta) dias do termo final do contrato, enviando notificação escrita nesse sentido ao franqueador.

XXIII – local, dia e hora para recebimento da documentação proposta, bem como para início da abertura dos envelopes, quando se tratar de órgão ou entidade pública.

Tendo em vista o veto ao artigo 6º, faltou ajuste do texto legal que deveria ser igualmente suprimido, partindo da premissa de que o acessório segue o principal, as franquias públicas enfrentarão o desafio de promover o reconhecimento e a compatibilidade do sistema de franquia com a Lei das Estatais 13.303/2016.

Devemos aguardar a acomodação do tema no mercado ou mesmo a propositura de eventuais demandas judiciais das entidades ligadas ao setor público, que poderão buscar meios de viabilizar suas atividades.

Importante ressalvar a existência da Lei nº 11.668, de 2 de maio de 2008[83], que trata da franquia postal e que, a, princípio, permanece em vigor, pois não sofreu alterações em função do novo marco legal do franchising empresarial.

[83] Art. 1º O exercício pelas pessoas jurídicas de direito privado da atividade de franquia postal passa a ser regulado por esta Lei.
§ 1º Sem prejuízo de suas atribuições, responsabilidades e da ampliação de sua rede própria, a Empresa Brasileira de Correios e Telégrafos – ECT poderá utilizar o instituto da franquia de que trata o caput deste artigo para desempenhar atividades auxiliares relativas ao serviço postal, observado o disposto no § 3º do art. 2º da Lei nº 6.538, de 22 de junho de 1978.

§ 1º A Circular de Oferta de Franquia deverá ser entregue ao candidato a franqueado, no mínimo, 10 (dez) dias antes da assinatura do contrato ou pré-contrato de franquia ou, ainda, do pagamento de qualquer tipo de taxa pelo franqueado ao franqueador ou a empresa ou a pessoa ligada a este, salvo no caso de licitação ou pré-qualificação promovida por órgão ou entidade pública, caso em que a Circular de Oferta de Franquia será divulgada logo no início do processo de seleção.

O § 1º traz o mesmo texto da lei anterior, acrescentando apenas a parte final *"salvo no caso de licitação ou pré-qualificação promovida por órgão ou entidade pública, caso em que a Circular de Oferta de Franquia será divulgada logo no início do processo de seleção."* E, a exemplo do que acabamos de esclarecer no inciso XXIII, faltou ser ajustado o texto legal em razão do veto ao artigo 6º da lei ora em análise.

O comando legal previsto no § 1º, antigo artigo 4º da Lei 8.955/1994, é o mecanismo de aplicabilidade da preconização do princípio maior da transparência, responsável pelo êxito do sistema de *franchising*.

A inobservância do preceito ora estabelecido, sujeitará o franqueador às consequências previstas expressamente no § 2º, a saber:

> § 2º Na hipótese de não cumprimento do disposto no § 1º, o franqueado poderá arguir anulabilidade ou nulidade, conforme o caso, e exigir a devolução de todas e quaisquer quantias já pagas ao franqueador, ou a terceiros por este indicados, a título de filiação ou de *royalties*, corrigidas monetariamente.

A inteligência da lei atribui ao próprio franqueador a responsabilidade e as consequências não só da plena transparência como também da boa-fé na prática comercial, exigindo a fruição do prazo mínimo de 10 (dez) dias, a contar da entrega comprovada da COF, para que possa, então, receber valores – TIF – e firmar contratos.

Reforçamos a importância de o franqueador manter, no prontuário da unidade franqueada, a comprovação da entrega da COF, tendo em vista que, quando instado a fazer comprovação, terá o ônus da prova, daí a necessidade de manter os documentos regulares e organizados, ainda que a entrega tenha ocorrido por meio digital. Inclusive, isso é uma tendência, estamos trilhando o caminho irreversível do mundo digital, a natureza agradece.

O contexto envolvendo a obrigação de comprovação de entrega da COF costuma acontecer em clima de litígio, quando as partes não estão mais se entendendo comercialmente e buscam orientações de seus advogados.

Costumamos dizer que, quando tudo vai bem, a unidade performa acima da média, todos ganham dinheiro, o franqueado infla o peito e afirma que é mérito seu. No entanto, quando as coisas não saem como esperado, o franqueado atribui, invariavelmente, o insucesso ao franqueador. Sabemos que não é verdade. O franqueado não deve esperar que o franqueador faça as obrigações do franqueado, se assim fosse o franqueador não precisaria de franqueados, faria por meio próprio a gestão e exploração do negócio. Devemos lembrar que o franqueado é um empresário independente, assim como o franqueador o é também, não sendo admitida a confusão ou inversão de papéis.

De qualquer maneira, os litígios costumam atribuir eventual insucesso do negócio ao franqueador. Fazemos um parêntese aqui: o dia em que o franqueador for responsabilizado pelo insucesso da franquia, será o fim do sistema de franquia não só no Brasil, mas no mundo. É cediço que a taxa de mortalidade de uma franquia é 7 (sete) vezes menor do que uma operação bandeira branca, com marca própria. Isso não significa, todavia, que o franqueador garanta o sucesso do negócio, até porque, para que a operação seja saudável, é indispensável e fundamental o envolvimento e a dedicação do franqueado no dia a dia da unidade, simples assim.

Logo, pretender atribuir ao franqueador a culpa pelo insucesso do negócio é uma temeridade e uma irresponsabilidade jurídica. Por evidente, não estamos falando de casos em que haja fraude comprovada. Nesse sentido, o franqueador responderá sim pelo eventual insucesso da unidade, mas sempre de forma excepcional e nunca como regra.

Nessa linha, vale destacar o caso concreto de alegação de falta de transparência e de descumprimento contratual do franqueador não foi aceita pelo Tribunal de Justiça de São Paulo, ao contrário, decidiu-se pelo descumprimento contratual do franqueado, vejamos:

Voto nº 23150 Apelação Cível nº 1088768-80.2017.8.26.0100 Comarca: São Paulo (16ª Vara Cível) Juiz(a): Felipe Poyares Miranda Apelantes: Flavio Henrique Batista Aparecido e Daniela Cassia Alves Apelados: Wlt Participações e Gestão Empresarial Ltda-me e Esmalteria Turquesa – Comércio de Acessórios e Serviços de Beleza Ltda me apelação. ação declaratória de nulidade de contrato de franquia com pedido de resolução contratual c/c indenização por danos morais e materiais com pedido de tutela de urgência e devolução de quantias pagas. demanda movida pelos franqueados. sentença de improcedência. alegação de nulidade do julgado afastada. hipótese de manutenção da improcedência dos pedidos iniciais. contrato que, diante dos estreitos limites da lide, permanecerá vigente entre as partes. reconhecimento de culpa dos autores. ausência de pedido reconvencional. incabível a análise pela sentença recorrida. recurso provido apenas neste ponto, mantida, no mais, a sentença.

Ademais, o enunciado IV do Grupo de Câmaras Reservadas de Direito Empresarial do TJSP, estabelece claramente:

***Enunciado IV**: A inobservância da formalidade prevista no art. 4 da Lei nº 8.955/94 pode acarretar a anulação do contrato de franquia, desde que tenha sido requerida em prazo razoável e que haja comprovação do efetivo prejuízo.*

O que podemos inferir do referido enunciado é que, para o judiciário bandeirante, não basta que tenha havido inobservância na entrega da COF, exige-se, para a anulação do contrato, o **nexo causal** entre a falha e o prejuízo efetivamente comprovado, além de observar a razoabilidade de prazo.

Logo, mesmo que tenha ocorrido falha na entrega da COF, não se admite a sua consolidação automática e permanente, não sendo admitida a alegação da falha após longo período em que a operação comercial se desenvolveu ativamente.

Portanto, é extremamente estratégico e crucial manter a regularidade documental para fazer prova em juízo do cumprimento do comando legal, o que pode acontecer a qualquer momento.

Recentemente o TJSP decidiu que o prazo decadencial para a anulabilidade do contrato de franquia é de dois anos, fazendo expressa referência ao artigo 179 do Código Civil. Nesse sentido, há uma importante jurisprudência definindo o prazo para buscar a anulabilidade do enlace, trazendo ainda mais segurança jurídica ao setor como um todo, pois deve-se levar em conta quando de formulação de estratégias comerciais. Abaixo a ementa da decisão:

> Ofensa ao princípio da dialeticidade. Inocorrência. Razões do recurso que combatem os fundamentos da sentença. Franquia. A anulação do contrato com fundamento na lei de regência (L. 8.955/94), deve-se operar no interregno de dois anos entre sua assinatura e o pleito, nos termos do art. 4º, par. único, da lei de regência em combinação com o art. 179 do Código Civil. Decadência reconhecida. Franquia. Agir da franqueadora, que distribuiu mercadorias em licenciamento de marcas, não ofereceu apoio adequado aos franqueados, omitiu-se no combate a concorrência desleal com preços inferiores aos praticados oficialmente que justifica o rompimento antecipado das avenças e autoriza a condenação por danos materiais a quantificar em liquidação de sentença. Franquia. Ação de cobrança de multa. Rescisão por culpa da franqueadora, não cabendo, portanto, a multa pleiteada. Franquia. Expectativas e esforço dos franqueados que desaguou na frustração pela falta de êxito do negócio justificam a indenização por danos morais, ora arbitrados em cinquenta mil reais. Litigância de má-fé. Inocorrência, Apelante que, com a interposição do recurso, não extrapolou o limite do razoável para o exercício do seu direito de defesa. Recurso dos réus/reconvinte parcialmente acolhido, prejudicado o adesivo interposto pela autora/reconvinda. (TJ-SP – AC: XXXXX20168260100 SP XXXXX-26.2016.8.26.0100, Relator: Araldo Telles, Data de Julgamento: 23/11/2021, 2ª Câmara Reservada de Direito Empresarial, Data de Publicação: 24/11/2021).

§ 2º Na hipótese de não cumprimento do disposto no § 1º, o franqueado poderá arguir anulabilidade ou nulidade, conforme o caso, e exigir a devolução de todas e quaisquer quantias já pagas ao franqueador, ou a terceiros por este indicados, a título de filiação ou de *royalties*, corrigidas monetariamente.

Da análise do dispositivo supra, pode-se observar que o Novo Marco Legal do Franchising trouxe duas importantes novidades ao ordenamento jurídico, sendo a primeira delas a possibilidade de o franqueado arguir a nulidade do contrato caso não haja a observância dos requisitos previstos no §1º do mesmo artigo, e a segunda, a omissão de pleito de perdas e danos.

Quanto à viabilidade de nulidade, a legislação anterior previa apenas a arguição de anulabilidade. Nesta toada, importante destacar que nulidade e anulabilidade são institutos de direito distintos, com consequências jurídicas diversas e, para melhor entendimento, importante trazer à baila alguns conceitos fundamentais.

Inicialmente, para que determinado negócio jurídico seja considerado um ato jurídico perfeito, é necessário que sejam respeitadas algumas etapas em sua formação, cuja análise deve ser feita em três planos, quais sejam, existência, validade e eficácia. Neste sentido, em um primeiro momento, há a necessidade da presença de elementos sem os quais não há o que se falar em subsistência do ato (plano da existência). Após, verifica-se se os elementos do ato preenchem os requisitos legais de validade (plano da validade), cuja ausência dá vazão às alegações de nulidade ou anulabilidade do ato. Por fim, analisa-se a presença de elementos que tornem o ato eficaz (plano da eficácia). Sendo assim, apenas com o preenchimento de todos os requisitos de existência, validade e eficácia o ato produzirá seus efeitos legais.

À luz desta teoria, o artigo 104 do Código Civil, dispõe sobre a necessidade de agente capaz, objeto lícito, possível, determinado ou determinável e forma prescrita ou não defesa em lei para o reconhecimento de validade do negócio. No entanto, a ausência destes elementos provoca a nulidade do negócio jurídico, consoante se verifica no previsto no artigo 166 do Código Civil.

A nulidade do negócio jurídico possui alto teor de gravidade, diante da violação de comandos legais de caráter público, o que torna o ato inexistente, isto é, como se nunca tivesse existido, cuja declaração judicial produz efeitos *ex tunc*, destituindo o ato desde o seu nascedouro. Ademais, nos termos do artigo 168 e 169 do Código Civil, a nulidade pode ser pronunciada de ofício pelo juiz, podendo ser alegada pelo representante do Ministério Público ou qualquer outro interessado, quando lhe couber a intervenção, sendo imprescritível a pretensão declaratória de sua nulidade. Por fim, diante da sua invalidade absoluta, o negócio jurídico nulo não é suscetível de confirmação ou convalidação com o decurso do tempo.

Por outro lado, existem defeitos que não têm o condão de contaminar o negócio jurídico a ponto de levar à sua nulidade, causando a anulabilidade, que conta com previsão legal no artigo 177[84] do Código Civil, situação em que o ato é destituído a partir de determinado pronunciamento judicial, produzindo efeitos *ex nunc, ou seja,* não retroage no tempo. Ademais, tendo em vista que a anulabilidade dos negócios permite a opção das partes em confirmarem ou desfazerem o ato, a invalidade relativa não pode ser pronunciada de ofício, competindo tal ônus apenas aos próprios interessados, que deverão fazê-lo em respeito ao prazo decadencial de 02 a 04 anos, de acordo com os artigos 178 e 179 do Código Civil[85].

No que diz respeito ao sistema de *franchising*, a arguição de nulidade abrirá portas para alegações de desrespeito à forma do negócio, quando violados os requisitos do artigo 2º da Lei 13.966 de 2019, o que tornará possível o reconhecimento da inexistência do ato, como se ele nunca tivesse ocorrido, retornando as partes ao *status quo*, com a devolução de todos os valores pagos.

Entretanto, existem certas particularidades e direitos que não são passíveis de devolução ou desfazimento, como nos casos de transferência do *know how* do franqueador, que possui caráter irreversível. Assim, determinada a nulidade do contrato de franquia, as cláusulas pós-contratuais também seriam alcançadas, o que possibilitaria ao franqueado a exploração de atividade concorrente, indo de encontro com o preconizado na cláusula de não concorrência. Nesse sentido, restaria ao magistrado, no

[84] Art. 177. A anulabilidade não tem efeito antes de julgada por sentença, nem se pronuncia de ofício; só os interessados a podem alegar, e aproveita exclusivamente aos que a alegarem, salvo o caso de solidariedade ou indivisibilidade.

[85] Art. 178. É de quatro anos o prazo de decadência para pleitear-se a anulação do negócio jurídico, contado:
I – no caso de coação, do dia em que ela cessar;
II – no de erro, dolo, fraude contra credores, estado de perigo ou lesão, do dia em que se realizou o negócio jurídico;
III – no de atos de incapazes, do dia em que cessar a incapacidade.
Art. 179. Quando a lei dispuser que determinado ato é anulável, sem estabelecer prazo para pleitear-se a anulação, será este de dois anos, a contar da data da conclusão do ato.

momento do pronunciamento judicial, modular os efeitos da nulidade quando comprovada a transferência do *Know how*, vedando a atuação do franqueado em atividades concorrentes com as do franqueador.

Ademais, a segunda novidade trazida pelo dispositivo em comento é a exclusão da possibilidade de o franqueado pleitear perdas e danos quando arguir a nulidade ou anulabilidade do negócio, ficando à mercê dos pedidos de devolução das quantias pagas ao franqueador ou terceiros por este indicado, bem como taxas de filiação e *royalties*, corrigidas monetariamente.

No entanto, evidente que o franqueado suporta outros prejuízos financeiros, embora não especificados, como reforma do ponto comercial, contratação de pessoal etc. Sendo assim, muito embora a lei específica em análise não preveja tal possibilidade de indenização em perdas e danos, o Código Civil, de âmbito nacional, em seus artigos 402 a 405, viabiliza ao lesado pleito de perdas e danos e lucros cessantes.

Ainda, temos a jurisprudência que trata o tema:

> Apelação. franquia. pedido de restituição dovalor pago a título de taxa de franquia. preliminar. cerceamento de defesa. inocorrência. alegação de que a produção de prova é útil para demonstrar que a ré prestou ao autor todas as informações pertinentes ao negócio antes deste pagar a taxa de franquia. mérito. plano da validade. partes que não formalizaram contrato escrito de franquia. inobservância da forma prescrita em lei (art. 6º da lei n. 8.955/94). reconhecimento da nulidade absoluta do negócio (art. 166, iv, do código civil) e necessidade de devolver as partes à fase anterior das tratativas. verbas de sucumbência recursal distribuída de acordo com o resultado do julgamento. sentença mantida. recurso improvido.
> (tj-sp – apl: 10044255620148260004 sp 1004425-56.2014.8.26.0004, relator: hamid bdine, data de julgamento: 22/02/2017, 1ª câmara reservada de direito empresarial, data de publicação: 23/02/2017).

Nesse sentido, quando o objeto da ação for a resolução contratual sob a alegação de violação do dever de conduta pautado na boa-fé objetiva e na infração ao artigo 3º, caput e inciso IX, da Lei de Franquia, devemos fazer referência às lições de Gustavo Tependino, Heloisa Barbosa e Maria

Celina Bodin de Moraes[86], acerca da distinção entre a configuração do dolo e da violação contratual:

> "A rigor, tanto as obrigações de informar expressamente pactuadas, quanto as decorrentes dos deveres anexos de lealdade e de transparência, que se constituem numa das funções da boa-fé objetiva (...) compõem o regulamento negocial. (...) Ambos os comportamentos são igualmente antijurídicos e revelam conduta socialmente reprovada. A delimitação do dolo (que deflagra a invalidade) e da violação contratual (que se traduz inadimplemento contratual) justifica-se, portanto, exclusivamente em razão do momento em que se verificam tais comportamentos. No caso do dolo, a quebra da boa-fé antecede o negócio e coincide com a formação da vontade negocial. A constituição do negócio é atingida em sua origem e importa na adulteração da vontade dirigida à sua celebração. Daí a previsão de anulabilidade. Na segunda hipótese, o negócio se constitui mediante vontade livremente declarada, não havendo interferência na sua formação. Por isso a quebra de dever de informação, neste caso, resulta em inadimplemento contratual, não já em inviabilidade."

Situações de nulidade ou anulabilidade devem ser consideradas sempre como exceção à regra, aplicáveis aos casos de fraude ou de inobservância da transparência e da boa-fé contratual. Os franqueadores que seguem a cartilha, adotam as boas práticas de mercado e cumprem fielmente a lei, certamente não estarão vulneráveis às nulidades ou anulabilidades de contratos, pelo contrário, terão a segurança jurídica do novo marco legal a seu favor para desenvolverem suas atividades regulares sem ameaças.

Por fim, importante destacar o disposto no artigo 128 do Código Civil[87], especificamente em relação aos contratos de franquia, considerado de trato continuado, "um negócio de execução continuada ou periódica, a

[86] Tependino, Gustavo; Barboza, Heloisa Helena; Moraes, Maria Celina Bodin de. Código Civil interpretado conforme a Constituição da República, cit., p. 284

[87] Art. 128. Sobrevindo a condição resolutiva, extingue-se, para todos os efeitos, o direito a que ela se opõe; mas, se aposta a um negócio de execução continuada ou periódica, a sua realização, salvo disposição em contrário, não tem eficácia quanto aos atos já praticados,

sua realização, salvo disposição em contrário, não tem eficácia quanto aos atos já praticados". Assim, eventual decisão de anulabilidade do contrato de franquia não resultará na perda de efeitos dos atos já praticados, de modo que os efeitos são *"ex nunc"* e não retroagem.

Vale dizer que, caso haja pedido de indenização sobre os valores pagos mais perdas e danos, tais pedidos deverão ser modulados pelo juiz para que seja observado o dispositivo legal acima, de modo a levar em consideração para fins indenizatórios apenas e tão somente os prejuízos posteriores à decisão judicial, excluindo-se principalmente os valores de investimento inicial e os demais relacionados ao período anterior.

Art. 3º Nos casos em que o franqueador subloque ao franqueado o ponto comercial onde se acha instalada a franquia, qualquer uma das partes terá legitimidade para propor a renovação do contrato de locação do imóvel, vedada a exclusão de qualquer uma delas do contrato de locação e de sublocação por ocasião da sua renovação ou prorrogação, salvo nos casos de inadimplência dos respectivos contratos ou do contrato de franquia.

Parágrafo único. O valor do aluguel a ser pago pelo franqueado ao franqueador, nas sublocações de que trata o caput, poderá ser superior ao valor que o franqueador paga ao proprietário do imóvel na locação originária do ponto comercial, desde que:

I – essa possibilidade esteja expressa e clara na Circular de Oferta de Franquia e no contrato; e

II – o valor pago a maior ao franqueador na sublocação não implique excessiva onerosidade ao franqueado, garantida a manutenção do equilíbrio econômico-financeiro da sublocação na vigência do contrato de franquia.

Dentre várias inovações trazidas pelo novo marco legal do *franchising*, o artigo 3º trata da possibilidade de o franqueador sublocar o ponto comercial ao franqueado.

desde que compatíveis com a natureza da condição pendente e conforme aos ditames de boa-fé.

A sublocação de ponto comercial é tratada pela Lei 8.245/1991 – Lei do Inquilinato – em seus artigos 14, 15 e 16[88], e no artigo 51 permite o sublocatário demandar ação renovatória do ponto comercial, total, a saber:

> Art. 51. Nas locações de imóveis destinados ao comércio, o locatário terá direito a renovação do contrato, por igual prazo, desde que, cumulativamente:
> I – o contrato a renovar tenha sido celebrado por escrito e com prazo determinado;
> II – o prazo mínimo do contrato a renovar ou a soma dos prazos ininterruptos dos contratos escritos seja de cinco anos;
> III – o locatário esteja explorando seu comércio, no mesmo ramo, pelo prazo mínimo e ininterrupto de três anos.
> § 1º O direito assegurado neste artigo poderá ser exercido pelos cessionários ou sucessores da locação; no caso de sublocação total do imóvel, o direito a renovação somente poderá ser exercido pelo sublocatário.

Para que seja viável a propositura da ação renovatória, o locatário ou sublocatário, na hipótese acima mencionada, necessita preencher os requisitos estabelecidos no artigo 51 da Lei nº 8.245/1991, quais sejam:

Existência de contrato escrito e por tempo determinado;

Prazo mínimo do contrato ou a soma dos prazos ininterruptos seja de pelo menos 5 anos;

Exploração da mesma atividade comercial pelo prazo mínimo e ininterrupto de três anos.

Nesse sentido, o *caput* do artigo 3º da nova lei legitima o sublocatário, sem delimitar à condição de sublocação total do ponto comercial, para propor ação renovatória do contrato de locação do imóvel.

[88] Art. 14. Aplicam – se às sublocações, no que couber, as disposições relativas às locações.
Art. 15. Rescindida ou finda a locação, qualquer que seja sua causa, resolvem – se as sublocações, assegurado o direito de indenização do sublocatário contra o sublocador.
Art. 16. O sublocatário responde subsidiariamente ao locador pela importância que dever ao sublocador, quando este for demandado e, ainda, pelos aluguéis que se vencerem durante a lide.

Preenchidos os requisitos supramencionados, e considerando a legitimidade conferida pelo comando legal, é possível a propositura da ação renovatória pelo locatário ou sublocatário.

Ainda em análise ao *caput* do artigo 3º da Lei 13.966/2019, a racionalidade da vedação de exclusão do locatário ou sublocatário em eventual renovação ou prorrogação, é de proporcionar segurança jurídica para ambos e garantir a continuidade da relação estabelecida no contrato de franquia, que consubstancia o contrato de sublocação.

No entanto, o dispositivo legal menciona como exceção à vedação os casos em que houver inadimplência das partes relacionadas ao contrato de sublocação ou ao contrato de franquia, resultando na perda do direito da ação renovatória pela parte inadimplente.

Nesse ponto, o intuito da nova lei foi de conferir segurança jurídica ao franqueador que, diante de eventual inadimplência do franqueado no contrato de franquia ou no contrato de sublocação, poderá preservar o ponto em que se encontra instalada a unidade franqueada, e, consequentemente, aos clientes locais.

Cumpre destacar, no entanto, que não se trata somente de inadimplência financeira, podendo ser considerada também inadimplência de obrigações contratuais, como exemplo, o descumprimento de determinações no contrato de franquia pelo franqueado, que, se denunciado ou resolvido, autoriza a exclusão do franqueado, conforme parte final do *caput* do artigo em análise "*(...) salvo nos casos de inadimplência dos respectivos contratos ou* ***do contrato de franquia.***".

A prática de sublocação referenciada no art. 3º foi muito utilizada pela rede de franquias Mc Donalds, como o emblemático caso do franqueado de Sergipe "Aracaju Alimentos e Comércio LTDA e outros", ao demandar acerca da revisão dos contratos de sublocações e de franquia, com base na onerosidade excessiva dos valores cobrados, inviabilizando o negócio financeiramente.

Na decisão interlocutória proferida pela 11ª Vara Cível de Aracajú (0010493-32.2001.8.25.0001), a antecipação de tutela requerida pelo ex-franqueado foi parcialmente concedida, reduzindo o percentual cobrado pela rede de franquia na sublocação de 14,5% para 4,0% sobre o montante da venda bruta mensal, por considerar o valor praticado pelo

Mc Donalds abusivo. O valor foi reduzido à mesma percentagem paga pelo locatário à construtora Oliveira LTDA.

Irresignada pela concessão parcial da antecipação da tutela requerida, a franqueadora interpôs Agravo de Instrumento ao Tribunal de Justiça do Estado de Sergipe, que, em acórdão proferido, manteve a decisão de 1ª instância.

Como último recurso, a Recorrente interpôs Recurso Especial, com fundamento no art. 105, III, letras "a" e "c", da Constituição Federal.

O referido Recurso Especial não foi conhecido pela 6ª Turma do Superior Tribunal de Justiça, por esbarrar na famigerada súmula 7 (reanálise de provas) e, posteriormente houve acordo entre as partes, com homologação judicial e posterior trânsito em julgado.

Não obstante, em meados de 2002, houve pedido de abertura de processo administrativo em face da rede Mc Donalds, oferecida pelo Senado à Secretaria de Direito Econômico (SDE)[89], por abuso de poder econômico contra seus franqueados.

Segundo a AFIM (Associação dos Franqueados Independentes do McDonald's), os franqueados reclamam dos valores dos aluguéis dos imóveis que ocupam, correspondendo até 25% do faturamento bruto das lojas.

Pelas regras da empresa, os franqueados precisavam sublocar do McDonald's os imóveis onde funcionam as lanchonetes e o valor do aluguel correspondia até 25% (vinte e cinco) do faturamento bruto das lojas.

Nesse sentido, a lei 13.966/19 regulamenta o tema e permite expressamente que o valor do aluguel cobrado pelo franqueador poderá ser superior ao efetivamente suportado na locação do ponto comercial, desde que obedecidas as seguintes ressalvas:

Previsão expressa e clara na Circular de Oferta de Franquia e no Contrato de Franquia;

O valor cobrado pela sublocação não onere excessivamente o franqueado.

[89] Disponível em https://noticias.uol.com.br/inter/reuters/2002/05/21/ult27u22334.jhtm – acesso em 12 mar. 2020.

Acerca do primeiro requisito supramencionado, tratamos de forma detalhada nos demais artigos da nova lei, em que falamos sobre as informações obrigatórias constantes na COF e no contrato de franquia.

No tocante ao segundo requisito, a nova lei determinou que o valor pago pelo franqueado ao franqueador na sublocação não seja excessivamente oneroso, no entanto, a lei deixou em aberto o que, especificamente, será considerado como excessivamente oneroso.

Nesse ponto, observa-se que o valor cobrado pelo franqueador na sublocação não poderá onerar excessivamente o franqueado, prejudicando substancialmente o equilíbrio econômico-financeiro da unidade franqueada.

Ainda que o contrato de sublocação seja distinto do contrato de franquia, ambos devem ser analisados em conjunto, pois, a locação/sublocação do ponto comercial é condição *sine qua non* (indispensável) para a execução continuada do contrato de franquia.

Dessa forma, em que pesem os requisitos de validade da ação renovatória na sublocação, também devem ser analisados em conjunto com o contrato de franquia.

Nesse sentido, o artigo 3º, § único, inciso II da Lei 13.966/2019, torna-se subjetivo e abre um flanco a conflitos, sendo indispensável a análise pormenorizada do impacto do valor da sublocação no equilíbrio econômico-financeiro do contrato de franquia. Em demandas judiciais haverá necessidade de contratação de perícia para identificação do desequilíbrio financeiro e a caracterização da onerosidade excessiva.

O Código Civil, nos artigos 478 a 480[90], trata da possibilidade de resolução contratual por onerosidade excessiva, inclusive com previsão para

[90] Art. 478. Nos contratos de execução continuada ou diferida, se a prestação de uma das partes se tornar excessivamente onerosa, com extrema vantagem para a outra, em virtude de acontecimentos extraordinários e imprevisíveis, poderá o devedor pedir a resolução do contrato. Os efeitos da sentença que a decretar retroagirão à data da citação.
Art. 479. A resolução poderá ser evitada, oferecendo-se o réu a modificar eqüitativamente as condições do contrato.
Art. 480. Se no contrato as obrigações couberem a apenas uma das partes, poderá ela pleitear que a sua prestação seja reduzida, ou alterado o modo de executá-la, a fim de evitar a onerosidade excessiva.

que os efeitos da sentença, determinando a resolução contratual, retroaja à data da citação.

Na hipótese de ser considerado excessivo o valor cobrado sobre a sublocação, poderá ser suscitada ao franqueador a responsabilidade pelo insucesso da unidade franqueada, com eventual condenação à devolução de todos os valores investidos pelo franqueado, corrigidos monetariamente, sem prejuízo de demais danos.

A jurisprudência já analisou conflitos com o uso do instituto ora autorizado pela lei e valida claramente a sua aplicação, conforme se destaca:

> "ção declaratória de rescisão de contrato c/c cobrança e perdas e danos – contrato de franquia feita entre o representante da empresa franqueada e o franqueador – franqueadora, locatária do bem que foi utilizado pela franqueada – formalização de um contrato de sublocação com previsão de obediência as condições e cláusulas do contrato original de locação – necessidade de efetuar a reforma para o retorno do bem para o seu estado original antes das adaptações feitas – inexistência de elementos para comprovar que foi culpa da franqueadora a rescisão do contrato de aluguel – ciência da sublocatária previsto no contrato de que haveria a possibilidade de retomada do bem pelo locador – necessidade de ressarcimento a empresa ré dos valores pagos para reforma do imóvel para o estado original – manutenção da sentença – recurso que se nega provimento. 1. Resta comprovado através das cláusulas contratuais da sublocação, de que o réu, representante da empresa que fez o contrato de franquia com a autora, sabia da necessidade de obedecer aos encargos existentes no contrato original de locação, que estabelecia a necessidade de devolver o bem, quando da retomada do imóvel, ao seu estado anterior a celebração da locação. 2. Ausência de comprovação de que o autor, franqueador e locatário do contrato de locação, foi o responsável pela rescisão, tendo em vista que o sublocatário sabia, através de cláusula existente na sublocação, que o bem poderia ser retomado a qualquer momento, após o prazo estabelecido na carta contratual. 3. Manutenção da sentença. 4. Recurso que se nega provimento. ACÓRDÃO Vistos, relatados e discutidos os presentes autos, em que figuram as partes acima relacionadas, acordam os Excelentíssimos Senhores Desembargadores integrantes da Quinta Câmara Cível do Egrégio Tribu-

nal de Justiça do Estado de Pernambuco, à unanimidade de votos, em negar provimento ao recurso, tudo nos termos dos votos e notas taquigráficas, que passam a fazer parte integrante deste aresto."
(TJ-PE – AC: 00796916120138170001, Relator: Agenor Ferreira de Lima Filho, Data de Julgamento: 26/10/2022, 5ª Câmara Cível, Data de Publicação: 09/11/2022).

Art. 4º Aplica-se ao franqueador que omitir informações exigidas por lei ou veicular informações falsas na Circular de Oferta de Franquia a sanção prevista no § 2º do art. 2º desta Lei, sem prejuízo das sanções penais cabíveis.

Houve uma adequação na redação de artigos, de modo que o disposto no § único, do artigo 4º, e no artigo 7º da Lei 8.955/1994, foram consolidados no artigo 4º da nova lei, atribuindo ao franqueador que inobservar os requisitos necessários e obrigatórios da COF, a sanção disposta no § 2º, do artigo 2º da lei, a saber:

> § 2º Na hipótese de não cumprimento do disposto no § 1º, o franqueado poderá arguir anulabilidade ou nulidade, conforme o caso, e exigir a devolução de todas e quaisquer quantias já pagas ao franqueador, ou a terceiros por este indicados, a título de filiação ou de *royalties*, corrigidas monetariamente.

Nesse sentido, tendo em vista que o artigo 4º faz expressa indicação de sanção e consequências ao §2º, do artigo 2º da nova lei, fazemos referência aos nossos comentários do ao §2º, do artigo 2º da nova lei para não praticarmos a redundância e cansarmos o leitor.

Art. 5º Para os fins desta Lei, as disposições referentes ao franqueador ou ao franqueado aplicam-se, no que couber, ao subfranqueador e ao subfranqueado, respectivamente.

Aqui também houve uma adequação na redação de artigos, de modo que o disposto no artigo 9º, da Lei 8.955/1994, foi alterado pelo disposto no artigo 5º da nova lei.

O objetivo é de aplicar todas as disposições da lei também aos denominados subfranqueadores, assim conhecidos como máster franqueados e seus subfranqueados.

A figura do máster franqueado normalmente está associada às franquias internacionais, porém, admite-se máster franqueado também para atuar em regiões dentro do mesmo país.

O instituto de máster franqueado contribui por demais para o sistema de franquia. Na medida em que contamos com um país de dimensões continentais, o franqueador que precisa expandir com mais velocidade e não perder mercado para a concorrência, pode valer-se do instituto de máster franqueado para aproveitar melhor e explorar determinado território, região, cidade, estado ou mesmo país.

Para tanto, o franqueador deverá conceder o território definido para um subfranqueador, (máster franqueado), por meio de um contrato de máster franquia, que, por sua vez, outorgará os contratos de franquia aos subfranqueados. Assim, o máster franqueado recebe do franqueador os direitos e a legitimidade para representá-lo no território, ele desenvolverá o papel do franqueador para fazer a seleção de subfranqueados, entregar COF, assinar contratos, cobrar *royalties* e fundo de marketing, enfim, praticar todas as funções do franqueador.

No entanto, o perfil do máster franqueado, que fará as vezes do franqueador naquele território, certamente será diferente de um franqueado normal. Isso porque, deverá possuir capacidade financeira e de gestão maiores, interesse em desenvolver a exploração da marca para abertura de novas unidades, próprias do máster franqueado ou subfranqueadas, inclusive cumprindo as metas previamente estabelecidas pelo franqueador.

Importante registar que nessa modalidade não há relacionamento direto entre o franqueador e os subfranqueados, que ocorre pela intermediação do máster franqueado, configurando, portanto, uma relação trilateral entre as partes.

Contratos de máster franquia costumam ter prazos mais longos em razão da natureza jurídica de concessão de um território para exploração do negócio por meio de abertura de novas unidade da marca para aproveitamento comercial do território, o que exigirá um investimento maior, metas desafiadoras e a capacidade de gestão para promover novos negócios.

Em contrapartida, o franqueador poderá explorar outros territórios enquanto o(s) máster(s) franqueado(s) explora(m) seu(s) próprio(s) território(s), numa espiral de eficiência e velocidade muito maiores do que se o franqueador fizesse sozinho.

Há, ainda, a figura do desenvolvedor de área, que, ao contrário do máster franqueado, recebe do franqueador o direito de exploração de uma determinada região onde o franqueado – desenvolvedor – pode abrir mais de uma unidade por um prazo previamente ajustado.

O franqueado no papel de desenvolvedor de área poderá vender outras franquias no seu território, em contrapartida de parte da remuneração da TIF e/ou dos *royalties* recebidos pelo franqueador. Nessa modalidade, não há outorga de contratos de franquia pelo desenvolvedor, mas sim pelo próprio franqueador. Há apenas a intermediação pelo desenvolvedor, de modo que o franqueador resguarda para si o direito de realizar o processo de seleção do franqueado, outorga do contrato de franquia e demais atribuições inerentes ao franqueador.

Art. 6º (VETADO).

Tendo em vista o veto ao artigo 6º da lei, vamos apenas reescrever o texto informativo a respeito das razões do veto, a saber:

> "Comunico a Vossa Excelência[91] que, nos termos do § 1º do art. 66 da Constituição, decidi vetar parcialmente, por contrariedade ao interesse público, o Projeto de Lei nº 219, de 2015 (nº 4.386/12 na Câmara dos Deputados), que "Dispõe sobre o sistema de franquia empresarial e revoga a Lei nº 8.955, de 15 de dezembro de 1994 (Lei de Franquia)".

Ouvido, o Ministério da Economia manifestou-se pelo veto ao seguinte dispositivo:

[91] Disponível em: http://www.planalto.gov.br/ccivil_03/_ato2019-2022/2019/Msg/VEP/VEP-730.htm acesso em 10 de mar. 2020.

Art. 6º

"Art. 6º As empresas públicas, as sociedades de economia mista e as entidades controladas direta ou indiretamente pela União, Estados, Distrito Federal e Municípios poderão adotar o sistema de franquia, observado o disposto nesta Lei e na Lei nº 8.666, de 21 de junho de 1993 (Lei de Licitações e Contratos), no que couber ao procedimento licitatório.

§ 1º A adoção do sistema de franquia pelas empresas públicas, sociedades de economia mista e entidades referidas no caput deverá ser precedida de Oferta Pública de Franquia, mediante publicação, pelo menos anualmente, em 1 (um) jornal diário de grande circulação no Estado onde será oferecida a franquia.

§ 2º A Circular de Oferta de Franquia adotada pelas empresas públicas, sociedades de economia mista e entidades referidas no caput deverá indicar, além dos requisitos previstos no art. 2º desta Lei, os critérios objetivos de seleção do franqueado definidos pelo franqueador.

§ 3º Os critérios objetivos de seleção do franqueado referidos no § 2º sempre deverão ser publicados juntamente à Oferta Pública de Franquia de que trata o § 1º."

Razões do veto

"A propositura legislativa, ao autorizar as empresas públicas, as sociedades de economia mista e as entidades controladas direta ou indiretamente pela União, Estados, Distrito Federal e Municípios, a adotar o sistema de franquia, com obediência à Lei nº 8.666, de 21 de junho de 1993 (Lei de Licitações), no que couber ao procedimento licitatório, gera insegurança jurídica ao estar em descompasso e incongruente com a Lei das Estatais (Lei nº 13.303/2016), a qual dispõe que as empresas estatais realizam procedimentos licitatórios com base neste marco regulatório."

Art. 7º Os contratos de franquia obedecerão às seguintes condições:

I – os que produzirem efeitos exclusivamente no território nacional serão escritos em língua portuguesa e regidos pela legislação brasileira;

II – os contratos de franquia internacional serão escritos originalmente em língua portuguesa ou terão tradução certificada para

a língua portuguesa custeada pelo franqueador, e os contratantes poderão optar, no contrato, pelo foro de um de seus países de domicílio.

§ 1º As partes poderão eleger juízo arbitral para solução de controvérsias relacionadas ao contrato de franquia.

§ 2º Para os fins desta Lei, entende-se como contrato internacional de franquia aquele que, pelos atos concernentes à sua conclusão ou execução, à situação das partes quanto a nacionalidade ou domicílio, ou à localização de seu objeto, tem liames com mais de um sistema jurídico.

§ 3º Caso expresso o foro de opção no contrato internacional de franquia, as partes deverão constituir e manter representante legal ou procurador devidamente qualificado e domiciliado no país do foro definido, com poderes para representá-las administrativa e judicialmente, inclusive para receber citações.

Diferentemente do que ocorria na legislação anterior, o novo marco legal do *Franchising* passa a permitir de forma expressa a celebração de contratos internacionais de franquia, o que não ocorria na lei 8.955/94, cuja previsão do artigo 8º apenas estabelecia que o disposto naquela lei se aplicava aos sistemas de franquia instalados e operados em território nacional, sem adentrar em sua regulamentação específica.

Neste sentido, merece destaque o artigo 7º, da Lei 13.966, de 26 de dezembro de 2019, que regula os contratos internacionais, vejamos:

> Art. 7º. Os contratos de franquia obedecerão às seguintes condições:
> [...]
> II – Os contratos de franquia internacional serão escritos originalmente em língua portuguesa ou terão tradução certificada para a língua portuguesa custeada pelo franqueador, e os contratantes poderão optar, no contrato, pelo foro de um de seus países de domicílio.
> §1º. As partes poderão eleger juízo arbitral para solução de controvérsias relacionadas ao contrato de franquia.
> §2º. Para os fins desta Lei, entende-se como contrato internacional de franquia aquele que, pelos atos concernentes à sua conclusão ou execução, à

situação das partes quanto a nacionalidade ou domicílio, ou à localização de seu objeto, tem liames com mais de um sistema jurídico.

§3º. Caso expresso o foro de opção no contrato internacional de franquia, as partes deverão constituir e manter representante legal ou procurador devidamente qualificado e domiciliado no país do foro definido, com poderes para representá-las administrativa e judicialmente, inclusive para receber citações.

Ao levar as franquias para âmbito internacional, muitas vezes, diante das diferenças culturais, sociais e jurídicas, o franqueador delega para uma empresa estrangeira o direito de subfranquear, que passa a assumir a figura de Máster Franqueada da relação, a qual terá o direito de explorar a marca e implantar novas unidades. Desta forma, para a manutenção deste sistema, pode-se visualizar a presença de um contrato principal entre o franqueador e a empresa estrangeira, bem como diversos contratos acessórios, celebrados entre o máster franqueado e as unidades individuais.

Considerando que o contrato internacional de franquia envolve partes com liames em sistemas jurídicos distintos, a primeira análise a ser feita é acerca da existência, ou não, de tratados e convenções que estabeleçam regras únicas para ambos os Estados, normas estas que têm caráter cogente, isto é, de cumprimento obrigatório para os países signatários, que servirão de base normativa para eventuais controvérsias.

No entanto, o primeiro problema surge quando inexistir tratado ou convenção que trate de regras comuns aos sistemas jurídicos distintos, ocasião em que será necessária a observação da lei aplicável ao caso concreto.

No mais, nos casos em que um franqueador internacional visar à implantação de unidades franqueadas em território brasileiro, o novo marco legal estabelece a necessidade de os contratos de franquia serem escritos em língua portuguesa, ou terem tradução certificada, devendo tal ônus financeiro ser arcado pelo próprio franqueador, tendo por fundamento a transparência da relação, vetor fundamental do *franchising*.

Ademais, muito embora a Lei nº 9.307/1996 (Lei de arbitragem) consagre em seu artigo 1º a possibilidade de pessoas capazes valerem-se da arbitragem para dirimir litígios relativos a direitos patrimoniais disponíveis, o legislador entendeu por bem reiterar tal posicionamento, estabelecendo a viabilidade das partes elegerem juízo arbitral para solução de controvérsias relacionadas ao contrato de franquias.

Nesses casos, expresso o foro para julgamento de litígio internacional de franquia, as partes deverão constituir e manter representante legal ou procurador qualificado e domiciliado no país do foro eleito, com poderes de representação administrativa e judicial, justamente para viabilizar eventuais negociações e cumprimentos obrigacionais.

No entanto, questiona-se a eficácia da cláusula arbitral que eleger foro internacional para dirimir controvérsias de obrigações que devam ser cumpridas no Brasil, considerando o previsto no artigo 21 do Código de Processo Civil, que estabelece a competência concorrente da autoridade judiciária brasileira em processar e julgar ações que tiverem de ser cumpridas em território Nacional.[92]

Nesse sentido, importante destacar a emblemática decisão proferida no julgamento de Recurso Especial pelo STJ:

> RECURSO ESPECIAL Nº 1.495.859 – SP (2014/0294570-4)
> relator: ministro moura ribeiro
> Civil. processo civil. recurso especial. agravo de instrumento. contrato de franquia. exceção de incompetência. cláusula de foro de eleição. competência da autoridade judiciária brasileira. concorrente. art. 88, ii, do cpc. decisão recorrida em consonância com a jurisprudência desta corte. súmula nº 83 do stj. dissídio jurisprudencial. não demonstrado. recurso especial a que se nega seguimento decisão.
> Trata-se de recurso especial interposto por SIXT GMBH com fundamento no art. 105, inciso III, alíneas a e c, da Constituição Federal contra acórdão prolatado pelo Tribunal de Justiça do Estado de São Paulo (e-STJ, fls. 992/998).
> O recurso encontra-se fundamentado na negativa de vigência aos arts. 88, II, 111, do CPC; 104, 421, do CC/2002, no que se refere a validade da cláusula de eleição de foro e impossibilidade da competência concorrente da Justiça Brasileira e na existência de dissídio jurisprudencial quanto ao tema.

[92] Art. 21. Compete à autoridade judiciária brasileira processar e julgar as ações em que:
[...]
II – no Brasil tiver de ser cumprida a obrigação;

Contrarrazões apresentadas (e-STJ, fls. 1.065/1.090).

É o relatório.

DECIDO.

Cuida-se de agravo de instrumento interposto por P. J. P. LOCAÇÕES E SERVIÇOS LTDA contra decisão que, nos autos da ação ordinária ajuizada contra SIXT GMBH, acolheu a exceção de incompetência apresentada pela requerida. O Tribunal a quo deu provimento ao recurso, em decisão que recebeu a seguinte ementa:

Agravo de instrumento Contrato de franquia – Exceção de incompetência Cláusula de foro de eleição (Munique, Alemanha) Competência da autoridade judiciária brasileira para apreciar a ação proposta por franqueado que pretende a declaração da exclusividade da exploração das marcas SIXT e SIXT RENT A CAR, bem como o cumprimento integral do contrato até seu termo final Cumprimento do contrato que se realiza em território brasileiro Inteligência do art. 88, II do CPC Precedentes da jurisprudência Provimento.

Não foram opostos embargos de declaração.

O inconformismo não merece prosperar.

No que se refere a violação dos arts. 88, II, 111, do CPC; 104, 421, do CC/2002, no que se refere a validade da cláusula de eleição de foro e impossibilidade da competência concorrente da Justiça Brasileira, não assiste razão ao recorrente, uma vez que a decisão recorrida encontra-se em consonância com o entendimento do STJ no sentido de que a cláusula de eleição de foro estrangeiro não afasta a competência internacional concorrente da autoridade brasileira, nas hipóteses em que a obrigação deva ser cumprida no Brasil, nos termos do art. 88, II, do CPC.

Nesse sentido, confira-se precedentes:

Processo civil. cláusula de eleição de foro. competência internacional. art. 88 do cpc. notas taquigráficas. intimação. preclusão. embargos de declaração. acolhimento, sem efeitos modificativos.

1. A cláusula de eleição de foro estrangeiro não afasta a competência internacional concorrente da autoridade brasileira, nas hipóteses em que a obrigação deva ser cumprida no Brasil (art. 88, II, do CPC). Precedentes.

2. A ementa, o relatório, os votos e as notas taquigráficas formaram uma única decisão sob o ponto de vista lógico e jurídico, embora sua apresentação tenha ocorrido em momentos cronologicamente distintos.

Por essa razão, eventual recurso especial deve necessariamente refutar todos os argumentos nela contidos.
3. Se o acórdão recorrido tem duplo fundamento, cada um deles suficiente para a manutenção da decisão impugnada, é vedada sua revisão em sede de recurso especial (Súmula 283/STF).
4. A ocorrência da preclusão consumativa impede o aditamento do recurso especial, porque "é defeso à parte, praticado o ato, com a interposição do recurso, ainda que lhe reste prazo, adicionar elementos ao inconformismo" (AgRg nos EREsp 710.599/SP, Corte Especial, Rel. Ministro Aldir Passarinho Júnior, DJe de 10/11/08).
Embargos de declaração acolhidos.
(edcl nos edcl no resp 1159796/pe, rel. ministra nancy andrighi, terceira turma, julgado em 15/3/2011, dje 25/3/2011) (sem grifos no original) direito processual civil. recurso especial. ação de indenização por utilização indevida de imagem em sítio eletrônico. prestação de serviço para empresa espanhola. contrato com cláusula de eleição de foro no exterior.
1. A evolução dos sistemas relacionados à informática proporciona a internacionalização das relações humanas, relativiza as distâncias geográficas e enseja múltiplas e instantâneas interações entre indivíduos.
2. Entretanto, a intangibilidade e mobilidade das informações armazenadas e transmitidas na rede mundial de computadores, a fugacidade e instantaneidade com que as conexões são estabelecidas e encerradas, a possibilidade de não exposição física do usuário, o alcance global da rede, constituem-se em algumas peculiaridades inerentes a esta nova tecnologia, abrindo ensejo à prática de possíveis condutas indevidas.
3. O caso em julgamento traz à baila a controvertida situação do impacto da internet sobre o direito e as relações jurídico-sociais, em um ambiente até o momento desprovido de regulamentação estatal. A origem da internet, além de seu posterior desenvolvimento, ocorre em um ambiente com características de auto-regulação, pois os padrões e as regras do sistema não emanam, necessariamente, de órgãos estatais, mas de entidades e usuários que assumem o desafio de expandir a rede globalmente.
4. A questão principal relaciona-se à possibilidade de pessoa física, com domicílio no Brasil, invocar a jurisdição brasileira, em caso envolvendo contrato de prestação de serviço contendo cláusula de foro na Espanha. A autora, percebendo que sua imagem está sendo utilizada indevidamente por

intermédio de sítio eletrônico veiculado no exterior, mas acessível pela rede mundial de computadores, ajuíza ação pleiteando ressarcimento por danos material e moral.
5. Os artigos 100, inciso IV, alíneas "b" e "c" c/c art. 12, incisos VII e VIII, ambos do CPC, devem receber interpretação extensiva, pois quando a legislação menciona a perspectiva de citação de pessoa jurídica estabelecida por meio de agência, filial ou sucursal, está se referindo à existência de estabelecimento de pessoa jurídica estrangeira no Brasil, qualquer que seja o nome e a situação jurídica desse estabelecimento.
6. Aplica-se a teoria da aparência para reconhecer a validade de citação via postal com "aviso de recebimento-AR", efetivada no endereço do estabelecimento e recebida por pessoa que, ainda que sem poderes expressos, assina o documento sem fazer qualquer objeção imediata. Precedentes.
7. O exercício da jurisdição, função estatal que busca composição de conflitos de interesse, deve observar certos princípios, decorrentes da própria organização do Estado moderno, que se constituem em elementos essenciais para a concretude do exercício jurisdicional, sendo que dentre eles avultam: inevitabilidade, investidura, indelegabilidade, inércia, unicidade, inafastabilidade e aderência.
No tocante ao princípio da aderência, especificamente, este pressupõe que, para que a jurisdição seja exercida, deve haver correlação com um território. Assim, para as lesões a direitos ocorridos no âmbito do território brasileiro, em linha de princípio, a autoridade judiciária nacional detém competência para processar e julgar o litígio.
8. O Art. 88 do CPC, mitigando o princípio da aderência, cuida das hipóteses de jurisdição concorrente (cumulativa), sendo que a jurisdição do Poder Judiciário Brasileiro não exclui a de outro Estado, competente a justiça brasileira apenas por razões de viabilidade e efetividade da prestação jurisdicional, estas corroboradas pelo princípio da inafastabilidade da jurisdição, que imprime ao Estado a obrigação de solucionar as lides que lhe são apresentadas, com vistas à consecução da paz social.
9. A comunicação global via computadores pulverizou as fronteiras territoriais e criou um novo mecanismo de comunicação humana, porém não subverteu a possibilidade e a credibilidade da aplicação da lei baseada nas fronteiras geográficas, motivo pelo qual a inexistência de legislação internacional que regulamente a jurisdição no ciberespaço abre a possibilidade de

admissão da jurisdição do domicílio dos usuários da internet para a análise e processamento de demandas envolvendo eventuais condutas indevidas realizadas no espaço virtual.

10. Com o desenvolvimento da tecnologia, passa a existir um novo conceito de privacidade, sendo o consentimento do interessado o ponto de referência de todo o sistema de tutela da privacidade, direito que toda pessoa tem de dispor com exclusividade sobre as próprias informações, nelas incluindo o direito à imagem.

11. É reiterado o entendimento da preponderância da regra específica do art. 100, inciso V, alínea "a", do CPC sobre as normas genéricas dos arts. 94 e 100, inciso IV, alínea "a" do CPC, permitindo que a ação indenizatória por danos morais e materiais seja promovida no foro do local onde ocorreu o ato ou fato, ainda que a ré seja pessoa jurídica, com sede em outro lugar, pois é na localidade em que reside e trabalha a pessoa prejudicada que o evento negativo terá maior repercussão. Precedentes.

12. A cláusula de eleição de foro existente em contrato de prestação de serviços no exterior, portanto, não afasta a jurisdição brasileira.

13. Ademais, a imputação de utilização indevida da imagem da autora é um "posterius" em relação ao contato de prestação de serviço, ou seja, o direito de resguardo à imagem e à intimidade é autônomo em relação ao pacto firmado, não sendo dele decorrente. A ação de indenização movida pela autora não é baseada, portanto, no contrato em si, mas em fotografias e imagens utilizadas pela ré, sem seu consentimento, razão pela qual não há se falar em foro de eleição contratual.

14. Quando a alegada atividade ilícita tiver sido praticada pela internet, independentemente de foro previsto no contrato de prestação de serviço, ainda que no exterior, é competente a autoridade judiciária brasileira caso acionada para dirimir o conflito, pois aqui tem domicílio a autora e é o local onde houve acesso ao sítio eletrônico onde a informação foi veiculada, interpretando-se como ato praticado no Brasil, aplicando-se à hipótese o disposto no artigo 88, III, do CPC.

15. Recurso especial a que se nega provimento.

(REsp 1.168.547/RJ, Rel. Ministro LUIS FELIPE SALOMÃO, Quarta Turma, julgado em 11/5/2010, DJe 7/2/2011) (sem grifos no original) Dessa forma, tem-se que a decisão recorrida encontra-se em consonância com a jurisprudência do STJ o que atrai a incidência do óbice da Súmula nº 83 desta Corte.

Ademais, a tentativa de demonstração do dissídio jurisprudencial não merece acolhimento, uma vez que os acórdãos indicados como paradigmas não demonstram a atual jurisprudência desta Corte quanto ao tema, não atendendo, portanto, os requisitos do art. 541, parágrafo único, do CPC, e do art. 255, do RISTJ, o que inviabiliza o exame do apontado dissídio, porquanto está superado o entendimento ali adotado.
Ante o exposto, NEGO SEGUIMENTO ao recurso especial, nos termos do artigo 557, caput, do CPC.
Publique-se. Intimem-se.
Brasília-DF, 30 de junho de 2015.
MINISTRO MOURA RIBEIRO
Relator
(Ministro MOURA RIBEIRO, 01/07/2015)

Como o julgado do Superior Tribunal de Justiça, ora destacado, ocorreu em meados de 2015 e, portanto, antes da vigência do novo marco legal do *franchising*, recomendamos aguardar eventual novo posicionamento do Tribunal Superior, sob pena de ficar sujeito a interpretações que afastem a nova previsão legal de eleição de foro ou de juízo arbitral, sobretudo quando o cumprimento das obrigações ocorrerem em solo brasileiro.

§ 1º As partes poderão eleger juízo arbitral para solução de controvérsias relacionadas ao contrato de franquia.

Tornou-se prática no *franchising* a utilização da cláusula compromissória arbitral mesmo antes da vigência do novo marco legal do setor. Sua implementação, entretanto, foi consolidada após alguns equívocos jurisprudenciais que causaram incertezas sobre sua utilização.

A nova lei de franquia buscou sedimentar a questão ao tratar expressamente da arbitragem em um de seus artigos, contudo, ainda com a disposição legal, certamente o judiciário analisará sua aplicabilidade frente aos limites e demais discussões já experimentadas sobre o tema, assim, necessária sua consideração pelo operador do direito e operadores do setor.

É possível observar uma composição heterogênea quanto a sua aplicabilidade pela jurisprudência, seja por desconhecimento, seja pela decisão proferida nos autos do 1602076[93], responsável por grande parte das discussões acerca do tema.

O Recurso Especial julgado em setembro de 2016, dentre outros temas, anulou a cláusula compromissória arbitral, sob fundamentação da Ministra Nancy Andrighi, que considerou o contrato de franquia como um contrato de adesão:

> "Assim, com fundamento na doutrina e nos julgamentos deste Superior Tribunal de Justiça, o contrato de franquia ou franchising é inegavelmente um contrato de adesão."

Interessante notar que nestes mesmos autos, a decisão interlocutória que rejeitou a preliminar da convenção de arbitragem considerou a utilização do logotipo do franqueador no instrumento, como meio de caracterização da adesão:

> "Vistos. Afasto a preliminar de convenção de arbitragem. O contrato apresentado é de adesão, tanto que conta com o logotipo da franqueadora, e assim, a aderente não tem condições de discutir o seu conteúdo (...)".

Em primeiro momento, a afirmação da ministra parece um tanto equivocada, eis que generalista e não realizada de forma detida ao contrato analisado. De forma genérica, poderia ser traduzida da seguinte forma: "todo o contrato de franquia é um contrato de adesão", fato este que gerou considerável confusão jurisprudencial e espanto no setor. Adiante,

[93] Recurso Especial Nº 1.602.076 – SP (2016/0134010-1) Relatora: Ministra Nancy Andrighi- Recorrente : Odontologia Noroeste Ltda – Advogados : Fernando Rister de S Lima – Sp199386 – Maria Beatriz Crespo Ferreira – SP276438 – Recorrido : Gou – Grupo Odontologico Unificado Franchising Ltda – Advogados : João Paulo Duenhas Marcos – Sp257400 – Antônio Fernando De Moura Filho – SP306584

no mesmo acordão, foi consolidado o equívoco ao apresentar o entendimento de Ada Pellegrini Grinover[94] sobre o assunto:

> (...) O contrato de adesão não encerra novo tipo contratual ou categoria autônoma de contrato, mas somente técnica de formação do contrato, que pode ser aplicada a qualquer categoria ou tipo contratual, sempre que seja buscada a rapidez na conclusão do negócio, exigência das economias de escala

Notadamente, e conforme bem observado, o aspecto adesionista conferido a um ou outro contrato não advém da matéria abordada no instrumento (conforme o entendimento aparente da ministra), mas tão somente está relacionado à técnica de sua formação, podendo assumir, ou não, a configuração adesionista mediante o modo de sua concepção.

Muito embora a lei de franquia determine a apresentação de modelo do "contrato-padrão", ela não veda seu imediato ajuste, ou realização de posteriores aditamentos e até mesmo alterações decorrentes de negociação, segundo condições especificas entabuladas pelas partes ou por solicitação do candidato/promissário franqueado.

Dessa forma, em anos de prática, vislumbramos, não raro, integrar o cotidiano de um franqueador a flexibilização contratual, visando adequar o modelo de negócio às expectativas do novo franqueado e aos diversos regionalismos inerentes ao nosso país de dimensões continentais. Vivenciada essa realidade, não parece razoável afirmar ser todo contrato de franquia, por sua natureza, um contrato de adesão.

Após essa contextualização, o tema ganhou contornos mais complexos, pois, parte do judiciário, alheio às nuances da contratação, considerou equivocadamente para esses fins o contrato de franquia como um instrumento de adesão. Lamentamos novamente.

A Lei nº 9.307/96 que dispõe sobre a arbitragem, possibilita inclusive a instauração de procedimentos arbitrais também para os contratos de adesão, entretanto, observados alguns critérios. Cientes disso, os opera-

[94] Apud. Recurso Especial Nº 1.602.076 – SP (2016/0134010-1) – Ada Pellegrini Grinover et al. Código Brasileiro de Defesa do Consumidor –comentado pelos autores do anteprojeto. Rio de Janeiro: Forense, 2004, p. 622-623

dores do direito, buscando um resguardo adicional, consideraram essas disposições na elaboração de contratos.

Determina o art. 4º, § 2º, da Lei 9.307/96 (Lei de Arbitragem):

> Art. 4º – § 2º Nos contratos de adesão, a cláusula compromissória só terá eficácia se o aderente tomar a iniciativa de instituir a arbitragem ou concordar, expressamente, com a sua instituição, desde que por escrito em documento anexo ou em negrito, com a assinatura ou visto especialmente para essa cláusula.

Por meio da leitura do dispositivo, é possível verificar duas situações: i) ocasião em que o aderente toma a iniciativa na instrução da arbitragem; ii) caso concorde expressamente, em documento específico ou negritado, mediante assinatura especialmente destinada.

A primeira situação, curiosamente, trata-se de hipótese de descaracterização do aspecto adesionista da contratação. Ora, uma vez realizada alteração da proposta inicial, não há que se falar em adesão frente à paridade das partes no momento das estipulações contratuais.

A segunda situação tornou-se inegavelmente a mais observada na elaboração dos contratos de franquia com previsão arbitral, costumeiramente chamamos essa forma de redação de **Cláusula Compromissória Cheia** ou completa.

Conforme observado, a cláusula compromissória cheia deverá apresentar a concordância expressa da instituição de arbitragem, com assinatura específica e em destaque na contratação, seja por documento anexo ou de forma negritada se inserida no contrato principal. Para sua validade, deverá ser observado também o disposto no Art. 4º da Lei de Arbitragem, vez que relacionados os requisitos obrigatórios do compromisso arbitral:

> *Art. 4º.* A cláusula compromissória é a convenção através da qual as partes em um contrato comprometem-se a submeter à arbitragem os litígios que possam vir a surgir, relativamente a tal contrato.
> § 1º A cláusula compromissória deve ser estipulada por escrito, podendo estar inserta no próprio contrato ou em documento apartado que a ele se refira.

Não é tarefa fácil optar pela convenção arbitral no contexto do contrato de franquia, seja pelos requisitos legais que demandam técnica em sua elaboração, seja em razão dos elevados custos envolvidos no procedimento arbitral. Ainda que a arbitragem apresente vantagens inegáveis, como a especialização do julgador, celeridade do procedimento em relação ao judiciário e **confidencialidade** dos atos, sua disposição deve ser amplamente discutida no momento de confecção dos contratos, observada não só a forma, mas também seu conteúdo, de modo a não inviabilizar o acesso à justiça, tanto pelo contratante como pelo contratado.

Importante ainda destacar que, independentemente do conteúdo do acordão do REsp. 1602076, diuturnamente são praticados novos equívocos não só pelo judiciário, mas também pelos demais operadores do direito.

Com o advento do novo Código de Processo Civil (CPC/15), buscou o legislador avançar com o tema:

> Art. 3º Não se excluirá da apreciação jurisdicional ameaça ou lesão a direito.
> § 1º É permitida a arbitragem, na forma da lei.

Embora o art. 3º, do CPC, determine que não excluirá da apreciação jurisdicional ameaça ou lesão a direito, em seu parágrafo primeiro consta a seguinte regra *"É permitida a arbitragem, na forma da lei"*. Essa disposição não foi inserida de forma desarrazoada, pelo contrário, foram as alegações de que o compromisso arbitral seria apenas um subterfugio para afastar do judiciário a apreciação do tema.

Outro equívoco comum é a compreensão de que a simples existência do compromisso arbitral no contrato de franquia impede as partes de recorram à apreciação jurisdicional. Em uma análise detida ao Código de Processo Civil, no seu art. 337, X, verificamos que incumbirá ao réu, **antes de discutir o mérito**, alegar a convenção arbitral.

Dessa forma, observamos que permanece o compromisso arbitral como uma faculdade das partes, sendo possível, mesmo após a instauração do processo, haver o consenso para afastá-la. É possível notar que o Código de Processo Civil determina que sejam ouvidas as partes antes da apreciação jurisdicional, sendo vedado, portanto, ao juízo, seu reconhecimento de ofício, nos termos do §5º do mesmo artigo:

> Art. 337. Incumbe ao réu, antes de discutir o mérito, alegar:
> X – convenção de arbitragem;
> § 5º Excetuadas a convenção de arbitragem e a incompetência relativa, o juiz conhecerá de ofício das matérias enumeradas neste artigo.

Além do disposto no CPC, devemos observar também o princípio alemão da competência-competência (*Kompetenz-Kompetenz*), solidificado na doutrina e arbitragem internacional, que atribui aos árbitros a competência para decidir sobre sua própria competência.

Tanto pela *Kompetenz-Kompetenz*, quanto pelo disposto no CPC, verifica-se que uma vez acolhida a arbitragem, ela não poderá ser descartada, ainda que reconhecida a nulidade sobre o restante da contratação. Nesse mesmo sentido, verificamos o disposto no art. 8º da lei de arbitragem, ao determinar que quem deverá decidir sobre eventual aplicação será o árbitro e não o juiz:

> Art. 8º A cláusula compromissória é autônoma em relação ao contrato em que estiver inserta, de tal sorte que a nulidade deste não implica, necessariamente, a nulidade da cláusula compromissória.
> Parágrafo único. Caberá ao árbitro decidir de ofício, ou por provocação das partes, as questões acerca da existência, validade e eficácia da convenção de arbitragem e do contrato que contenha a cláusula compromissória.

Ainda assim, trata-se de matéria não pacificada, pois não raro verificarmos partir do próprio judiciário considerável relativização, fundamentada no art. 5º, XXXV, como um contraponto à competência arbitral:

> Art. 5 – XXXV – a lei não excluirá da apreciação do Poder Judiciário lesão ou ameaça a direito;

Neste sentido, compreende Carmona[95]:

[95] Apud. Recurso Especial Nº 1.602.076 – SP (2016/0134010-1) (CARMONA, Carlos Alberto. Arbitragem e Processo: um comentário à Lei nº 9.307/96. São Paulo: Atlas, 3ª ed., 2009, p. 176. Grifos nossos).

> A atribuição de poderes ao árbitro para regular seus próprios poderes, porém, resolve apenas parte do problema, pois, em algumas hipóteses, caberá ao juiz togado lidar com a questão da existência, validade e eficácia da convenção de arbitragem. Isso ocorrerá como já se viu, nos casos do art. 7º da Lei, e também quando o réu, citado para os termos de uma demanda, arguir exceção de compromisso, sem esquecer que, quanto à cláusula arbitral, poderá o juiz, de ofício, reconhecendo sua validade, extinguir o processo, remetendo as partes à via arbitral para solucionar seu litígio. Percebe-se, portanto, que o ordenamento brasileiro – à semelhança do que ocorreu na Itália – não estabelece uma competência exclusiva do árbitro para resolver todo e qualquer ataque à convenção de arbitragem, o que naturalmente poderá criar inconvenientes de difícil solução (...) A forma mais sensata de resolver este tipo de impasse será suspender o processo arbitral até a decisão, pelo juiz togado, da questão preliminar que lhe terá sido submetida, até porque, ao final e ao cabo, tocará ao juiz togado enfrentar a questão da validade da convenção de arbitragem na demanda, que será certamente movida pela parte resistente com base no art. 21 da Lei.

Ainda assim, é possível compreender o entendimento majoritário pela adoção do *Kompetenz-Kompetenz*, desde que alicerçado pelos demais requisitos legais e de razoabilidade, podendo ser citados entendimentos nesse sentido, como o REsp. 1.602.696-PI (rel. Min. Moura Ribeiro, julgado em 09/08/2016, DJe 16/08/2016) e o próprio REsp. 1602076 citado acima, entendendo que embora seja privilegiado o princípio *kompetenz-kompetenz*: "*Toda regra, porém, comporta exceções para melhor se adequar a situações cujos contornos escapam às situações típicas abarcadas pelo núcleo duro da generalidade e que, pode-se dizer, estão em áreas cinzentas da aplicação do Direito*"[96].

Diante desse cenário e da necessária acomodação do tema, ainda que não encerre o assunto, a inclusão expressa do instituto da arbitragem

[96] Recurso Especial Nº 1.602.076 – SP (2016/0134010-1) Relatora: Ministra Nancy Andrighi- Recorrente : Odontologia Noroeste Ltda – Advogados: Fernando Rister de S Lima – Sp199386 – Maria Beatriz Crespo Ferreira – SP276438 – Recorrido: Gou – Grupo Odontologico Unificado Franchising Ltda – Advogados: João Paulo Duenhas Marcos – Sp257400 – Antônio Fernando De Moura Filho – SP306584

no texto do novo marco legal avançará com o tema e provocará novos questionamentos da doutrina, jurisprudência e operadores do sistema, forçando-os a observarem o caso concreto e não só o arsenal legal, remetendo-os aos cuidados redobrados na análise dos fatos, com maior compreensão dos motivos e das decisões dos tribunais superiores, não apenas suas meras conclusões, divorciadas do contexto em que o problema se apresenta.

1. Arbitragem coletiva no *Franchising*

1996. Ano em que o Brasil teve um importante advento no desenvolvimento da arbitragem como mecanismo de solução privada de conflitos. Com a publicação da Lei 9.307/96, inovações relevantes surgiram diante da denominada lei da arbitragem, como: a) reconhecimento legal da eficácia e efeitos da convenção de arbitragem (compromisso arbitral e cláusula compromissória); b) equiparação da sentença arbitral à sentença judicial; c) atribuição de competência exclusiva aos árbitros para a solução do conflito. Inclusive quanto à sua competência, validade e eficácia da cláusula arbitral; d) exclusão da competência do Poder Judiciário em caso de convenção de arbitragem; e) possibilidade de homologação de sentença arbitral estrangeira.

No entanto, foi apenas em 2001 – cinco anos após a publicação da lei da arbitragem – que houve o reconhecimento de sua constitucionalidade pelo STF, entendimento firmado no julgamento de recurso em processo de homologação de Sentença Estrangeira (SE 5.206).

Portanto, com maturidade de 25 anos, a lei da arbitragem teve e tem, cada vez mais, um papel fundamental e sua utilização é considerada como boas práticas de governança corporativa em vários setores, inclusive no *franchising*.

No mercado de capitais, por exemplo, o regulamento do Novo Mercado traz um conjunto de regras e práticas de governança[97] estabelecendo a obrigatoriedade da adoção da arbitragem como forma de resolução de conflitos das empresas.

[97] Resolução CMN nº 2.829, de 29 de março de 2001

A adoção da arbitragem nos contratos de franquia como meio de solução de controvérsia tornou-se, desde então, prática estratégica de muitas redes franqueadoras, seja pela celeridade na resolução de conflitos ou até mesmo pela confidencialidade da matéria objeto da arbitragem, tema de extrema relevância, sobretudo no modelo de negócio que se escala e se organza em rede de franqueados.

Fazendo um paralelo, enquanto[98] muitos países de destaque mundial não têm uma lei de franquia para regulamentar o setor e proporcionar segurança jurídica às partes, após 25 anos do primeiro marco legal, o Brasil sai na frente novamente e conta agora com a evolução do sistema de franquia ao aprovar sua segunda lei: o novo Marco Legal das Franquias[99]. A Lei 13.966/2019 revogou expressamente a anterior, Lei 8.955/1994, trazendo novidades em relação à arbitragem nos contratos de franquia.

Como corolário do desenvolvimento econômico e empresarial do sistema de franquia, a nova legislação preserva o fundamento entre as partes com fulcro no princípio da transparência – *disclosure,* traz novos institutos jurídicos que devem constar da Circular de Oferta de Franquia ("COF") e dos instrumentos jurídicos – Pré-Contrato e Contrato de Franquia. Fundamentalmente, por meio do artigo 1º, introduz no conceito de sistema de franquia empresarial a exclusão da relação de consumo e vínculo empregatício em relação ao franqueado ou a seus empregados, ainda que durante o período de treinamento. Verdadeiro alívio às franqueadoras que sempre se defenderam, no sentido de reconhecer a paridade e independência empresarial entre franqueadora e franqueado para afastar os referidos vínculos.

Outras duas novidades do marco legal estão no artigo 7º da nova lei de franquia. A primeira, artigo 7º, inciso II, traz a previsão de contratos de franquia internacionais, que serão escritos originalmente em língua portuguesa ou terão tradução certificada para a língua portuguesa custeada pelo franqueador e os contratantes poderão optar, no contrato, pelo foro de um de seus países de domicílio.

[98] Texto do livro deste autor – Comentários à nova lei de Franquia – Ed. Almedina, 2020.

[99] Lei 13.966/2019 – Dispõe sobre o sistema de franquia empresarial e revoga a Lei nº 8.955, de 15 de dezembro de 1994 (Lei de Franquia).

A segunda, que mais nos interessa para este artigo, está no artigo 7º, § 1º, que prevê a possibilidade de as partes elegerem juízo arbitral para solução de controvérsias relacionadas ao contrato de franquia, prática já adotada por algumas franqueadoras. Uma importante vantagem da utilização deste instituto do direito é poder valer-se do sigilo atribuído aos casos submetidos à arbitragem e evitar celeumas na rede franqueada.

Em razão do amadurecimento do setor de franquia e do seu natural desenvolvimento, muitas redes passaram a criar Associações de Franqueados, seja por iniciativa da franqueadora ou dos franqueados minimamente organizados, com objetivos múltiplos, sobretudo com o recente entendimento do STF acerca da incidência de ISS sobre os contratos de franquia[100]. Com isso, criar associações para arrecadar e gerir o fundo de marketing da marca será cada vez mais uma prática comum, como forma de planejamento tributário e estratégico para as franqueadoras e franqueados.

Tal prática resultou em novidade do novo marco legal do *franchising*. De acordo com o inciso XX, do artigo 2º, deve-se dispor na Circular de Oferta de Franquia – *indicação de existência de conselho ou associação de franqueados*, com as atribuições, os poderes e os mecanismos de representação perante o franqueador, e detalhamento das competências para gestão e fiscalização da aplicação dos recursos de fundos existentes.

Primeiro devemos distinguir o conselho da associação. O conselho decorre da iniciativa e participação do franqueador, cuja finalidade é de contar com os representantes eleitos de forma legítima pela rede franqueada, para participarem das reuniões periódicas junto à franqueadora acerca de diversos temas de gestão, geralmente relacionados ao marketing e destinação do fundo de publicidade arrecadado. A natureza do conselho de franqueados é sempre consultiva e sem personalidade jurídica, tendo em vista que a prerrogativa das diretrizes de investimentos,

[100] Por maioria de votos, o Plenário do Supremo Tribunal Federal (STF) reafirmou a jurisprudência de que é constitucional a incidência do Imposto sobre Serviços de Qualquer Natureza (ISS) nos contratos de franquia (franchising). A decisão foi tomada na sessão virtual do Plenário concluída em 28/5, no julgamento do Recurso Extraordinário (RE) 603136, com repercussão geral reconhecida (Tema 300).

fortalecimento e estratégias de marketing competem ao franqueador, que é o detentor ou dono da marca.

Por outro lado, uma associação de franqueados pode surgir por iniciativa do franqueador ou independentemente da vontade do franqueador, uma vez que é assegurado constitucionalmente a livre associação[101], porém, sua participação perante o franqueador poderá restar prejudicada caso a associação não tenha espaço ou voz junto ao franqueador, sobretudo diante da ausência de um escopo de seus objetivos e atribuições de forma bem definida para legitimar os interesses e a representatividade de seus associados, franqueados da marca.

Ocorre, ainda, a possibilidade de uma associação representar toda a classe de franqueados do sistema de franquia, e não apenas os franqueados de uma rede, a exemplo do que faz a ASBRAF – Associação Brasileira de Franqueados, cujo objetivo[102] é:

> "Contribuir para o fortalecimento e desenvolvimento sustentável do sistema de franquia empresarial brasileiro, defendendo junto às autoridades governamentais, órgãos públicos, entidades e associações de classe, e formadores

[101] Art. 8º É livre a associação profissional ou sindical, observado o seguinte:
I – a lei não poderá exigir autorização do Estado para a fundação de sindicato, ressalvado o registro no órgão competente, vedadas ao Poder Público a interferência e a intervenção na organização sindical;
II – é vedada a criação de mais de uma organização sindical, em qualquer grau, representativa de categoria profissional ou econômica, na mesma base territorial, que será definida pelos trabalhadores ou empregadores interessados, não podendo ser inferior à área de um Município;
III – ao sindicato cabe a defesa dos direitos e interesses coletivos ou individuais da categoria, inclusive em questões judiciais ou administrativas;
IV – a assembleia geral fixará a contribuição que, em se tratando de categoria profissional, será descontada em folha, para custeio do sistema confederativo da representação sindical respectiva, independentemente da contribuição prevista em lei;
V – ninguém será obrigado a filiar-se ou a manter-se filiado a sindicato;
VI – é obrigatória a participação dos sindicatos nas negociações coletivas de trabalho;
VII – o aposentado filiado tem direito a votar e ser votado nas organizações sindicais;
VIII – é vedada a dispensa do empregado sindicalizado a partir do registro da candidatura a cargo de direção ou representação sindical e, se eleito, ainda que suplente, até um ano após o final do mandato, salvo se cometer falta grave nos termos da lei.

[102] https://asbraf.com/objetivos/ acesso em 07/07/2021

de opinião, os interesses, ideais e objetivos econômico-sociais de empresas e empreendimentos que realizam suas atividades de comércio, serviço, indústria e agronegócio, na condição de franqueados em conformidade com os princípios e a regulamentação da Lei nº 8.955/94, que dispõe sobre contrato de franquia empresarial (*Franchising*)".

A Associação Brasileira de Franchising (ABF)[103] foi criada em julho de 1987. Atuando há 34 anos no setor de franquia, possui representatividade reconhecida não só pelo setor, mas por toda a sociedade, como uma associação que trabalha em prol do sistema de franquia no país, congregando as mais expressivas e importantes marcas franqueadoras, franqueados, fornecedores e colaboradores, contando, ainda, com *stakeholders* comprometidos e competentes.

Como revela o texto da lei, não é obrigatória a existência de um conselho ou de uma associação de franqueados. Também não há momento correto pré-definido para sua criação. Cada rede tem um ritmo, característica, perfil de franqueados e elementos peculiares importantes para determinar, ou não, o momento de criação do conselho ou associação de franqueados. Ademais, como podemos observar, há redes franqueadas que desenvolvem uma qualidade de relacionamento com o franqueador,

[103] MISSÃO Sua missão é divulgar, defender e promover o desenvolvimento técnico e institucional deste moderno sistema de negócios. Para isso, congrega todas as partes envolvidas no *franchising* – franqueadores, franqueados, consultores e prestadores de serviços – em torno de um ideal comum: o Franchising forte, próspero e ético.
OBJETIVOS
Promover a defesa do sistema de Franchising junto às autoridades constituídas, órgãos públicos, entidades e associações de classe.
Incentivar o aprimoramento das técnicas de atuação de seus associados, através de permanente intercâmbio de informações, dados, ideias, experiências, bem como a elaboração e divulgação de pesquisas, cursos, palestras, seminários, eventos e feiras. Atua, também, publicando e divulgando, constantemente, assuntos atualizados da área, e prestando serviços aos associados.
Estabelecer padrões para a prática de Franchising no Brasil, de modo a moralizar o mercado e garantir a seriedade do sistema.
Manter o intercâmbio constante com entidades congêneres situadas no exterior, inclusive promovendo e participando de congressos, seminários, debates, e qualquer evento desta ordem, desde que seja de interesse dos associados.

e vice-versa, que prescinde de qualquer associação que seja criada com a finalidade substituir o diálogo e a comunicação franca, transparente e direta entre as partes.

2. Associações do setor de franquia e a arbitragem coletiva

São inúmeras as associações de franqueados no Brasil. A ABFM[104] – Associação Brasileira de Franqueados McDonald's – além de ser uma das mais antigas é bastante atuante e representa todos os franqueados da rede no país. Inserido nesse contexto está o tema deste artigo. Surge a oportunidade de análise acerca da possibilidade de se utilizar a Arbitragem Coletiva no *Franchising*. Estão relacionadas ao tema questões de legitimidade e representatividade dessas associações, seja quando estão agindo em nome próprio, mas defendendo direitos de seus associados ou quando representante dos associados.

Há, portanto, duas formas de se promover a Arbitragem Coletiva no *Franchising* por meio de associações: a) a associação assume o papel de representante dos associados e; b) a associação atua como substituta processual para proteger direitos individuais homogêneos.

Decorrem daí outras questões igualmente importantes que devem ser enfrentadas pela arbitragem coletiva: a) vinculação da cláusula compromissória à associação que não firmou assinatura convencionando a arbitragem como meio de solução de controvérsias; b) efeitos da sentença arbitral atingem todos os representados ou substituídos pela associação no procedimento arbitral.

No entanto, para avançarmos com essas abordagens, precisamos registrar o cenário mercadológico enfrentado pelo setor de franquia no Brasil em relação à arbitragem, um tema antecedente, reflexo da dura realidade experimentada pelo setor antes mesmo do novo marco legal do *franchising*, que estabelece expressamente a viabilidade de eleição da arbitragem nos contratos de franquia, sem restringi-la à arbitragem individual.

[104] Fundada em 27 de outubro de 1995, a ABFM – Associação Brasileira de Franqueados McDonald's – conta com todos os 66 Franqueados do Brasil. Juntos, operam mais de 414 restaurantes e respondem por mais de 15 mil empregos no Brasil, o que representa mais de 40% dos restaurantes e do quadro de funcionários do McDonald's no País.

3. Arbitragem nos contratos de franquia no brasil[105]

Tornou-se prática no *franchising* a utilização da cláusula compromissória arbitral, mesmo durante a vigência da lei 8.955/1994[106] que não contemplava a arbitragem expressamente. Sua implementação, entretanto, foi consolidada após alguns equívocos jurisprudenciais que causaram incertezas sobre sua utilização.

A nova lei de franquia[107] buscou sedimentar a questão ao tratar expressamente da arbitragem, contudo, certamente o judiciário analisará sua aplicabilidade frente aos limites e demais discussões já experimentadas sobre o tema, assim, necessária sua consideração pelo operador do direito e operadores do setor.

É possível observar uma composição heterogênea quanto a sua aplicabilidade pela jurisprudência, seja por desconhecimento acerca da realidade operacional do sistema, seja pela decisão proferida nos autos do processo 160207685[108], responsável por grande parte das incertezas e discussões acerca do tema.

O famigerado Recurso Especial julgado em setembro de 2016, dentre outros temas, anulou a cláusula compromissória arbitral, sob fundamentação da Ministra Nancy Andrighi, que considerou o contrato de franquia como um contrato de adesão:

> "Assim, com fundamento na doutrina e nos julgamentos deste Superior Tribunal de Justiça, o contrato de franquia ou franchising é inegavelmente um contrato de adesão."

Interessante notar que, nestes mesmos autos, a decisão interlocutória que rejeitou a preliminar da convenção de arbitragem considerou a

105 Texto do livro deste autor – Comentários à nova lei de Franquia – Ed. Almedina, 2020.

106 Dispõe sobre o contrato de franquia empresarial (franchising) e dá outras providências, já revogada pela Lei 13.966/2019.

107 Lei 13.966/2019.

108 Recurso Especial Nº 1.602.076 – SP (2016/0134010-1) Relatora: Ministra Nancy Andrighi- Recorrente: Odontologia Noroeste Ltda – Advogados: Fernando Rister de S Lima – Sp199386 – Maria Beatriz Crespo Ferreira – SP276438 – Recorrido: Gou – Grupo Odontologico Unificado Franchising Ltda – Advogados: João Paulo Duenhas Marcos – Sp257400 – Antônio Fernando De Moura Filho – SP306584.

utilização do logotipo do franqueador no instrumento, como meio de caracterização da adesão:

> "Vstos. Afasto a preliminar de convenção de arbitragem. O contrato apresentado é de adesão, tanto que conta com o logotipo da franqueadora, e assim, a aderente não tem condições de discutir o seu conteúdo (...)".

A afirmação da ministra parece um tanto equivocada, eis que generalista e não realizada de forma detida ao contrato analisado. De forma genérica, poderia ser traduzida da seguinte forma: "todo o contrato de franquia é um contrato de adesão", fato este que gerou considerável confusão jurisprudencial e espanto no setor. Adiante, no mesmo acordão, foi consolidada a confusão, pois a própria decisão é contraditória nesse ponto. Vejamos o entendimento de Ada Pellegrini Grinover[109] sobre o assunto:

> (...) O contrato de adesão não encerra novo tipo contratual ou categoria autônoma de contrato, mas somente técnica de formação do contrato, que pode ser aplicada a qualquer categoria ou tipo contratual, sempre que seja buscada a rapidez na conclusão do negócio, exigência das economias de escala

Notadamente, e conforme bem observado, o aspecto adesionista conferido a um ou outro contrato não advém da matéria abordada no instrumento (conforme o entendimento aparente da ministra), mas tão somente está relacionado à técnica de sua formação, podendo assumir, ou não, a configuração adesionista mediante o modo de sua concepção.

Muito embora a lei de franquia determine a apresentação de modelo do "contrato-padrão", ela não veda seu imediato ajuste, ou realização de posteriores aditamentos e até mesmo alterações decorrentes de negociação, segundo condições especificas entabuladas pelas partes ou por solicitação do candidato/promissário franqueado.

[109] Recurso Especial Nº 1.602.076 – SP (2016/0134010-1) – Ada Pellegrini Grinover et al. Código Brasileiro de Defesa do Consumidor – comentado pelos autores do anteprojeto. Rio de Janeiro: Forense, 2004, p. 622-623.

Dessa forma, em anos de prática, vislumbramos, não raro, integrar o cotidiano de um franqueador a flexibilização contratual, visando adequar o modelo de negócio às expectativas do novo franqueado e aos diversos regionalismos inerentes ao nosso país de dimensões continentais. Além disso, o candidato a franqueado conta com o prazo mínimo de 10 dias para estudar e analisar a Circular de Oferta de Franquia – COF[110] – podendo contratar advogados, especialistas e profissionais capacitados com a finalidade de avaliar o modelo de negócio do franqueador, sem qualquer contrapartida financeira e sem vínculos ou consequências, caso decida não fazer o investimento, podendo, livremente, escolher outros negócios, inclusive de concorrentes.

Ademais, a paridade negocial no modelo de franquia é uma prática diária do sistema, adotada não só na área de expansão, responsável pelas vendas das unidades franqueadas, mas também por franqueadores e franqueados na dinâmica empresarial. Vivenciada essa realidade, não parece razoável afirmar ser todo contrato de franquia, por sua natureza, um contrato de adesão. De fato, esse não é o nosso entendimento.

Após essa contextualização, o tema ganhou contornos mais complexos, pois, parte do judiciário, alheio às nuances da contratação de uma franquia, considerou equivocadamente para esses fins o contrato de franquia como um instrumento de adesão. Lamentamos novamente.

A Lei nº 9.307/96, que dispõe sobre a arbitragem, possibilita inclusive a instauração de procedimentos arbitrais também para os contratos de adesão, entretanto, observados alguns critérios. Cientes disso, os operadores do direito, buscando um resguardo adicional, consideraram essas disposições na elaboração de contratos.

Determina o art. 4º, § 2º, da Lei 9.307/96 (Lei de Arbitragem):

[110] Lei 13.966/2019, artigo 2 º, § 1º: A Circular de Oferta de Franquia deverá ser entregue ao candidato a franqueado, no mínimo, 10 (dez) dias antes da assinatura do contrato ou pré-contrato de franquia ou, ainda, do pagamento de qualquer tipo de taxa pelo franqueado ao franqueador ou a empresa ou a pessoa ligada a este, salvo no caso de licitação ou pré-qualificação promovida por órgão ou entidade pública, caso em que a Circular de Oferta de Franquia será divulgada logo no início do processo de seleção.

> Art. 4º – § 2º Nos contratos de adesão, a cláusula compromissória só terá eficácia se o aderente tomar a iniciativa de instituir a arbitragem ou concordar, expressamente, com a sua instituição, desde que por escrito em documento anexo ou em negrito, com a assinatura ou visto especialmente para essa cláusula.

Por meio da leitura do dispositivo, é possível verificar duas situações: i) ocasião em que o aderente toma a iniciativa na instrução da arbitragem; ii) caso concorde expressamente, em documento específico ou negritado, mediante assinatura especialmente destinada.

A primeira situação, curiosamente, trata-se de hipótese de descaracterização do aspecto adesionista da contratação. Ora, uma vez realizada alteração da proposta inicial, não há que se falar em adesão frente à paridade das partes no momento das estipulações contratuais.

A segunda situação tornou-se inegavelmente a mais observada na elaboração dos contratos de franquia com previsão arbitral, costumeiramente chamamos essa forma de redação de Cláusula Compromissória Cheia ou completa.

Conforme observado, a cláusula compromissória cheia deverá apresentar a concordância expressa da instituição de arbitragem, com assinatura específica e em destaque na contratação, seja por documento anexo ou de forma negritada se inserida no contrato principal. Para sua validade, deverá ser observado também o disposto no Art. 4º da Lei de arbitragem, vez que relacionados os requisitos obrigatórios do compromisso arbitral:

> Art. 4º. A cláusula compromissória é a convenção através da qual as partes em um contrato comprometem-se a submeter à arbitragem os litígios que possam vir a surgir, relativamente a tal contrato.
>
> § 1º A cláusula compromissória deve ser estipulada por escrito, podendo estar inserta no próprio contrato ou em documento apartado que a ele se refira.

Não é tarefa fácil optar pela convenção arbitral no contexto do contrato de franquia, seja pelos requisitos legais que demandam técnica em sua elaboração, seja em razão dos elevados custos envolvidos no procedimento arbitral. Ainda que a arbitragem apresente vantagens inegáveis, como a especialização do julgador, celeridade do procedimento em relação ao judiciário e confidencialidade dos atos, sua disposição deve ser amplamente discutida no momento de confecção dos contratos, observada não só a forma, mas também seu conteúdo, de modo a não inviabilizar o acesso à justiça, tanto pelo contratante como pelo contratado.

Importante ainda destacar que, independentemente do conteúdo do acordão do REsp. 1602076, diuturnamente são praticados novos equívocos não só pelo judiciário, mas também pelos demais operadores do direito.

Com o advento do novo Código de Processo Civil (CPC/15), buscou o legislador avançar com o tema:

> Art. 3º Não se excluirá da apreciação jurisdicional ameaça ou lesão a direito.
> § 1º É permitida a arbitragem, na forma da lei.

Embora o art. 3º, do CPC, determine que não excluirá da apreciação jurisdicional ameaça ou lesão a direito, em seu parágrafo primeiro consta a seguinte regra *"É permitida a arbitragem, na forma da lei"*. Essa disposição não foi inserida de forma desarrazoada, pelo contrário, foram as alegações de que o compromisso arbitral seria apenas um subterfugio para afastar do judiciário a apreciação do tema.

Outro equívoco comum é a compreensão de que a simples existência do compromisso arbitral no contrato de franquia impede as partes de recorrerem à apreciação jurisdicional. Em uma análise detida ao Código de Processo Civil, no seu art. 337, X, verificamos que incumbirá ao réu, antes de discutir o mérito, alegar a convenção arbitral.

Dessa forma, observamos que permanece o compromisso arbitral como uma faculdade das partes, sendo possível, mesmo após a instauração do processo, haver o consenso para afastá-la. É possível notar que o Código de Processo Civil determina que sejam ouvidas as partes antes da apreciação jurisdicional, sendo vedado, portanto, ao juízo, seu reconhecimento de ofício, nos termos do §5º do mesmo artigo:

> Art. 337. Incumbe ao réu, antes de discutir o mérito, alegar:
> X – convenção de arbitragem;

> § 5º Excetuadas a convenção de arbitragem e a incompetência relativa, o juiz conhecerá de ofício das matérias enumeradas neste artigo.

Além do disposto no CPC, devemos observar também o princípio alemão da competência-competência (*Kompetenz-Kompetenz*), solidificado na doutrina e arbitragem internacional, que atribui aos árbitros a competência para decidir sobre sua própria competência.

Tanto pela *Kompetenz-Kompetenz*, quanto pelo disposto no CPC, verifica-se que uma vez acolhida a arbitragem, ela não poderá ser descartada, ainda que reconhecida a nulidade sobre o restante da contratação. Nesse mesmo sentido, verificamos o disposto no art. 8º da lei de arbitragem, ao determinar que quem deverá decidir sobre eventual aplicação será o árbitro e não o juiz:

> Art. 8º A cláusula compromissória é autônoma em relação ao contrato em que estiver inserta, de tal sorte que a nulidade deste não implica, necessariamente, a nulidade da cláusula compromissória.
> Parágrafo único. Caberá ao árbitro decidir de ofício, ou por provocação das partes, as questões acerca da existência, validade e eficácia da convenção de arbitragem e do contrato que contenha a cláusula compromissória.

Trata-se de matéria não pacificada, pois não raro verificarmos partir do próprio judiciário considerável relativização, fundamentada no art. 5º, XXXV, como um contraponto à competência arbitral:

> Art. 5 – XXXV – a lei não excluirá da apreciação do Poder Judiciário lesão ou ameaça a direito;

Nesse sentido, compreende Carmona[111]:

> A atribuição de poderes ao árbitro para regular seus próprios poderes, porém, resolve apenas parte do problema, pois, em algumas hipóteses, caberá ao juiz togado lidar com a questão da existência, validade e eficácia da convenção de

[111] Recurso Especial Nº 1.602.076 – SP (2016/0134010-1) (Carmona, Carlos Alberto. Arbitragem e Processo: um comentário à Lei nº 9.307/96. São Paulo: Atlas, 3ª ed., 2009, p. 176.).

arbitragem. Isso ocorrerá como já se viu, nos casos do art. 7º da Lei, e também quando o réu, citado para os termos de uma demanda, arguir exceção de compromisso, sem esquecer que, quanto à cláusula arbitral, poderá o juiz, de ofício, reconhecendo sua validade, extinguir o processo, remetendo as partes à via arbitral para solucionar seu litígio. Percebe-se, portanto, que o ordenamento brasileiro – à semelhança do que ocorreu na Itália – não estabelece uma competência exclusiva do árbitro para resolver todo e qualquer ataque à convenção de arbitragem, o que naturalmente poderá criar inconvenientes de difícil solução (...) A forma mais sensata de resolver este tipo de impasse será suspender o processo arbitral até a decisão, pelo juiz togado, da questão preliminar que lhe terá sido submetida, até porque, ao final e ao cabo, tocará ao juiz togado enfrentar a questão da validade da convenção de arbitragem na demanda, que será certamente movida pela parte resistente com base no art. 21 da Lei.

Ainda assim, é possível compreender o entendimento majoritário pela adoção do *Kompetenz-Kompetenz*, desde que alicerçado pelos demais requisitos legais e de razoabilidade, podendo ser citados entendimentos nesse sentido, como o REsp. 1.602.696-PI (rel. Min. Moura Ribeiro, julgado em 09/08/2016, DJe 16/08/2016) e o próprio REsp. 1602076 citado acima, entendendo que embora seja privilegiado o princípio *kompetenz-kompetenz*: "*Toda regra, porém, comporta exceções para melhor se adequar a situações cujos contornos escapam às situações típicas abarcadas pelo núcleo duro da generalidade e que, pode-se dizer, estão em áreas cinzentas da aplicação do Direito*"[112].

Para operadores do sistema de franchising, sobretudo os agentes de direito, não há dúvida de que o rigor jurídico, a exigência de seguir os padrões estabelecidos pelo franqueador e os elementos de controle e coesão para instalação e operação de uma unidade franqueada constituem o núcleo duro do contrato, mas que jamais podem ser confundidos

[112] Recurso Especial Nº 1.602.076 – SP (2016/0134010-1) Relatora: Ministra Nancy Andrighi – Recorrente: Odontologia Noroeste Ltda – Advogados: Fernando Rister de S Lima – Sp199386 – Maria Beatriz Crespo Ferreira – SP276438 – Recorrido: Gou – Grupo Odontologico Unificado Franchising Ltda – Advogados: João Paulo Duenhas Marcos – Sp257400 – Antônio Fernando De Moura Filho – SP306584147.

com o instituto de contrato de adesão, a exemplo do que ocorre com os contratos de locação, mas que não são considerados contratos de adesão por estarem regulados por lei própria[113].

Diante desse cenário e da necessária acomodação do tema, ainda que não encerre o assunto, a inclusão expressa do instituto da arbitragem no texto do novo marco legal do franchising avançará com a matéria e provocará novos questionamentos da doutrina, jurisprudência e operadores do sistema, forçando-os a observarem o caso concreto e não só o arsenal legal, remetendo-os aos cuidados redobrados na análise dos fatos, com maior compreensão dos motivos e das decisões dos tribunais superiores, não apenas suas meras conclusões, divorciadas do contexto em que o problema se apresenta.

4. Arbitragem coletiva no *franchising* por meio de associações

Em que pese a maturidade da lei e a adoção prática da arbitragem como mecanismo alternativo de resolução de conflitos no país, o mesmo não acontece com a arbitragem coletiva que ainda é incipiente e requer aprofundamento dos debates acerca de temas decorrentes de sua aplicabilidade. Por outro lado, no âmbito internacional a arbitragem coletiva é amplamente debatida[114] há alguns anos, de modo que a tendência aqui no país é de aumento do interesse por este mecanismo.

Para sua admissibilidade, o ponto de partida é a análise do denominado microssistema de litigância coletiva no Brasil, previsto na Constituição Federal ("CF"), artigo 5º, LXX, que trata do mandado de segurança coletivo, LXXIII que dispõe sobre a ação popular e no artigo 129, III, §1º, que prevê a proteção de direitos difusos e coletivos, com a posterior evo-

[113] O Superior Tribunal de Justiça (STJ) entende que não se aplicam aos contratos de locação as normas do Código de Defesa do Consumidor, pois tais contratos não possuem os traços característicos da relação de consumo, previstos nos artigos 2º e 3º do CDC, e além disso, já são regulados por lei própria, a Lei 8.245/1991.

[114] Em 2016, o *Institute of World Business Law* da Câmara de Comércio Internacional (CCI) publicou um dossiê com artigos de especialistas norte-americanos e europeus sobre o tema e rumos da arbitragem coletiva (HANOTIAU, Bernard; SCHWARTZ, Eric (Org.). *Class and Group Actions in Arbitration. Haia: luwer Law International e International Chamber of Commerce*, 2016).

lução doutrinária acerca de definições, conceitos e regulamentação por meio de outras normas esparsas[115].

Partimos da premissa da viabilidade de um devido processo legal coletivo à arbitragem. Segundo preceituam Kazuo Watanabe e Daniela Monteiro Gabbay[116] "esse devido processo legal mínimo, revestido de natureza constitucional pelas garantias que representa, é composto pelas regras que viabilizam a própria existência de um processo coletivo: a legitimidade extraordinária (substituição processual) do autor da demanda, que ingressa em nome próprio para defender interesse alheio; os efeitos da sentença *erga omnes* (para atingir os terceiros substituídos no processo); e a publicidade do procedimento, para que os terceiros possam conhecer a demanda e a sentença coletiva e delas se beneficiar. Sem isso, há apenas uma arbitragem individual (mesmo que multipartes), e não coletiva."[117]

Assim, nos termos do artigo 1º da Lei de Arbitragem, admitem-se todos os meios de ações adequadas para dirimir direitos patrimoniais disponíveis e, no artigo 31, que a sentença arbitral produz os mesmos efeitos da sentença proferida pelos órgãos do Poder Judiciário, portanto, incluindo a sentença coletiva.

Temos ainda a incontroversa natureza jurisdicional da arbitragem[118] que, conjugada com a autonomia da vontade das partes, viabilizam, por assim dizer, o canal da arbitragem coletiva no Brasil. É, portanto, mais um mecanismo jurisdicional que surge para somar ao rol de alternativas à disposição das partes.

[115] Por exemplo a ação civil pública.

[116] Admissibilidade e Adequação da Arbitragem Coletiva Como um Mecanismo de Acesso à Justiça no Mercado de Capitais e Seus Aspectos Procedimentais.

[117] Rômulo Mariani também entende que seria possível haver arbitragem coletiva proposta para a proteção de investidores lesados, e aborda os três aspectos que se compreendem mais relevantes ao tema: (i) legitimidade ativa do ente coletivo, (ii) arbitrabilidade objetiva disponibilidade e (iii) arbitrabilidade subjetiva. (Cf. MARIANI, Rômulo Greff. Stichting Petrobras Compensation Foundation v. Petróleo Brasileiro S.A. (Petrobras) e outros, Roterdam District Court, Case No. C/10/526115/HA ZA 17-440, 19 September 2018. *Revista Brasileira de Arbitragem*, n. 61, p. 186, 2019).

[118] É incontroversa a natureza jurisdicional da arbitragem que, embora tenha origem contratual, desenvolve-se com a garantia do devido processo e termina com ato que tende a assumir a mesma função da sentença judicial. Cf. CARMONA, Carlos Alberto. *Arbitragem e processo*: um comentário à Lei nº 9.307/96. 3. ed. São Paulo: Atlas, 2009. p. 27.

Estabelecida a viabilidade da arbitragem coletiva no nosso ordenamento jurídico, devemos analisar as questões aqui antes suscitadas: a) a associação assume o papel de representante dos associados e; b) a associação atua como substituta processual para proteger direitos individuais homogêneos; c) vinculação da cláusula compromissória à associação que não firmou assinatura convencionando a arbitragem como meio de solução de controvérsias e d) efeitos da sentença arbitral atingem todos os representados ou substituídos pela associação no processo arbitral.

5. Legitimidade das associações de franqueados

Considerando a existência de cláusulas compromissórias nos contratos de franquia, vinculando, portanto, a rede franqueada ao instituto da arbitragem, admitir-se-á, ainda que de forma indireta, a arbitragem coletiva iniciada por associação como representante processual dos seus associados, expressamente autorizada pelo comando constitucional do artigo 5º, XXI, da CF. Logo, mesmo que a associação não tenha assinado a cláusula compromissória, como representante dos associados a associação age em nome e por conta dos associados vinculados à cláusula compromissória, titulares da relação de direito material. Este acesso, portanto, é via representação processual e dependerá de autorização dos seus associados cujos efeitos da sentença atingiriam apenas os associados então representados.

Em outro giro, a legitimidade das associações como substituta processual, com atuação em nome próprio para defender direitos dos franqueados, mesmo dos não associados e independentemente de autorização, depende de previsão expressa na lei, também denominada legitimidade coletiva extraordinária. Nesta hipótese, mesmo agindo como substituta processual dos associados, poderá a associação se valer da cláusula compromissória para iniciar o procedimento arbitral para pleitear direitos e reclamar eventuais prejuízos experimentados.

A natureza jurídica da legitimidade via substituição processual das associações para a propositura de demandas coletivas não é matéria fácil e reúne controvérsias inclusive da jurisprudência do STF e do STJ há alguns anos.

Sem a pretensão de trazer todo o histórico controvertido acerca do tema, reunimos apenas as últimas decisões responsáveis pela significativa mudança de interpretação, ocorrida em junho de 2018, com o julgamento dos Embargos de Declaração no Recurso Extraordinário nº 612.043/PR[119]. Foram acolhidos os argumentos do Instituto Brasileiro de Defesa do Consumidor e da Associação Nacional do Ministério Público do Consumidor – MPCON. Ainda, o Plenário do STF esclareceu que as teses fixadas nos Recursos Extraordinários nº 573.232/SC e nº 612.043/PR aplicavam-se apenas às ações coletivas de rito ordinário propostas exclusivamente com base no artigo 5º, inciso XXI, da CF, não atingindo as ações coletivas de rito especial (ações civis públicas) regidas pela LACP e pelo CDC, nas quais as associações figurariam como substitutas processuais.

Com isso, o STJ – a partir dos *leading cases* da Terceira Turma[120] – resgata seu entendimento original de que as associações autoras de ações civis públicas atuam em regime de substituição processual, defendendo direito alheio em nome próprio.

Logo, por se tratar de substituição processual regida pelo microssistema do processo coletivo, as ações coletivas propostas por associações ficam sujeitas às seguintes regras:

Nos termos dos artigos 5º, V, da LACP e 82, IV, do CDC, a legitimidade ativa das associações é estabelecida, caso esteja constituída há pelo menos 1 (um) ano nos termos da lei civil, e que tenha previsão na definição de seus objetivos institucionais, no próprio ato de criação da associação, dispensando-se a autorização assemblear ou individual e a apresentação de lista nominal de associados com a petição inicial.

Note-se que há inegável reconhecimento da legitimidade de atuação na esfera da jurisdição estatal e arbitral das associações. Significa dizer que tal legitimidade também se aplica à arbitragem coletiva – como substituta processual – e, portanto, independe de lei regulatória.

Ainda, assumindo o papel de substituta processual, poderão as associações agir em nome próprio, defendendo os interesses dos associados, sem que sejam signatárias da convenção arbitral. Esse foi o entendimento da 14ª Câmara de Direito Privado do TJSP[121]. Ao analisar o caso, restou

119 STF. ED no RE nº 612.043/PR, Rel. Ministro Marco Aurélio, Tribunal Pleno, j. 6.6.2018.

120 REsp nº 1.554.821/RS, Rel. Ministra Nancy Andrighi, 3ª Turma, j. 25.9.2018; STJ. REsp nº 1.649.087/RS, Rel. Ministra Nancy Andrighi, 3ª Turma, j. 2.10.2018.

121 TJSP, Apelação nº 7127102-2, 14ª CDPriv., Rel. Des. Pedro Ablas, J. 19.09.2007.

reconhecida a extensão da cláusula compromissória, eis que a associação não pode ser considerada terceiro, ainda que não participe diretamente da disputa, a sentença terá efeitos diretos na esfera dos associados. Desse modo, não poderia contrariar a regra firmada pelos contratantes – associados – que elegeram a via arbitral.

6. Efeitos da sentença arbitral coletiva

Diante das conclusões a que chegamos, interessa analisar se os efeitos da sentença arbitral são capazes de atingir todos os representados ou substituídos pela associação no procedimento arbitral.

Como já analisado no tema 4[122] acima, a via de representação processual dependerá de autorização dos seus associados cujos efeitos da sentença atingiriam apenas os associados então representados.

A lei da arbitragem, artigo 31, estabelece que a "*sentença arbitral produz, entre as partes e seus sucessores, os mesmos efeitos da sentença proferida pelos órgãos do Poder Judiciário e, sendo condenatória, constitui título executivo*".

No caso de arbitragem coletiva[123] por substituição, a sentença arbitral de procedência operará efeitos a todos os associados – *erga omnes* – independentemente de terem ou não participado da demanda.

[122] Legitimidade das associações de franqueados.

[123] Art. 2º O art. 16 da Lei nº 7.347, de 24 de julho de 1985, passa a vigorar com a seguinte redação: "Art. 16. A sentença civil fará coisa julgada erga omnes, nos limites da competência territorial do órgão prolator, exceto se o pedido for julgado improcedente por insuficiência de provas, hipótese em que qualquer legitimado poderá intentar outra ação com idêntico fundamento, valendo-se de nova prova."
Art. 2º-A. A sentença civil prolatada em ação de caráter coletivo proposta por entidade associativa, na defesa dos interesses e direitos dos seus associados, abrangerá apenas os substituídos que tenham, na data da propositura da ação, domicílio no âmbito da competência territorial do órgão prolator. (Incluído pela Medida provisória nº 2.180-35, de 2001)
Parágrafo único. Nas ações coletivas propostas contra a União, os Estados, o Distrito Federal, os Municípios e suas autarquias e fundações, a petição inicial deverá obrigatoriamente estar instruída com a ata da assembleia da entidade associativa que a autorizou, acompanhada da relação nominal dos seus associados e indicação dos respectivos endereços. (Incluído pela Medida provisória nº 2.180-35, de 2001)

Em caso de improcedência o pedido não faz coisa julgada material, ficando os associados que não participaram do pólo ativo livres para propor demandas individuais.[124]

O sistema acima decorre da garantia constitucional do exercício do contraditório, possibilitando aos associados que não participaram da demanda coletiva e, portanto, não puderam apresentar defesa, não sejam atingidos pelos efeitos negativos da coisa julgada, garantindo isonomia com aqueles que possuem interesses individuais comuns.

7. Conclusão

Os institutos legais da arbitragem e do *franchising* no Brasil caminham praticamente juntos há cerca de 25 anos com trajetórias distintas e independentes, porém a forte intercomunicação entre os institutos resultou na convergência de resoluções pelos agentes. O *franchising* adotou desde cedo a arbitragem nos contratos de franquia por razões de interesses estratégicos, prática reconhecida e estimulada por entes importantes da economia, com reconhecimento de boa prática de mercado.

Com a nova lei de franquia, em vigor desde março de 2020, restou previsto expressamente[125] a viabilidade de eleição da via arbitral para a solução de litígios, o que inclui a possibilidade da arbitragem coletiva – por inexistir vedação em sentido contrário – sobretudo diante da necessidade cada vez mais comum de criação de associações com finalidades múltiplas, seja por interesses do franqueador, franqueados ou mútuos.

Em sentido amplo, temos a arbitragem coletiva no Brasil como um tema ainda pouco debatido, sem destaques ou exemplos concretos para análise. Surge, então, a oportunidade de se iniciar os necessários debates acerca da arbitragem coletiva no setor de *franchising*, diante da importância e crescimento do número de associações[126] que poderão se valer deste

[124] Nery, Ana Luiza Barreto de Andrade Fernandes. *Class Arbitration*: instauração de processo arbitral para a resolução de conflitos envolvendo direitos de natureza transindividual, tese de doutorado apresentada no programa da pós-graduação da Faculdade de Direito da PUC_SP, 2015, p. 289, 319.

[125] Art. 7º Os contratos de franquia obedecerão às seguintes condições: § 1º As partes poderão eleger juízo arbitral para solução de controvérsias relacionadas ao contrato de franquia.

[126] As associações estão expressamente previstas na lei 13.966/2019.

mecanismo de eleição das partes como mais um método alternativo de resolução de conflitos.

A legitimidade das associações e os efeitos da sentença arbitral coletiva são matérias de alta complexidade jurídica, acerca das quais há instabilidade interpretativa até mesmo na jurisprudência do STJ e do STF, exigindo atenção e atuação permanente dos operadores de direito em busca de adequações às práticas e necessidades do setor.

Não se pretende, neste artigo, estimular o uso e a prática indiscriminada do mecanismo da arbitragem coletiva como meio de ameaça ou intimidações de franqueados associados contra sua franqueadora. De fato, esta prática não deve ser admitida, pois a relação franqueador e franqueados – com ou sem associação – deve ser pautada no respeito, transparência, diálogo, fluidez de comunicação e na qualidade do relacionamento, sem as quais tornar-se-á o sistema de franquia insustentável.

Seguimos no desafio de analisarmos outros temas relevantes, como as regras institucionais das câmaras arbitrais em relação à arbitragem coletiva, fases de liquidação da sentença arbitral coletiva, publicidade e confidencialidade das informações diante do princípio da transparência – *disclosure* – pilar principal da lei de franquias.

Por outro lado, torna-se pertinente uma reflexão acerca da adoção de um mecanismo alternativo de resolução de conflitos por meio da arbitragem coletiva, sobre os aspectos procedimentais centrais em disputas decorrentes do sistema de franquia na construção de boas práticas de governança corporativa e de um modelo normativo eficiente e adequado, evitando decisões contraditórias sobre a mesma matéria para associados de uma mesma marca.

§ 2º Para os fins desta Lei, entende-se como contrato internacional de franquia aquele que, pelos atos concernentes à sua conclusão ou execução, à situação das partes quanto a nacionalidade ou domicílio, ou à localização de seu objeto, tem liames com mais de um sistema jurídico.

O novo dispositivo legal cria a definição legal de contrato internacional de franquia, ou de máster franquia, e para tanto estabelece a necessidade de vínculos com mais de um sistema jurídico. Esses vínculos, ou liames no termo da lei, devem estar relacionados à conclusão ou execução do contrato, à situação das partes quanto às nacionalidades ou domicílios envolvidos, ou, ainda, à localização do cumprimento do objeto contratual.

Nesse sentido, houve claro avanço legal para fins de prever e regulamentar o contrato internacional de franquia, sobretudo criando a necessidade de liames operacionais com mais de um sistema jurídico, ou seja, poderá ser entre dois ou mais países.

§ 3º Caso expresso o foro de opção no contrato internacional de franquia, as partes deverão constituir e manter representante legal ou procurador devidamente qualificado e domiciliado no país do foro definido, com poderes para representá-las administrativa e judicialmente, inclusive para receber citações.

Outra importante inovação da lei foi a possibilidade de eleição do foro para disputas envolvendo franquias internacionais. Com a nova lei, os contratantes poderão eleger em contrato o foro do país escolhido. Sendo esta uma opção do contrato internacional de franquia, as partes deverão constituir e manter representante legal ou procurador devidamente qualificado e domiciliado no país do foro definido, com poderes para representá-las administrativa e judicialmente, inclusive para receber citações. Nesse sentido, as partes são protagonista e a lei preserva o princípio maior da relação contratual que é a autonomia da vontade, permitindo-se que as partes escolham livremente o direito aplicável ao contrato, desde atendidos os requisitos da lei, sendo irrelevante o direito do local em que o contrato foi celebrado.

A norma tem claro objetivo de evitar fraudes e tentativas de não responsabilização civil e criminal, viabilizando eventual reparação dos danos.

A intenção da lei é de viabilizar a solução de eventual litígio, seja judicial ou arbitral por meio da manutenção de um procurador legalmente constituído ou representante legal com os poderes inerentes aos administradores de empresas. Dessa forma, o procurador ou representante legal desenvolve o papel de responder pelos atos da atividade empresarial, seja judicialmente ou por arbitragem.

Talvez a desvantagem desse sistema seja o custo para manter um representante legal ou procurador em outro país. Isso porque, há um mercado que explora essa atividade e os valores praticados certamente devem ser levados em consideração quando da definição da estratégia na eleição do foro internacional, além de aferir a credibilidade e habilidade na escolha de quem será esse responsável.

Art. 8º A aplicação desta Lei observará o disposto na legislação de propriedade intelectual vigente no País.

Considerando o conceito de franquia esculpido no artigo 1º da lei em análise, para promover a complementariedade entre as normas, o artigo 8º deixa claro que a aplicabilidade da nova lei de franquia não colidirá com a Lei nº 9.279, de 14 de maio de 1996, portanto, pré-existente e que regula os direitos e obrigações relativos à propriedade industrial.

Afinal, os direitos e obrigações à propriedade industrial e intelectual estão necessariamente contidos nos contratos de franquia, aplicando-se harmoniosamente os institutos em suas coexistências.

Art. 9º Revoga-se a Lei nº 8.955, de 15 de dezembro de 1994 (Lei de Franquia).

Para evitar problemas de interpretação e conflitos, o artigo 9º da lei revoga expressa e integralmente a lei anterior (8.955/1994), deixando no ar algumas lacunas, como a necessidade de constituição e formação do contrato de franquia.

Anteriormente, o contrato de franquia deveria ser sempre por escrito e assinado na presença de duas testemunhas e tinha validade independentemente de ser levado a registro perante cartório ou órgão público, conforme disposto no artigo 6º, da Lei 8.955/1994[127]. Como não há mais previsão sobre a aceitação ou não de contrato informal, por exemplo, agora resta a dúvida acerca da validade do contrato de franquia informal.

[127] Art. 6º O contrato de franquia deve ser sempre escrito e assinado na presença de 2 (duas) testemunhas e terá validade independentemente de ser levado a registro perante cartório ou órgão público.

Nesse sentido, de acordo com a classificação dos contratos, poderão ser formais ou informais.

Nos contratos formais ou solenes não basta o acordo de vontade para a sua consumação; exige-se também o cumprimento de uma formalidade, assim como ocorre no contrato de compra e venda de bens imóveis por definição do Código Civil, a saber:

Art. 108. Não dispondo a lei em contrário, a escritura pública é essencial à validade dos negócios jurídicos que visem à constituição, transferência, modificação ou renúncia de direitos reais sobre imóveis de valor superior a trinta vezes o maior salário-mínimo vigente no País.

Nos contratos informais, ou não solenes, não se exige nenhuma formalidade, como ocorre nos contratos de compra e venda de bens móveis, por exemplo.

Na medida e que a entrega da COF, bem como a necessidade de comprovação de entrega pelo franqueador, como já dissemos, exige, necessariamente, a formalidade de se entregar um documento escrito, seguindo rigorosos requisitos, com assinatura ou confirmação de recebimento para efeito de prova, somos obrigados a fazer novas críticas em relação a esse ponto obscuro da lei.

Poderia o novo marco legal ter simplesmente repetido o texto disposto no artigo 6º da Lei 8.955/1994, a fim de evitar problemas de interpretação e validade do contrato de franquia.

No dia a dia de um franqueador, pode acontecer, por algum lapso dentre as preocupações da fase pré-operacional, de inaugurar-se uma unidade franqueada sem que haja contrato assinado pelas partes, aliás, isso ocorre com mais frequência do que parece.

Essa situação, por si só, certamente irá criar celeuma, debates e discussões acerca da admissibilidade, ou não, da celebração de contrato de franquia cuja unidade está operando ou operou por determinado período, sendo que a COF foi entregue a tempo e na forma exigida em lei, porém, o contrato não foi assinado pelas partes. A nova lei fez um desfavor ao deixar de prever a formalidade do contrato de franquia e sua validade, tão bem definida na lei anterior. Lamentamos, novamente a falha e registramos nossas críticas também a esse ponto da lei.

Art. 10. Esta Lei entra em vigor após decorridos 90 (noventa) dias de sua publicação oficial.

Expressão latina que significa vacância da lei, correspondendo ao período entre a data da publicação de uma lei e o início de sua vigência. Existe para que haja prazo de assimilação do conteúdo de uma nova lei e, durante tal vacância, continua vigorando a lei antiga. A *vacatio legis* vem expressa em artigo no final da lei da seguinte forma: "esta lei entra em vigor após decorridos (o número de) dias de sua publicação oficial."[128]

Considerando a necessidade de inclusão de novos requisitos legais, como amplamente demonstrado nesta obra, é o período de adaptação conferido aos empresários para adequação da COF e dos instrumentos jurídicos adotados.

A partir do dia 27/03/2020, inclusive, todos os empresários que estiverem formatando seus negócios para a utilização do sistema de franquia, bem como todos os franqueadores que operem ou pretendam operar pelo canal do *franchising*, necessariamente, deverão adequar suas COFs e instrumentos jurídicos ao novo marco legal, sob pena dos efeitos do § 2º, do artigo 2º da lei em comento, ou seja:

> § 2º Na hipótese de não cumprimento do disposto no § 1º, o franqueado poderá arguir anulabilidade ou nulidade, conforme o caso, e exigir a devolução de todas e quaisquer quantias já pagas ao franqueador, ou a terceiros por este indicados, a título de filiação ou de *royalties*, corrigidas monetariamente.

Logo, como ninguém pretende ficar sujeito às severas sanções, recomendamos fortemente a revisão do material – COF e instrumentos jurídicos – por advogados preferencialmente especializados no tema, a fim de cumprir com os novos ditames legais, proporcionando, ainda mais, segurança jurídica aos operadores do *franchising*.

[128] Disponível em https://www12.senado.leg.br/noticias/glossario-legislativo/vacatio-legis acesso em 13 mar. 2020

CAPÍTULO 4
CLÁUSULA DE NÃO CONCORRÊNCIA – OBRIGAÇÕES PÓS-CONTRATUAIS – DEVER DE SIGILO – ARTIGO 2º DA LEI 13.966/2019

XV – situação do franqueado, após a expiração do contrato de franquia, em relação a:
a) know-how da tecnologia de produto, de processo ou de gestão, informações confidenciais e segredos de indústria, comércio, finanças e negócios a que venha a ter acesso em função da franquia;
b) implantação de atividade concorrente à da franquia;

O disposto no atual inciso XV, letras "a" e "b", anteriormente inciso XIV, letras "a" e "b", refere-se ao complexo tema denominado Cláusulas de Não Concorrência, ou como se diz no direito norte-americano *no compete.*

A cláusula de não concorrência, *a priori*, parece de simples compreensão. No entanto, uma análise mais detida revela a verdadeira complexidade encontrada para compreendermos uma cláusula que está carregada de implicações obrigacionais e principiológicas; na prática, significa grande impacto financeiro e econômico na vida dos envolvidos.

Constatamos que muitos franqueadores não conferem à cláusula de não concorrência o cuidado necessário para modular os seus efeitos ao caso específico, como veremos na análise de nossa amostra, optando, equivocadamente, pelo padrão igualmente estabelecido para todas as situações, ainda que diferentes entre si, ignorando as particularidades dos casos.

Um dos primeiros casos brasileiros envolvendo o tema da não concorrência muito conhecido no meio jurídico é o da Companhia de Tecidos de Juta[129] em que a defesa, promovida por Rui Barbosa, sustentou a tese de que a renúncia ao direito do exercício de determinada atividade teria de ser expressa, o que não ocorrera, revelando-se vencedora no Supremo Tribunal Federal.

A concorrência entre franqueado e franqueador, durante a vigência do contrato de franquia, normalmente também é vedada, mas em cláusula apartada. A propósito, a Lei 13.966/2019 deixou de observar o rigor técnico ao inovar no artigo 2º, inciso XXI[130] trazendo os requisitos da ter-

[129] Trata-se de um caso julgado pelo Supremo Tribunal Federal no ano de 1914. O comendador Antonio Álvares Penteado, dono da Fábrica Sant' Ana de tecidos de juta, resolveu constituir, em 1908, a Companhia Nacional de Tecidos de Juta (CNTJ), mediante a integralização da própria Fábrica Sant' Ana. Para tanto, foi lavrada uma escritura na qual se arrolavam os bens a serem integralizados. Uma primeira assembleia geral foi realizada, aprovou-se a escritura e foram nomeados os peritos. Estes prepararam o laudo de avaliação dos bens a serem integralizados. O laudo foi aprovado pelos acionistas em uma segunda assembleia geral. Os bens tangíveis, móveis e imóveis, foram avaliados pelo perito em $ 7.500.000 contos de réis. Os peritos avaliaram em $ 3.000.000 a posição conquistada pela CNTJ no mercado, de modo que o capital social totalizou $ 10.500.000 réis. Pouco tempo depois, a CNTJ foi alienada ao Dr. Jorge Street por Antonio Alvares Penteado. Este, logo após, viajou à Europa para adquirir maquinário a ser utilizado para a constituição de uma nova companhia, a Companhia Paulista de Aniagem (CPA), que passou a atuar no mesmo setor da CNTJ, além de ser instalada nas proximidades da CNTJ. Alvares Penteado também enviou correspondências à sua antiga clientela para fazer negócios em nome da CPA. O capital social total da CPA era integralmente detido por herdeiros de Antonio Alvares Pentado. A CNTJ propôs ação contra Alvares Pentado, CPA e os herdeiros de Alvares Pentado, com base no entendimento de que sua alienação também compreendia a alienação da clientela, correspondente aos $ 3.000.000 réis que faziam parte do capital social. Assim, que eventual concorrência à CNTJ por parte da CPA seria uma violação do contrato de venda da CNTJ. A defesa de Alvares Pentado sustenta, por sua vez, que não existe renúncia tácita à liberdade de comércio e a posição conquistada no mercado utilizada pelos peritos para avaliar o capital social da CNTJ não se confunde com a freguesia, mas diz respeito única e tão somente à reputação da empresa. Advogado para Alvares Penteado, seus herdeiros e CPA: Ruy Barbosa. Advogado para a CNTJ: J. X. Carvalho de Mendonça. Disponível em: <www.disciplinas.stoa.usp.br/mod/resource/view.php?id=40058>. Acesso em: 30 jun. 2020.

[130] Art. 2º. (...)XXI – indicação das regras de limitação à concorrência entre o franqueador e os franqueados, e entre os franqueados, durante a vigência do contrato de franquia, e detalhamento da abrangência territorial, do prazo de vigência da restrição e das penalidades em caso de descumprimento; (...).

ritorialidade, tempo e eficiência (multa), então inovados e recomendados na tese de mestrado da qual decorre este capítulo. Isso, porque tais requisitos só fazem sentido para as obrigações pós-contratuais, na medida em que durante a vigência do contrato é óbvia a proibição de concorrência com a franqueadora, além das demais obrigações e critérios de território, tempo e multa comumente utilizadas nos contratos de franquia. Muito mais razão e pertinência se os referidos requisitos estivessem dispostos como letra "c" do inciso XV, do artigo 2º da Lei 13.966/2019.

O caso que ficou bastante conhecido no setor de *franchising* é o caso Wizard x Wisdom, ambas escolas de idiomas.

No *site* Conjur[131], encontramos o registro do caso. A Wizard Brasil entrou com ação sob o argumento de que ex-franqueados constituíram nova franquia intitulada Wisdom Franchising, cujo material didático utilizado seguia a mesma linha pedagógica e apresentava idêntica estrutura metodológica da Wizard. A 20ª Vara Cível da Comarca de Curitiba (PR) não acolheu o pedido da empresa e o Tribunal de Justiça do Paraná manteve a sentença. A Wizard Brasil interpôs embargos infringentes no Superior Tribunal de Justiça. A decisão reformou a sentença de primeiro grau e condenou os franqueados a se absterem do uso da marca, do uso e da reprodução de livros didáticos, materiais dos professores, materiais de publicidade e propaganda, sob pena de pagamento de multa diária e ressarcimento pelos danos causados, a serem fixados em liquidação.

A 4ª Turma do Superior Tribunal de Justiça, ao julgar o REsp 695.792, por unanimidade, manteve a condenação da Wisdom e proibiu o uso da marca Wizard em sua rede. No STJ, foram interpostos recursos especiais pelos franqueados e por terceiros prejudicados – Wisdom Idiomas e Consultoria, Wisdom Net Franchising Ltda., Margit Mueller e Iones Ferreira dos Santos, mas desistiram da ação.

Além da Wizard, os principais prejudicados foram as centenas de franqueados e os milhares de alunos inscritos nos cursos da Wisdom, pois a decisão afetou todos os franqueados que tiveram de retirar o nome Wisdom da frente de seus estabelecimentos e recolher todo o material didá-

131 Disponível em: <http://www.conjur.com.br/2009-out-09/franqueados-wizard-indenizar-wizard-brasil-plagio>. Acesso em: 18 ago. 2022.

tico. A determinação abrangeu, ainda, todo material publicitário, placas, totens e toda e qualquer forma de divulgação da marca.

O litígio entre as empresas durou dezoito anos. A Wisdom chegou a ter, em todo o país, cerca de 230 unidades franqueadas[132]. A Wizard, criada em São Paulo, nos anos 1980, possuía, em 2012, 1.150 unidades em todo o Brasil e atender cerca de 500 mil alunos anualmente.

O emblemático caso Wizard x Wisdom serviu, e serve até hoje, de exemplo sobre um dilema enfrentado pelos magistrados diante da obrigação de julgar casos que impliquem não só a proibição do uso da marca, material didático e publicitário, mas, e principalmente, o encerramento da atividade e o fechamento da unidade. Isso se deve ao fato de a cláusula de não concorrência, quando legitimada e infringida, desafiar o Poder Judiciário para determinar o encerramento da atividade e o seu fechamento por caracterizar-se, também, concorrência desleal[133], nos termos da Lei nº 9.279, de 14 de maio de 1996.

[132] Disponível em: <http://www.opovo.com.br/app/opovo/economia/2012/05/31/noticiasjornaleconomia,2849762/justica-acata-acao-da-wizard-e-suspende-marca-wisdom.shtml>. Acesso em: 18 ago. 2022.

[133] "Art. 195. Comete crime de concorrência desleal quem: I – publica, por qualquer meio, falsa afirmação, em detrimento de concorrente, com o fim de obter vantagem; II – presta ou divulga, acerca de concorrente, falsa informação, com o fim de obter vantagem; III – emprega meio fraudulento, para desviar, em proveito próprio ou alheio, clientela de outrem; IV – usa expressão ou sinal de propaganda alheios, ou os imita, de modo a criar confusão entre os produtos ou estabelecimentos; V – usa, indevidamente, nome comercial, título de estabelecimento ou insígnia alheios ou vende, expõe ou oferece à venda ou tem em estoque produto com essas referências; VI – substitui, pelo seu próprio nome ou razão social, em produto de outrem, o nome ou razão social deste, sem o seu consentimento; VII – atribui-se, como meio de propaganda, recompensa ou distinção que não obteve; VIII – vende ou expõe ou oferece à venda, em recipiente ou invólucro de outrem, produto adulterado ou falsificado, ou dele se utiliza para negociar com produto da mesma espécie, embora não adulterado ou falsificado, se o fato não constitui crime mais grave; IX – dá ou promete dinheiro ou outra utilidade a empregado de concorrente, para que o empregado, faltando ao dever do emprego, lhe proporcione vantagem; X – recebe dinheiro ou outra utilidade, ou aceita promessa de paga ou recompensa, para, faltando ao dever de empregado, proporcionar vantagem a concorrente do empregador; XI – divulga, explora ou utiliza-se, sem autorização, de conhecimentos, informações ou dados confidenciais, utilizáveis na indústria, comércio ou prestação de serviços, excluídos aqueles que sejam de conhecimento público ou que sejam evidentes para um técnico no assunto, a que teve

Ainda que o *leading case* Wizard x Wisdom não tenha versado tecnicamente sobre cláusula de não concorrência, o efeito prático é o mesmo, pois a violação do direito implicará crime de concorrência desleal pelo aproveitamento próprio, ou alheio, de clientela de outrem. Urge, portanto, atentar para a importância e conscientização dessas decisões. Aliás, como veremos adiante no capítulo da jurisprudência, está cada vez mais difícil obter decisão judicial – tutela – para o encerramento de atividade e/ou fechamento de unidade franqueada violadora da cláusula de não concorrência, em razão do apelo ao princípio da preservação da empresa, sobretudo em tempos de crise. Todavia, tal medida não teria sido menos gravosa no caso Wizard x Wisdom se, desde o início, houvesse decisão de encerramento do uso do material didático com a manutenção das atividades? Certamente que sim, pois se verificou a franca expansão da rede Wisdom em escala nacional ante a ausência de uma decisão em sentido contrário.

Sugerimos uma reflexão acerca do resultado do embate jurídico e a não concessão da liminar (tutela pretendida), que permitiu a expansão de uma rede concorrente com 230 unidades franqueadas, ou seja, os juízes, temendo prejudicar o franqueado e seus funcionários, não quiseram fechar uma unidade, mas, com o êxito da ação, acabaram por determinar o encerramento de 230 unidades com franqueados e funcionários.

Esse fato nos remete à jurisprudência atual, ao proteger o franqueado e não conceder a tutela de urgência para encerramento das atividades,

acesso mediante relação contratual ou empregatícia, mesmo após o término do contrato; XII – divulga, explora ou utiliza-se, sem autorização, de conhecimentos ou informações a que se refere o inciso anterior, obtidos por meios ilícitos ou a que teve acesso mediante fraude; ou XIII – vende, expõe ou oferece à venda produto, declarando ser objeto de patente depositada, ou concedida, ou de desenho industrial registrado, que não o seja, ou menciona-o, em anúncio ou papel comercial, como depositado ou patenteado, ou registrado, sem o ser; XIV – divulga, explora ou utiliza-se, sem autorização, de resultados de testes ou outros dados não divulgados, cuja elaboração envolva esforço considerável e que tenham sido apresentados a entidades governamentais como condição para aprovar a comercialização de produtos. Pena – detenção, de 3 (três) meses a 1 (um) ano, ou multa. § 1º Inclui-se nas hipóteses a que se referem os incisos XI e XII o empregador, sócio ou administrador da empresa, que incorrer nas tipificações estabelecidas nos mencionados dispositivos."

porque havia irreversibilidade, mas vale dizer que a irreversibilidade na concessão da medida para um (franqueado) pode significar se não concedida a irreversibilidade para o outro (franqueadora) com prejuízos não indenizáveis, como ocorreu no caso Wizard e Wisdom.

Nessa seara, encontramos uma excelente decisão reconhecendo a necessidade de aplicação da Cláusula de Não Concorrência, a saber: Ação de rescisão ou, alternativamente, de anulação (ou anulabilidade) de contrato de franquia, cumulada com pedidos indenizatórios, proposta por franqueados contra franqueadora, em que houve reconvenção. Pedido reconvencional de declaração de rescisão contratual por culpa dos franqueados, com pedido cumulado de que sejam condenados à observância de obrigações pós-contratuais pactuadas. Sentença de improcedência da ação principal e de procedência da reconvenção. Apelação. Inversão do ônus da prova. O contrato de franquia tem natureza empresarial, de modo que não se presume a hipossuficiência dos franqueados. Tampouco há, no presente caso, hipossuficiência de fato, ou efetiva dificuldade de acesso à justiça por parte dos franqueados que justifique a modificação do ônus probatório. Os valores a título de lucros apresentados pela franqueadora nas propostas de contratação não passam de simples estimativas. Há inúmeras variáveis que atuam na lucratividade da franquia, muitas delas fora do controle da franqueadora. Como se sabe, o risco é inerente às contratações entre empresários. Doutrina de ANTÓNIO MANUEL MENEZES CORDEIRO e PAULA FORGIONI. Pedido de anulação do contrato, por vícios na circular de oferta de franquia. Decadência. Ausência de previsão de prazo para o ajuizamento de ação anulatória na Lei 8.955/94, devendo-se aplicar a regra geral do art. 179 do Código Civil, segundo o qual **"quando a lei dispuser que determinado ato é anulável, sem estabelecer prazo para pleitear-se a anulação, será este de dois anos, a contar da data da conclusão do ato"**. Contagem do prazo decadencial a partir da assinatura do contrato. Ajuizamento da ação depois do biênio. Decadência corretamente pronunciada na origem. De todo o modo, ainda que assim não fosse, teria havido, e seria de se considerar, o transcurso de relevante período sem alegação, pelos franqueados, de falta de informações obrigatórias da circular de oferta de franquia. Enunciado IV do Grupo de Câmaras Reservadas de Direito Empresarial deste Tribunal. Reconvenção. Caso em que se impunha a declaração de rescisão do contrato por culpa dos franqueados, afirmando-se seu dever de observar as obrigações pós-contratuais previstas no contrato de franquia. Manutenção da sentença recorrida. Apelação desprovida. (TJ-SP – AC: 10789255720188260100 SP 1078925-57.2018.8.26.0100, Relator: Cesar Ciampolini, Data de Julgamento: 14/05/2020, 1ª Câmara Reservada de Direito Empresarial, Data de Publicação: 14/05/2020).

A interpretação jurisprudencial acima reconhece expressamente a relação paritária e de independência econômica e empresarial entre franqueadora e franqueado, afastando veementemente a tese de hipossuficiência do franqueado, ou de assimetria entre as partes para ser mais técnico, pois o termo hipossuficiência deve ser utilizado nas relações típicas de consumo.

Como já vimos, é de fundamental importância para *a validade da cláusula de raio a previsão de limitação temporal, territorial e do objeto* para impedir o exercício de atividade concorrencial. Os *mesmos requisitos também são atribuídos à cláusula de não concorrência para sua plena aplicabilidade*, doravante denominaremos como *requisitos essenciais*. Resta-nos analisar em que medida essas limitações são aceitas.

Cumpre esclarecer que, em se tratando de redes novas e/ou ainda em expansão, cuja capilaridade não seja sua característica, a *limitação territorial poderá ser ampliada* para além do território cedido em contrato de franquia, a fim de preservar o *know-how* do franqueador, mas deverão ser observados os princípios gerais do Código Civil.

Dessa forma, o *know-how*, protegido pela obrigação de confidencialidade, pode ser admitido como o conjunto de métodos, sistematização de técnicas de produção ou de prestação de serviços e organização de determinada atividade. Como explica Marcelo Lamy (2002), a transferência do *know-how* abrange o *engeneering, management e marketing*. O *engeneering* está relacionado às questões técnicas de construção ou adaptação do prédio para viabilizar a atividade pretendida. O *management* diz respeito à organização administrativa, contábil e de treinamentos. Já o *marketing* pode ser entendido como as técnicas de comercialização, publicidade, técnicas de venda, lançamento de produtos, promoções e estudo de mercado.

Há, portanto, diferenças entre o *know-how* aqui analisado daquele contrato de *know-how* muito utilizado para transferência de tecnologia apenas e tão somente, pois não há uma estreita relação de direitos e obrigações inerentes ao contrato de franquia. Podemos dizer, então, que o *know-how* possui natureza de propriedade intelectual, revestido de segredo de negócio, cuja característica de bem imaterial também pode ganhar contornos de patente, a depender da necessidade de sua transferência para o processo de produção.

De outro turno, não estará sujeito à patente, nos termos do artigo 10 da Lei nº 9.279/96, o *know-how*, afeito à gestão de negócios, métodos de organização etc., mas estará protegido pelo sistema repressor à concorrência desleal em razão do segredo de negócio, conforme o artigo 195, inciso XI, da mesma Lei. Importante lembrar que o franqueador, além de ter desenvolvido e transferido o *know-how* imprescindível para o desenvolvimento e expansão do negócio, também autoriza o uso de sua marca mediante remuneração. É praxe também a previsão de pagamento de taxa inicial de franquia, quando se tratar de abertura de unidade, taxa de renovação contratual, taxa de publicidade ou fundo de propaganda.

Além disso, é comum a previsão de pagamento de *royalties*. De acordo com a Lei nº 13.966/2019, os *royalties* são definidos como a remuneração periódica pelo uso do sistema, da marca, de outros objetos de propriedade intelectual do franqueador ou sobre os quais este detém direitos ou, ainda, pelos serviços prestados pelo franqueador ao franqueado. Apenas para esclarecer, enquanto as taxas de franquia e de renovação contratual remuneram os investimentos do franqueador para realizar a transferência de *know-how*, os *royalties* também remuneram a autorização pelo uso da marca e suas inovações durante a vigência contratual.

Em contrapartida, os valores recebidos a título de taxa de publicidade ou fundo de propaganda, têm natureza jurídica de recursos de terceiros e não compõem a receita do franqueador para fins tributários. Aliás, não raro os franqueados se organizam por meio de associações de franqueados, normalmente de natureza meramente consultiva, sem poder deliberativo, mas com o propósito de contribuir para as decisões estratégicas de *marketing*, promoções, preços e, sobretudo, fiscalizar a arrecadação e a destinação dos valores recebidos pelo franqueador sob esta rubrica. Prosseguindo, para promover a proteção do franqueador, além da conhecida cláusula de confidencialidade, a cláusula de não concorrência é invariavelmente encontrada nos contratos preliminares e contratos de franquia. Recomenda-se, também, estipular o pagamento de multa contratual caso o franqueado descumpra a cláusula de não concorrência, doravante denominaremos *requisito de eficiência*.

A irreversibilidade da transferência do *know-how* do franqueador para o fraqueado, que se aproveita dos segredos e modelos de um negócio, é a razão de existência da cláusula de não concorrência, pode-se dizer que é sua a racionalidade, pois visa impedir que o franqueado, ao obter este conhecimento, aufira vantagens comerciais oportunistas por meio de concorrência desleal.

Outra finalidade da cláusula de não concorrência, mas quase nunca admitida pelos franqueados, é a proteção da própria rede franqueada, ao impedir que o ex-franqueado concorra de forma desigual e desleal, aproveitando-se do mesmo *know-how* dos franqueados, mas sem o ônus do pagamento de *royalties*, taxas etc. Nesse caso, utilizando-se de bandeira branca – sua própria marca que não é franquia – ou até mesmo praticando a virada de bandeira para rede de franquia concorrente (*player*).

Assim, ao término da relação contratual, seja qual for o motivo, o ex-franqueado estará, em tese, impedido de desenvolver a mesma atividade no mesmo local, que poderá se estender em território delimitado, e por período determinado, devendo descaracterizar a unidade padronizada, devolver os manuais e materiais destinados à transferência do *know-how*, além de manter o dever de guardar sigilo de todas as informações consideradas segredo de negócio.

Miranda (2002) ensina que a concorrência desleal com infração à livre concorrência, sempre resulta na abstenção ou indenização, podendo ser ou não reprimível criminalmente.

Devemos lembrar que a cláusula de não concorrência não poderá estabelecer a proibição indefinida da atividade empresarial pelo ex-franqueado, sob pena de ferir o artigo 5º, inciso XIII, da CF[134]. No entanto, se não houver disposição contratual em sentido contrário, poderá o ex-

134 "Art. 5º Todos são iguais perante a lei, sem distinção de qualquer natureza, garantindo-se aos brasileiros e aos estrangeiros residentes no País a inviolabilidade do direito à vida, à liberdade, à igualdade, à segurança e à propriedade, nos termos seguintes:
[...]
XIII – é livre o exercício de qualquer trabalho, ofício ou profissão, atendidas as qualificações profissionais que a lei estabelecer."

-franqueado alienar o estabelecimento a terceiros independentes para dar continuidade à atividade, desde que descaracterizada a padronização arquitetônica, podendo, inclusive, revestir-se no novo modelo de negócio franqueado.

Nesse sentido, o TJSP, ao julgar a Apelação nº 0040289-37.2012.8. 26.0007 – Voto nº 24.377 4/4, sendo partes Multi Brasil Franqueadora e Carmona & Roman Educacional, entendeu que a alegação da franqueadora não poderia ser acolhida, com base no inadimplemento de duas cláusulas contratuais: uma que impedia a prática da atividade por dois anos e a outra que determinava que o fundo de comércio deveria ser restituído. Não restou configurada a prática de concorrência desleal, pois a franqueadora não comprovou que a apelada mantinha alguma participação na empresa estabelecida no local onde funcionava uma unidade da Microlins e, reconhece que terceiros exploravam a escola denominada Micromix, contra quem já foi proposta ação.

Em contrapartida, para que haja equilíbrio e harmonia entre as obrigações estabelecidas no contrato de franquia e as normas constitucionais, a cláusula de não concorrência deverá ser cuidadosamente *modulada* para impedir o enriquecimento ilícito do ex-franqueado por meio da prática de concorrência desleal.

Nesse sentido, o STF[135] já decidiu que:

> A livre concorrência, como toda liberdade, não é irrestrita; o seu exercício encontra limites nos preceitos legais que a regulam e no direito dos outros concorrentes, pressupondo um exercício leal e honesto do direito próprio, expressivo da propriedade profissional: excedidos estes limites, surge a concorrência desleal.

Estratégia de mercado adotada pelos franqueadores é a constituição de comodato desses materiais e de luminosos, *totens*, painéis, enfim, objetos que se destinem à identificação da marca, para facilitar a rápida retomada ao fim da relação contratual, com o objetivo de dar efetividade à descaracterização da unidade e evitar a confusão por parte dos consumidores.

[135] STF – 2ª Turma – RE 5.232-SP, Rel. Min. Edgard Costa, j. 09/12/1947 – v.u. – *DJ* 11/10/1949, p. 3.262, *RT* 184/914.

Outra peculiaridade aos contratos de franquia é a cláusula de território. Há redes cujo território delimitado é definido com exclusividade de exploração pelo franqueado e redes com direito de preferência sem exclusividade. Problemas que normalmente acometem os franqueadores que concedem exclusividade territorial são: i) a limitação de crescimento quando a rede é capilarizada; ii) sobreposição de territórios, ante a dificuldade de delimitações geográficas compatíveis com a demanda; iii) interferência operacional causada pelos serviços de *delivery* em que o franqueado atende clientes de outros territórios, iv) Market Place, multicanalidades, v) Dark kitchen etc.

Outro dispositivo do Código Civil que traz o preceito da função social dos contratos é o artigo 473, parágrafo único[136]. No setor de *franchising*, é conhecido como *payback*, ou seja, o tempo mínimo necessário para obtenção do retorno do capital investido. Assim, caso o prazo do contrato de franquia seja inferior ao prazo do *payback* e se o franqueador optar pela não renovação contratual, ele estará sujeito ao pagamento de indenização e eventuais perdas e danos.

4.1. A atividade essencial, uniprofissional e o prévio domínio do *know-how*

O nosso ponto de convergência até aqui é de que a racionalidade da cláusula de não concorrência é impedir que o ex-franqueado, ao utilizar o *know-how* adquirido, concorra ou pratique concorrência desleal no mesmo ponto comercial sem bandeira ou com outra bandeira (*player*), nesse último, o mercado denomina como virada de bandeira.

Cumpre esclarecer que a cláusula de não concorrência não impõe o fim da atividade empresarial do ex-franqueado, pois apenas impedirá, por um período determinado, o aproveitamento de clientela, naquele território, relativa ao estabelecimento.

136 "Art. 473. A resilição unilateral, nos casos em que a lei expressa ou implicitamente o permita, opera mediante denúncia notificada à outra parte. Parágrafo único. Se, porém, dada a natureza do contrato, uma das partes houver feito investimentos consideráveis para a sua execução, a denúncia unilateral só produzirá efeito depois de transcorrido prazo compatível com a natureza e o vulto dos investimentos."

Outrossim, a viabilidade de uma rede de franquia está visceralmente relacionada ao potencial de demanda. Todas as redes de franquia bem-sucedidas estão em grandes centros, cidades grandes, médias e pequenas, mas nessa última raramente encontramos mais de uma ou duas redes de franquias e praticamente nenhuma em cidades muito pequenas.

Significa afirmar que a *atividade essencial* só será de fato importante em locais onde não haja uma gama significativa de concorrentes, pois o intuito legal é no sentido de garantir aos consumidores o acesso àquele serviço ou produto, como de utilidade pública.

Nesse sentido, temos que a definição legal[137] de *atividades essenciais* foi estabelecida pela lei que dispõe sobre o exercício do direito de greve Lei nº 7.783, de 28 de junho de 1989 com alterações posteriores. O inciso III chama atenção também para redes de franquia, cuja atividade está classificada como essencial, a exemplo das farmácias[138].

No caso de encerramento de atividade de uma farmácia, onde o mercado local está repleto de concorrentes, a exemplo de grandes centros, não faz sentido alegar violação do direito ao apelo da essencialidade da

[137] "Art. 10 São considerados serviços ou atividades essenciais:
I – tratamento e abastecimento de água; produção e distribuição de energia elétrica, gás e combustíveis; II – assistência médica e hospitalar; III – distribuição e comercialização de medicamentos e alimentos; IV – funerários; V – transporte coletivo; VI – captação e tratamento de esgoto e lixo; VII – telecomunicações; VIII – guarda, uso e controle de substâncias radioativas, equipamentos e materiais nucleares; IX – processamento de dados ligados a serviços essenciais; X – controle de tráfego aéreo e navegação aérea; (Redação dada pela Lei nº 13.903, de 2019) XI compensação bancária. XII – atividades médico-periciais relacionadas com o regime geral de previdência social e a assistência social; (Incluído pela Lei nº 13.846, de 2019); XIII – atividades médico-periciais relacionadas com a caracterização do impedimento físico, mental, intelectual ou sensorial da pessoa com deficiência, por meio da integração de equipes multiprofissionais e interdisciplinares, para fins de reconhecimento de direitos previstos em lei, em especial na Lei nº 13.146, de 6 de julho de 2015 (Estatuto da Pessoa com deficiência); e (Incluído pela Lei nº 13.846, de 2019); XIV – outras prestações médico-periciais da carreira de Perito Médico federal indispensáveis ao atendimento das necessidades inadiáveis da comunidade. (Incluído pela Lei nº 13.846, de 2019); XV – atividades portuárias. (Incluído pela Lei nº 14.047, de 2020)

[138] Disponível em: <http://www.portaldofranchising.com.br/franquias-de-beleza-saude-farmacias-e-produtos-naturais>. Acesso em: 18 ago. 2022.

atividade, pois, nesse exemplo, o acesso aos serviços e/ou produtos estará garantido pela própria competitividade mercantil.

No entanto, ainda que seja difícil admitir tal exemplo, em se tratando de uma farmácia, cujo mercado local só é atendido por essa unidade franqueada, fará sentido trazer o argumento da essencialidade da atividade. Todavia, ainda assim não seria possível admitir como suficiente para anular a cláusula de não concorrência, bastando para tanto o franqueador dar continuidade à atividade, seja por meio de unidade própria, seja de novo franqueado.

Podemos afirmar, então, que a atividade essencial está mais relacionada a fatores extrínsecos, de mercado, e não intrínsecos relacionados à cláusula de não concorrência. Pretender o ex-franqueado anular a cláusula de não concorrência apenas sob o argumento da essencialidade da atividade, em proveito próprio, mas desprezando os verdadeiros destinatários da lei (consumidores) seria o mesmo que pretender o enriquecimento sem causa.

Assim, mesmo diante da interpretação restritiva e mais favorável ao aderente, como já vimos acerca da interpretação do contrato de franquia, a cláusula de não concorrência em *atividade essencial*, a princípio, seria igualmente válida, desde que atendidos os seus requisitos também já analisados.

Do mesmo modo, a atividade *uniprofissional* e o *prévio domínio do know-how* são alguns questionamentos específicos, sensíveis, e demandam cautelosa análise em relação à compatibilidade com a cláusula de não concorrência.

Ressaltamos que a todo direito fundamental corresponde um dever correlato, ou seja, ao mesmo tempo em que se estabelece ao indivíduo uma garantia constitucional, espera-se que seu comportamento seja compatível para que os demais também possam exercê-lo. Para dirimir aparentes conflitos, Alexy (2011) criou a técnica da ponderação como solução de colisões de princípios constitucionais.

Os princípios norteadores do tema são: i) a ordem econômica e a livre-iniciativa prevista no artigo 170, *caput*, parágrafo único, da CF[139]; ii) livre

[139] "Art. 170. A ordem econômica, fundada na valorização do trabalho humano e na livre iniciativa, tem por fim assegurar a todos existência digna, conforme os ditames da justiça social, observados os seguintes princípios:

concorrência (art. 170, IV);[140] e iii) a liberdade de atividade profissional (art. 5º, XIII)[141].

Temos então que o "juízo de ponderação é construído a partir da própria concretização do entendimento extraído de um determinado princípio, ocasionando, portanto, a densificação da referida norma *in concreto*. A técnica da ponderação consiste em técnica de decisão judicial diante de casos essencialmente difíceis, principalmente em discussões acerca do princípio da proporcionalidade e do conteúdo múltiplo dos direitos fundamentais[142]". Fiedra (2007, p. 99), após registros conceituais que não serão abordados para que possamos conferir mais profundidade ao tema, conclui de modo esclarecedor em sua obra sobre não concorrência:

> Ao incidir a obrigação de não concorrência sobre o caso concreto, deve sempre ser observado o princípio da proporcionalidade a fim de que as restrições aos princípios da livre-iniciativa e da livre concorrência sejam na medida exata da proteção ao estabelecimento transferido. A obrigação de não concorrer restringe a liberdade do transmitente do estabelecimento de se associar livremente para exercer uma atividade profissional, de exercer livremente qualquer atividade e de concorrer, também, livremente. Então, ao incidir a regra da não concorrência em um caso concreto, a proibição deve ser na medida suficiente para impedir a disputa pela mesma clientela já conquistada pelo transmitente, eliminando-se, portanto, qualquer excesso.
> É necessário colocar na balança os princípios que estão em colisão com os direitos: de um lado, a restrição à livre concorrência e à livre-iniciativa; e de

(...)
Parágrafo único. É assegurado a todos o livre exercício de qualquer atividade econômica, independentemente de autorização de órgãos públicos, salvo nos casos previstos em lei."

140 "Art. 170. (...) IV – livre concorrência."

141 "Art. 5º Todos são iguais perante a lei, sem distinção de qualquer natureza, garantindo-se aos brasileiros e aos estrangeiros residentes no País a inviolabilidade do direito à vida, à liberdade, à igualdade, à segurança e à propriedade, nos termos seguintes:
[...]
XIII – é livre o exercício de qualquer trabalho, ofício ou profissão, atendidas as qualificações profissionais que a lei estabelecer; [...]"

142 Disponível em: <http://www.ambitojuridico.com.br/site/index.php?n_link=revista_artigos_leitura&artigo_id=10617>. Acesso em: 18 ago. 2022.

outro, a obrigação de garantia do vendedor (regra da não concorrência). Para manter o equilíbrio dos dois lados da balança, deve-se aplicar o princípio da proporcionalidade, oferecendo, ao caso concreto, a solução ajustadora.

Ora, se, segundo a autora (Fiedra – 2007, p. 99), "a proibição deve ser na medida suficiente para impedir a disputa pela mesma clientela já conquistada pelo transmitente, eliminando-se, portanto, qualquer excesso", podemos também afirmar que a cláusula de não concorrência não impõe o fim da atividade empresarial do ex-franqueado, pois apenas impedirá, por um período determinado, o aproveitamento de clientela relativa ao estabelecimento. Significa defender que o ex-franqueado poderá manter a sua atividade imediatamente após o fim da relação contratual se fora do território delimitado, para não se beneficiar daquela clientela criada pela antiga unidade franqueada.

Também podemos afirmar que o objeto, como um dos *requisitos essenciais* da cláusula de não concorrência, necessita ser igualmente *modulado*, pois ainda que estabeleça o território e defina o prazo de proibição, o excesso ou a falta de estipulação específica para cada situação, como analisamos, poderá acarretar a sua nulidade ou relativização.

Tal situação se verifica porque há inúmeros segmentos que comportam vários mercados – subsegmentos. Por exemplo: uma franquia cuja atividade e público-alvo são sapatos femininos. É evidente que o público masculino e o infantil jamais concorrerão com o segmento de sapatos femininos. Assim, a cláusula de não concorrência, quanto ao seu objeto, não poderá proibir a exploração das atividades relacionadas ao mercado de sapatos masculinos e infantis. Seria extrapolar os limites da boa-fé objetiva, ampliando a restrição a mercados não explorados e de públicos distintos. Essa abusividade poderá relativizar a cláusula de não concorrência e implicar, inclusive, a sua nulidade.

Na mesma seara, podemos afirmar que cláusulas muito genéricas, dando amplo campo de não concorrência, podem inviabilizar sua aplicação – por exemplo, uma que impeça atuar em alimentação sendo que a franquia era de comida italiana e o ex-franqueado quer atuar com comida japonesa agora.

Ainda, podemos afirmar também que o ex-franqueado poderá desenvolver a mesma atividade no mesmo território após o escoamento do prazo previsto na cláusula de não concorrência, daí sim, podendo utilizar as regras de mercado para captar novos clientes e reconquistar a antiga clientela.

A cláusula de não concorrência, portanto, *não ofende a CF e tampouco a legislação infraconstitucional.* Está prevista no artigo 3º, XIV, "a" e "b", do marco legal, entendimento este já manifestado por tribunais de justiça do País e STJ, cuja análise aprofundada se dará a seguir.

Por outro lado, em se tratando de *atividade uniprofissional* (ex.: dentista) ou *know-how* de conhecimento prévio do ex-franqueado (é comum um empresário de bandeira branca converter o seu negócio em franquia de renome), estamos diante de exceção à regra. Impedir o profissional de desenvolver a sua atividade profissional de formação, bem como o empresário que já conhecia o ramo do negócio, portanto, ambos já dominavam o mesmo *know-how* do franqueador, seria uma abusividade violadora das garantias constitucionais mencionadas.

Nesses casos de *atividade uniprofissional,* solução que parece ser aceitável e condizente com a situação concreta, seria a proibição de manter os elementos identificadores da marca franqueada e equipamentos específicos do franqueador. Descaracterizado o padrão visual, *layout,* e se abstendo de utilizar maquinários, equipamentos, softwares e elementos específicos do franqueador, não poderá a cláusula de não concorrência proibir as respectivas atividades exclusivamente profissionais.

Como sugerimos, a cláusula de não concorrência deverá ser *modulada caso a caso*. Deverá levar em consideração se a profissão é de fato importante para aquele caso. Explico: poderá haver uma situação em que a pessoa tem a formação profissional, mas não a exerce e contrata outra pessoa que realmente exerça aquela profissão, como sócia operadora, para atender às necessidades do negócio. Por exemplo: uma pessoa tem formação de dentista, mas nunca a exercitou. Certo dia, decide abrir uma franquia de odontologia, mas como está fora do mercado há anos, contrata um profissional para se submeter aos testes e exigências do franqueador. Nesse caso, o franqueado terá como sócio operador da franquia o profissional por ele contratado para atender ao perfil exigido. Pensamos que, nesse exemplo específico, a cláusula de não concorrência poderá ser imposta, desde que na *modulação* sugerida, pois a profissão do franqueado ainda que relacionada à atividade empresarial da franquia seria irrelevante.

Para Coelho (2012, p. 309), "a propósito da restrição material (objeto), deve-se também considerar inválida a cláusula que impeça o contratante pessoa física de exercer a sua profissão". Do contrário, seria estimular o comportamento oportunista dos franqueadores para promover a concorrência autofágica, ao assediar no mercado profissionais e empresários com tais características para eliminá-los com a cláusula de não concorrência após a relação contratual, e esse comportamento não pode ser admitido.

Nesse sentido, começamos a delinear os *requisitos estratégicos*, que correspondem à *modulação* da cláusula de não concorrência para contemplar a atividade essencial, uniprofissional e o prévio domínio do *know-how*.

4.1.1. Descumprimento contratual do franqueador e as obrigações pós-contratuais

O contrato de franquia estabelece inúmeras obrigações. De um lado, estão as regras impostas ao franqueado pelo franqueador, tais como manter o padrão arquitetônico atualizado, efetuar compras de fornecedores homologados, conservar estoque mínimo, efetuar pontualmente pagamentos de taxas e *royalties*, comparecer a reuniões, treinamentos, congressos, enfim, seguir as regras de negócio para dar unidade à rede franqueada. Por outro lado, ainda que em proporção bem menor, há obrigações do franqueador, que são: garantir o prazo contratual mínimo de retorno do investimento (*payback*), garantir o fornecimento à rede, dar treinamentos e atualizar a rede sobre inovações, produtos, serviços, técnicas, manuais, métodos, desenvolver campanhas de marketing etc.

O contrato também tem característica de trato sucessivo ou execução continuada, não se extinguindo com o cumprimento de apenas uma obrigação. A sua extinção poderá ocorrer pelo escoamento do tempo, resilição ou resolução. Via de regra, os contratos de franquia têm prazo de cinco anos, exceto os casos de grandes investimentos (hotelaria, indústria) em que o prazo do *payback*[143] pode alcançar de dez a quinze anos, ou mais.

143 Parágrafo único do artigo 473 do Código Civil: "Se, porém, dada a natureza do contrato, uma das partes houver feito investimentos consideráveis para a sua execução, a denúncia

De maneira geral, a extinção do contrato quase sempre traz questões difíceis, envolvendo má-fé, abuso do poder econômico, enriquecimento sem causa ou vantagem excessiva a uma das partes.

Com base nos preceitos da boa-fé e do equilíbrio contratual, conforme abordamos no início desta obra, entendemos que a cláusula de não concorrência poderá ser relativizada se caracterizada a culpa do franqueador na resolução do contrato de franquia.

Vamos imaginar o seguinte exemplo: o franqueador recebe um candidato com alto poder de investimento, mas que estabelece como exigência a abertura de uma ou várias unidades em territórios já ocupados por franqueados não tão poderosos e até mesmo que apenas "cumprem a cartilha" sem pretensões de crescimento ou de planos ambiciosos. Para atender aos interesses de ambos, bastaria o franqueador simplesmente descumprir o contrato e/ou promover a sua resilição, mas impondo ao ex-franqueado a cláusula de não concorrência.

Haveria neste caso, flagrante abuso do poder econômico e de direito não admitidos pelo nosso atual ordenamento jurídico. Admitir a resilição do contrato de franquia nessa situação, ou em situações similares, antes do término de sua vigência, seria o mesmo que admitir o benefício da própria torpeza. Pior ainda seria a situação se não houvesse transcorrido o prazo do *payback,* ou seja, ainda neste exemplo, o franqueado poderia fazer valer o disposto no parágrafo único, do artigo 473 do Código Civil. Não bastaria o pagamento de multa pelo franqueador, seria direito do franqueado manter a exploração da atividade até o escoamento da vigência contratual. A medida seria puramente potestativa, portanto, nula de pleno direito[144].

Lisboa (2004, p. 498), sobre as cláusulas puramente potestativas, contribui para o nosso argumento:

unilateral só produzirá efeito depois de transcorrido prazo compatível com a natureza e o vulto dos investimentos".

144 "Art. 122. São lícitas, em geral, todas as condições não contrárias à lei, à ordem pública ou aos bons costumes; entre as condições defesas se incluem as que privarem de todo efeito o negócio jurídico, ou o sujeitarem ao puro arbítrio de uma das partes."

Condição potestativa é a imposta pelo arbítrio das partes. A condição puramente potestativa decorre da inexistência de interferência de qualquer fator externo e, por isso, não é considerada lícita. Caio Mário entende que a condição puramente potestativa põe ao arbítrio de uma das partes o próprio negócio. Anula o ato. Equipara-se a ela a indeterminação potestativa da prestação, que é nula. Veda-se a condição puramente potestativa, por depender do exclusivo arbítrio das partes, e a condição perplexa, ou seja, aquela, que priva o ato de todo efeito.

Para Miranda (1970, p. 157), a "potestatividade pura estabelece o arbítrio, que é a privação do direito, da relação jurídica; [...] o querer puro, sem limites, repugna ao direito".

Vale mencionar o abuso do direito previsto no artigo 187 do Código Civil que estabelece: "Também comete ato ilícito o titular de um direito que, ao exercê-lo, excede manifestamente os limites impostos pelo seu fim econômico ou social, pela boa-fé ou pelos bons costumes".

Nosso entendimento sobre essa questão coincide com os ensinamentos do professor Wald (2003, p. 193), ao defender que:

> São potestativas as condições que dependem da vontade do agente. Distinguem-se, na matéria, as condições puramente potestativas, que ficam ao exclusivo arbítrio de uma das contratantes e privam de todo o efeito o ato jurídico, das demais condições potestativas, em que se exige da parte um certo esforço, ou determinado trabalho. Viciam o ato as primeiras, citando-se como exemplo de condições puramente potestativas as seguintes: se a parte quiser, se pedir, se desejar etc.

Estamos diante, portanto, de ato ilícito cujo efeito jurídico prático é a sua nulidade, devendo ser retirado do meio em que se insere para inibir a prática violadora do direito e resguardar os interesses protegidos.

Não bastaria, nesse caso, o pagamento de multa e indenização ao franqueado, o ato é nulo de pleno direito e deve-se resgatar o *status quo ante* para assegurar ao franqueado o direito de continuar com a sua atividade até a fluidez completa da vigência contratual. Há, de fato, verdadeira e legítima expectativa do franqueado em desenvolver a atividade pelo menos até o fim da vigência contratual e, geralmente, até da sua renovação.

É comum o perfil de franqueado que faz do negócio a sua vida e de sua família, em que anos se passam e até gerações se alternam para dar continuidade à atividade franqueada, inclusive o tema é objeto de incentivo, orientação e programas desenvolvidos por franqueadores para que haja interesse e capacitação dos sucessores nas operações das franquias.

Ademais, o Código de Conduta e Princípios Éticos da ABF[145] estabelece ao franqueador o dever de "respeitar as boas práticas de concorrência, com firme oposição a: § 1º aliciamento de franqueados, clientes e colaboradores de outros associados; § 2º invasão e canibalização de território". Desse modo, ao conferir como obrigação comportamental o respeito territorial, por si só, compromete a validade da prática do ato do franqueador em detrimento de apenas um ou parte da rede franqueada.

Mendelsohn (1994, p. 169) sustenta que, além das obrigações previstas, o franqueador também se compromete com o aperfeiçoamento da rede, devendo zelar pela proteção e desenvolvimento dela, extravasando os limites da relação jurídica franqueador-franqueado. Para Mendelsohn, há, além da relação franqueador-franqueado, o envolvimento de outras duas partes que "são todos os outros franqueados da rede de franquia e, em segundo lugar, o público consumidor".

[145] "Respeito: Art. 6º A Ética se caracteriza pela prevalência dos valores coletivos sobre os individuais e se materializa, entre outros princípios, no respeito, que é reconhecido pela ética da reciprocidade. É um valor que conduz o homem a reconhecer, aceitar, apreciar e valorizar as qualidades do próximo, os seus direitos, deveres e responsabilidades. Por força deste princípio, deve-se:
I – colaborar ativamente na formação de uma cultura de respeito pelo sistema de franchising, por meio da atividade empresarial, pessoal ou profissional com princípios de sustentabilidade;
II – articular parcerias e conduzir negócios em conjunto com stakeholders que também tenham, em suas práticas, princípios norteados por respeito ao meio ambiente, à pessoa e a sociedade;
III – respeitar as boas práticas de concorrência, com firme oposição a:
§ 1º aliciamento de franqueados, clientes e colaboradores de outros associados;
§ 2º invasão e canibalização de território;
IV – assegurar as mesmas oportunidades para todos os envolvidos no sistema de franchising, respeitando cada categoria de associado."

Nesse sentido, Saavedra (2005) aponta para a pluralidade dos contratos de franquia em função de sua "objetivação", conforme teoria proposta por Roppo (2009):

> O contrato estipulado entre vários sujeitos não esgota a sua função no constituir e regular relações jurídicas patrimoniais entre eles, mas realiza uma função mais ampla, relevante, ou seja, a função de dar vida diretamente a uma complexa organização de homens e meios, que adquire uma objetividade autônoma em relação ao contrato e às relações contratuais de que emerge, a que, por assim dizer, transcende.

Assim, em que pese a inexistência de relação contratual direta entre franqueados, há interesse comum no cumprimento de obrigações em prol da rede como um todo.

Do mesmo modo, deve ser o comportamento do franqueador em relação à rede franqueada, sua atitude em relação a um franqueado poderá prejudicar os demais franqueados e o público consumidor, respondendo neste caso pela prática de ato ilícito, nos termos dos artigos 186 e 927 do Código Civil.

Ademais, como já vimos, devemos registrar ainda a aplicação do artigo 476 do Código Civil, que prevê a exceção do contrato não cumprido de forma subsidiária. A refutação da aplicabilidade da cláusula de não concorrência, ante a inobservância do fim da vigência contratual é medida fundamental que se impõe, para resguardar não só o franqueado, vítima daquela situação, mas também a estabilidade e a segurança jurídica da própria rede franqueada.

Assim, sugere-se que, para essas situações, a cláusula deverá mais uma vez estar adequadamente *modulada* ao caso específico, *prevendo o impedimento da sua própria aplicabilidade para afastar ilegalidades, ganhando força e reconhecimento pelos julgadores.*

Situação diferente que merece ser esclarecida é quando o franqueador vislumbra a possibilidade de inserir no território já ocupado outra unidade franqueada, franqueando ao franqueado o direito de preferência. Nessa situação, desde que apresentado o estudo de viabilidade – novo fato mercadológico – que justifique a implantação de nova unidade franqueada, deverá o franqueador notificar o franqueado para que, em prazo estabelecido – normalmente trinta dias –, manifeste o seu interesse na abertura da nova unidade.

O silêncio do franqueado poderá ser entendido como falta de interesse e, portanto, liberará o franqueador para implantar, naquele mesmo território, nova unidade, própria ou franqueada, cuja titularidade será outra. Essa regra é aplicável tanto aos contratos de franquia que estabelecem exclusividade territorial como aos que concedem mero direito de preferência.

Concluímos, então, que o descumprimento contratual por parte do franqueador apenas com o objetivo de expulsar imotivadamente o franqueado da rede constitui também um dos *requisitos estratégicos* para a nossa proposta de *modulação,* devendo, nesse caso, estabelecer a suspensão dos efeitos da cláusula de não concorrência.

Registre-se, portanto, entendimento no sentido de desautorizar a aplicação da cláusula de não concorrência apenas, como única hipótese, quando o franqueador falhar na cessão do *know-how* básico para a montagem e instalação do negócio ou agir de má-fé conforme acima explanado.

De outro turno, a natureza jurídica das cláusulas de não concorrência é indiscutivelmente **Autônoma**, ou seja, mesmo após a extinção ou reconhecimento da anulabilidade ou nulidade do contrato de franquia em juízo, e em razão da sua costumeira e ampla utilização, **deverá ser preservada a sua validade e aplicação até mesmo nesses casos**, não sendo atingida pelos efeitos daí decorrentes. O entendimento contrário oportunizaria manobras violadoras sob o argumento de inadimplemento contratual da franqueadora com objetivo principal de se esquivar das multas contratuais e, sobretudo, manter-se na atividade econômica, normalmente no mesmo ponto comercial, mesmo endereço, mesmo negócio, mesma clientela, mas sem a marca franqueada. Tal prática se caracteriza, como já dissemos, odiosa virada de bandeira, com a qual não podemos admitir, sob pena de enfraquecimento e distúrbio do sistema de franquia.

4.2. Responsabilidade de parentes e sócios: característica *intuitu personae*

É consenso entre os operadores da *franchising* que o perfil do franqueado é fundamental para o sucesso do negócio. Assim, uma pessoa que não admita trabalhar à noite ou aos fins de semana não terá o perfil desejado para trabalhar em pizzarias e restaurantes, quando o expressivo volume de vendas ocorre nesses períodos. Insistir no negócio à revelia desse perfil certamente acarretará o insucesso do negócio, ou não tardará para ocorrer o seu repasse (trespasse). Em razão disso, nasce uma das principais características da *franchising* e do contrato de franquia: o caráter personalíssimo, ou *intuitu personae*. Disso decorrem as restrições impostas pelo franqueador em relação à cessão do contrato, alterações do contrato social da empresa relativa à composição societária e seu controle.

A questão a ser analisada, portanto, diz respeito à tentativa de substituição de personagens por parte do ex-franqueado para dar continuidade à atividade econômica sem que tenha de se sujeitar à cláusula de não concorrência. Não raro, diante do período de quarentena, imposto pela cláusula de não concorrência, parentes, amigos e até mesmo sócios (que não participaram do contrato de franquia como franqueados ou sócios operadores) são "convidados" a dar continuidade ao negócio, pois, em tese, não poderiam ser atingidos pelos efeitos da cláusula de não concorrência do contrato de franquia. No entanto, entendemos que, respeitados os argumentos contrários, desde que fique provado o intuito de afastar o dispositivo ora em estudo (cláusula de não concorrência), estará caracterizada a *fraude* para violar o direito do franqueador e da rede franqueada.

Nesses termos, foi o entendimento do juiz Alexandre Bucci, da 14ª Vara Cível de São Paulo (Fórum João Mendes), ao condenar uma ex-franqueada da S.O.S. Computadores a pagar multa e a indenizar a empresa pela perda de clientela e lucros cessantes. Segundo o juiz:[146]

> Os réus se utilizaram de terceiros, inclusive via sucessão informal e até mesmo constituição de empresa [...] para que pudessem indevidamente dar continuidade às atividades outrora desempenhadas quando da vigência do contrato de franquia, frise-se, valendo-se de todos os elementos da autora S.O.S.

[146] Disponível em: <http://www.conjur.com.br/2011-abr-30/ex-franqueada-indenizar-franqueador-concorrencia-desleal>. Acesso em: 18 ago. 2022.

Desse modo, por meio de qualquer pessoa interposta (laranja), sejam elas parentes, amigos, ex-sócios, sócios, funcionários, enfim, quando houver a *intenção de fraudar*, o dispositivo contratual contra a prática de concorrência desleal, deverá haver o rigor das decisões para *reconhecer a violação do direito* e assegurar aos lesados o direito ao pagamento de multa e indenizações.

Relativamente comum o fato de familiares utilizarem o conhecimento adquirido pelo parente como franqueado para dar continuidade ou mesmo abrir "novo" negócio, aproveitando-se do *know-how* do ex-franqueador. Há casos, ainda, em que a própria pessoa que foi franqueada é "contratada" como funcionária ou prestador de serviços dos novos proprietários da unidade. Evidente que tais situações também se caracterizam como meio criativo de fraudar o dispositivo da cláusula de não concorrência, devendo ser igualmente reconhecida a violação do direito como concorrência desleal com todas as suas consequências.

No entanto, a falta de comprovação de fraude leva a entendimentos de validade do ato de alienação do estabelecimento a terceiros, desde que descaracterizada a identidade visual e respeitadas as eventuais restrições impostas no contrato de franquia.

Nesse sentido, o TJSP, ao julgar a Apelação nº 9164371-81.2007.8.26.0000, da Comarca de São Paulo, em que foi apelante Livraria Nobel S/A e apelados Sérgio Baccho, Liliane Maria Marques Baccho, Silvio Marques Neto, Neusa Benedita de Oliveira Marques, Maxsigma Livraria e Papelaria Ltda. e L. M. Baccho & Marques Livraria e Papelaria Ltda; entendeu que:

> Não há no conjunto probatório comprovação das alegadas concorrência e infração contratual. Os contratantes não fazem parte do quadro de outra sociedade empresária, e não caracteriza desrespeito à cláusula de não concorrência a manutenção da atividade empresária da ex-franqueada. Ausentes a similitude de fachada e de layout entre os estabelecimentos empresariais, e não havendo coincidência no quadro societário, de rigor, a improcedência dos pedidos formulados na inicial. Agravo retido não conhecido. Apelação não provida.

Estamos, portanto, diante de uma situação em que a prova produzida será determinante para o reconhecimento, ou não, da violação do direito protegido. Não se trata de matéria de direito, uma vez provada a modalidade criativa com o objetivo de fraudar, será reconhecida a prática de concorrência desleal como violação da cláusula de não concorrência.

4.3. Dependência econômica

Como já vimos, é consenso a repressão ao abuso da dependência econômica, sobretudo numa relação em que, de modo geral, o franqueador dita as normas do negócio aos seus franqueados. No entanto, Forgioni (2009, p. 35), fazendo um contraponto sobre a teoria geral dos contratos e a repressão ao abuso de dependência econômica empresarial, adverte: "essa proteção deverá se dar em conformidade com as regras e os princípios típicos do direito mercantil e não da lógica consumerista, incompatível com as premissas daquele sistema".

Para a autora (Forgioni – 2009, p. 35), a situação de dependência econômica, ainda na teoria geral dos contratos, ocorre quando "*um dos contratantes está em condições de impor suas condições ao outro, que deve aceitá-las para sobreviver*"[147]. Ainda, importante destacar que "*nada há de ilícito no fato de uma empresa ser economicamente superior a outra, mas o abuso dessa situação é reprimido pela ordem jurídica*"[148].

O cometimento de tal *abuso* deve ser contido lançando mão dos dispositivos gerais do Código Civil para proteger a parte prejudicada em busca do reequilíbrio na relação contratual. A depender do caso, a boa-fé deverá ser elemento de restabelecimento das forças para reconhecer a ilicitude do ato.

A dependência econômica também pode ser analisada sob o ponto de vista concorrencial, mas nos interessa apenas a análise contratual.

Ao definir a situação de dependência econômica, Forgioni (2008, p. 347-348) estabelece importante distinção: "a situação de dependência econômica pode implicar a exploração oportunista da posição de sujeição do parceiro, da predominância econômica, da condição de independência e da indiferença sobre a *contraparte* (e não sobre o mercado)".

[147] Guyon, Yves. P. 971.
[148] Guyon, Yves. P. 971.

O desafio, portanto, é buscar o equilíbrio entre os mecanismos para refrear o abuso e, ao mesmo tempo, garantir a eficiência do sistema de franquia, diante do potencial de desestímulo que decorre do reconhecimento do abuso.

O abuso da dependência econômica também pode se manifestar por meio do instituto da lesão, que na definição de Caio Mario da Silva Pereira, "ocorre a lesão quando o agente, abusando da premente necessidade ou da inexperiência da outra parte, aufere do negócio jurídico um proveito patrimonial desarrazoado ou exageradamente exorbitante da normalidade".

Como consequência do reconhecimento do instituto da lesão, aplica-se a anulação do ato, exceto "se for oferecido suplemento suficiente, ou se a parte favorecida concordar com a redução do proveito", afirma o autor.

Considerando a relação entre franqueador e franqueado, imaginamos tratar-se de partes experientes, empresários empreendedores, independentes e atentos às necessidades e oportunidades de negócios. Nesse contexto, poderíamos admiti-los como inexperientes para fins de aplicação do artigo 157 do Código Civil?

Nos termos do Enunciado 28 da Jornada de Direito Comercial do Conselho da Justiça Federal, a resposta é negativa, a saber: "em razão do profissionalismo com que os empresários devem exercer sua atividade, os contratos empresariais não podem ser anulados pelo vício da lesão fundada na inexperiência".

De qualquer forma, a resposta exige cautela. A relação entre empresários deve, como já vimos, ser pressuposta de equilíbrio e validade nos negócios jurídicos, ainda que haja dependência econômica, não haverá ilicitude se não houver o cometimento de abuso.

Diante dessas considerações, podemos afirmar que o instituto da lesão deve ser aplicado com moderação, a fim de não prejudicar a saúde e a credibilidade do sistema de franquia, responsável pelo crescimento econômico-histórico e reconhecido pelo mercado como um sucesso no modelo de distribuição.

CAPÍTULO 5
POSIÇÃO ATUAL DA JURISPRUDÊNCIA BRASILEIRA E A NÃO CONCORRÊNCIA

5.1. Jurisprudência brasileira:

5.1.1. Superior tribunal de justiça (STJ)

Em 2015, na linha de decisões anteriores, houve uma importante decisão que ainda contribui para a consolidação da cláusula de não concorrência foi o REsp 1.203.109-MG (2010/0127767-0), ao apresentar o entendimento de que:

> são válidas as cláusulas de não concorrência, desde que limitadas espacial e temporalmente, porquanto adequadas à proteção da concorrência e dos efeitos danosos decorrentes de potencial desvio de clientela, valores jurídicos reconhecidos constitucionalmente.

Tal entendimento está em consonância com os argumentos atuais sustentadores desta obra. Todavia, podemos perceber que, para o STJ, bastavam os limites espacial e temporal, ou a questão não foi suficientemente esgotada. Entendemos de modo diverso, como já afirmamos definir o *objeto* de forma específica é *requisito essencial* para a plena aplicabilidade da cláusula de não concorrência, *v.g.*, o caso da franquia de sapatos masculinos que não pôde impor proibição de desenvolvimento de atividade similar, mas de públicos distintos como o feminino e o infantil.

A violação ao objeto no caso concreto acarreta igualmente no abuso do direito e fere de morte a cláusula de não concorrência, afinal, contraria o disposto no artigo 422 do Código Civil. Nesse sentido, o Enunciado 25 do

CJF: – "o art. 422[149] do Código Civil não inviabiliza a aplicação pelo julgador do princípio da boa-fé nas fases pré-contratual e pós-contratual".

No entanto, o tema requer abordagem atual das decisões dos tribunais sob a ótica da nova lei de franquias para que possamos identificar eventuais mudanças de entendimentos. Vamos analisar as decisões mais relevantes encontradas, a saber:

DECISÃO – Abril de 2022

Cuida-se de agravo apresentado por Marcella Felipe Bebiano contra a decisão que não admitiu seu recurso especial. O apelo nobre, fundamentado no artigo 105, inciso III, alínea "a" da CF/88, visa reformar acórdão proferido pelo TRIBUNAL DE JUSTIÇA DO ESTADO DA BAHIA, assim resumido:

> Agravo de instrumento. Discussão sobre validade de cláusula de não concorrência em contrato de franquia. Controvérsia acerca de quem deu causa à ruptura do vínculo. Continuidade de funcionamento da agravante na mesma atividade comercial. Impossibilidade. Incidência da cláusula de não concorrência firmada quando da contratação. Necessária observância do prazo pactuado. Decisão mantida. Agravo de instrumento improvido.

Para o deferimento da antecipação dos efeitos da tutela, faz-se necessário o preenchimento dos pressupostos legais insertos na lei.

Assim, além da existência de prova inequívoca, é necessário que o magistrado também se convença da verossimilhança da alegação e que haja fundado receio de dano irreparável ou de difícil reparação.

Da análise dos autos, verifica-se que a decisão vergastada se amparou na necessidade de cumprimento do contrato firmado livremente pelas partes, não vindo ao caso se a medida significou reconhecimento antecipado da culpa pela quebra contratual ou não, haja vista que buscou apenas preservar a cláusula que claramente vedou o exercício de concorrência no mesmo ramo comercial. A plausibilidade do direito alegado pela recorrente encontra-se fragilizada em face de sua pretensão consistir

[149] "Art. 422. Os contratantes são obrigados a guardar, assim na conclusão do contrato, como em sua execução, os princípios de probidade e boa-fé."

exatamente em seguir atuando, de imediato, no mesmo ramo comercial da franqueadora, enquanto o contrato firmado estabeleceu lapso temporal para que aquela pudesse tornar a exercer tais atividades. Ressalte-se que, não estando suficientemente esclarecida a motivação da ruptura do contrato ou quem teria dado causa a tal medida, de rigor que se preserve as cláusulas até então vigentes e consensualmente estabelecidas.

Por outro lado, não obstante a recorrente argumente acerca do *periculum in mora*, destacando que a suspensão de suas atividades comerciais pelo prazo constante do contrato inviabilizará a continuidade do seu negócio, forçoso concluir que a autorização de continuidade também acarretará possíveis prejuízos à parte adversa, seja pela divulgação das técnicas inerentes à sua especialidade, seja por eventuais prejuízos à sua imagem de franqueadora e mesmo inviabilizando a chegada de novos franqueados nesta localidade (AREsp 2058280 2022/0018511-3 Página 1 de 8 – Superior Tribunal de Justiça – Brasília, 08 de abril de 2022. Ministro Humberto Martins).

Claramente não só o STJ continua a reconhecer a existência e validade da cláusula de não concorrência, como constrói importante fundamentação na defesa da sua aplicabilidade concreta para afastar o oportunismo que consiste, exatamente, em seguir atuando no mesmo ramo comercial da franqueadora, culminando em flagrante violação da cláusula, atraindo todas as suas consequências pelo descumprimento.

Cabe registrar que o pagamento da multa estabelecida na cláusula de não concorrência não tem o condão de liberar a atividade concorrencial, isso porque a multa remunera apenas a violação, de modo que é de rigor o encerramento da atividade concorrencial para que haja efetivo cumprimento e respeito ao lapso temporal previamente estabelecido, dando integral cumprimento à principal finalidade da cláusula, que é a vedação da concorrência por determinado período.

DECISÃO – Setembro de 2019

Trata-se de Agravo nos próprios autos de Clean Express – Lavagem Ltda. – me, Itamar de Oliveira Damasceno Filho e de Antônio Gustavo Negreiros Passos, objetivando a reforma da decisão de inadmissão do recurso interposto perante o Tribunal de Justiça do Estado de São Paulo, em face de acórdão assim ementado (e-stj fl. 1.998): recurso de apelação interposto contra r.

sentença pela qual foi julgada parcialmente procedente ação de rescisão de contrato, c/c. cobrança de multa e, improcedente reconvenção – alegação de incorreção – contrato de franquia – descumprimento da chamada cláusula de "não concorrência" – multa contratual que se mostra efetivamente devida à empresa franqueadora – intempestivo fornecimento de maquinários destinado à exploração da atividade empresarial, e insuficiente divulgação da verdadeira margem de lucro auferida pela empresa franqueada – início do relacionamento contratual ocorrido nos remotos idos de 1999 – irregularidades que resultaram convalidadas por conta do decurso do tempo – acerto da r. sentença – necessária aplicação do disposto no art. 252, do Regimento Interno do e. Tribunal de Justiça do estado de São Paulo – reapreciação minuciosa da r. sentença que implicará em desnecessária repetição dos adequados fundamentos do pensamento monocrático – simples ratificação dos termos da r decisão de 1º grau, que se mostra suficientemente motivada – recurso não provido. Aresp Nº 667.970 – SP (2015/0042105-0).

Decorrem da decisão ao menos dois fundamentos relevantes: i) novamente o reconhecimento da validade e aplicação da clausula de não concorrência inclusive com incidência da respectiva multa e ii) ausência de nexo causal entre o alegado inadimplemento contratual da franqueadora e os resultados reivindicados depois de transcorridos 20 (vinte) anos de relação continuada, convalidando a plausibilidade da fruição contratual e todos os riscos inerentes ao empreendedorismo.

Notadamente, em que pese os efeitos da pandemia da Covid-19, o STJ mantém-se estável no julgamento das causas com discussão acerca da cláusula de não concorrência, reconhecendo expressamente a validade e determinando o seu cumprimento, inclusive aplicando multa contratual, quando cabível, como *enforcement* e garantia do direito para a segurança do sistema de franquia no país.

5.1.2. Tribunal de justiça de são paulo (TJSP)

DECISÃO – Janeiro de 2021

Apelação 1063740-81.2015.8.26.0100 Apelantes e Apelados: Funny Hair Cabeleireiros eCosméticos Ltda ME e Iolanda Carla Brito Santos(Justiça Gratuita) Apelados: José Robert Brito Pedrosa e outro Voto nº 16.812 JV

EMENTA Franquia – Ação declaratória, inibitória e indenizatória Decreto de parcial procedência Pretensão de que a parte ré seja condenada ao pagamento de "*royalties*" e taxa de publicidade após a extinção do contrato Renovação automática não concretizada Ciência da franqueadora quanto à ausência de interesse da franqueada na renovação do contrato Incidência do art. 423 do CC/2002, realizada contratação por adesão – Permanência no mesmo ramo de atividade resultante em violação à cláusula de não concorrência – Aplicação de multa, imposta obrigação de fazer correspondente Sucumbência recíproca Consideração da relevância econômica dos pedidos cumulados, deferidos alguns e indeferidos outros, acomodando a atribuição dos ônus sucumbenciais ao efetivo resultado da demanda, com inversão das proporções estabelecidas na sentença – Apelo da autora desprovido, parcialmente provido o apelo da ré.

São fundamentos da decisão: restou incontroverso nos autos, porém, que aparte ré permaneceu atuando no mesmo ramo de atividade e no mesmo ponto comercial onde situada a franqueada, com o nome fantasia "Dona Tesourinha". Foi, então, desrespeito à cláusula de não concorrência em relevo, pouco importando se há outra franquia na localidade, eis que a regra negocial não traz referida especificação ou limitação, procurando, isso sim, evitar seja estabelecida alguma espécie de confusão na potencial clientela. A aplicação da multa prevista nas Cláusula13.4 do contrato de franquia, no montante de R$50.000,00 (cinquenta mil reais), é de rigor, cabendo destacar que a quantia estipulada não se revela excessiva, ao contrário do proposto pela requerida.

Claramente a decisão do TJSP está na mesma linha de interpretação do STJ acerca da cláusula de não concorrência. Importante destacar que a insistência na permanência das atividades no mesmo ramo de negócio viola flagrantemente a segurança construída na formulação dos contratos de franquia. Isso porque a racionalidade da cláusula de não concorrência é a irreversibilidade da transferência do know-how do franqueador ao franqueado, beneficiado de todo o conhecimento e pacote de acertos do franqueador que investe recursos na evolução do seu sistema de franquia e na reputação de sua marca.

Como já dissemos, apesar da referência no fundamento da decisão denominando "contratação por adesão" entendemos de forma diametralmente oposta, não só pelos argumentos já mencionados, mas também pela argumentação abordada no artigo publicado no site da ABF[150], bastante atual e coerente acerca do tema, de autoria deste autor e do nobríssimo advogado **Gabriel Di Blasi, membros da Comissão de Estudos Jurídicos da ABF – 2022.**

DECISÃO – Maio de 2020

1ª Câmara Reservada de Direito Empresarial Apelação nº 1078925-57.2018.8.26.0100 Comarca: São Paulo 1ª Vara Empresarial e de Conflitos relacionados à Arbitragem MM. Juiz de Direito Dr. Luis Felipe Ferrari Bedendi Apelantes: Vita Odonto Eireli, Pedro Vita Andrade e Lucas Vita Andrade Apelada: Sorrident's Franchising Ltda. VOTO Nº 21.395 Ação de rescisão ou, alternativamente, de anulação de contrato de franquia, cumulada com pedidos indenizatórios, proposta por franqueados contra franqueadora, em que houve reconvenção. Pedido reconvencional de declaração de rescisão contratual por culpa dos franqueados, com pedido cumulado de que sejam condenados à observância de obrigações pós-contratuais pactuadas. Sentença de improcedência da ação principal e de procedência da reconvenção. Apelação. Inversão do ônus da prova. O contrato de franquia tem natureza empresarial, de modo que não se presume a hipossuficiência dos franqueados. Tampouco há, no presente caso, hipossuficiência de fato, ou efetiva dificuldade de acesso à justiça por parte dos franqueados que justifique a modificação do ônus probatório. Os valores a título de lucros apresentados pela franqueadora nas propostas de contratação não passam de simples estimativas. Há inúmeras variáveis que atuam na lucratividade da franquia, muitas delas fora do controle da franqueadora. PODER JUDICIÁRIO TRIBUNAL DE JUSTIÇA DO ESTADO DE SÃO PAULO Apelação Cível nº 1078925-57.2018.8.26.0100 -Voto nº 21.395- CB 3 Como se sabe, o risco é inerente às contratações entre empresários. Doutrina de ANTÓNIOMANUEL MENEZES CORDEIRO e PAULAFORGIONI. Pedido de anulação do contrato, por vícios na circular de oferta de franquia. Decadência. Ausência de previsão de prazo para o ajuizamento de ação anulatória na Lei 8.955/94, devendo-se aplicar a regra geral do art. 179 do Código Civil, segundo o qual "quando

[150] https://www.abf.com.br/contrato-de-franquia-nao-e-adesao/ – Acesso em 05.10.2022.

a lei dispuser que determinado ato é anulável, sem estabelecer prazo para pleitear-se a anulação, será este de dois anos, a contar da data da conclusão do ato". Contagem do prazo decadencial a partir da assinatura do contrato. Ajuizamento da ação depois do biênio. Decadência corretamente pronunciada na origem. De todo o modo, ainda que assim não fosse, teria havido, e seria de se considerar, o transcurso de relevante período sem alegação, pelos franqueados, de falta de informações obrigatórias da circular de oferta de franquia. Enunciado IV do Grupo de Câmaras Reservadas de Direito Empresarial deste Tribunal. Reconvenção. Caso em que se impunha a declaração de rescisão do contrato por culpa dos franqueados, afirmando-se seu dever de observar as obrigações pós-contratuais previstas no contrato de franquia. Manutenção da sentença recorrida. Apelação desprovida.

A decisão do TJSP revela-se de extrema relevância na defesa do setor. Primeiro por reconhecer que o contrato de franquia tem natureza empresarial, de modo que não se presume a hipossuficiência dos franqueados, portanto, vale dizer, há simetria no enlace contratual, sem desequilíbrios que justifiquem a interferência estatal na relação privada. Tampouco há, no presente caso, hipossuficiência de fato, ou efetiva dificuldade de acesso à justiça por parte dos franqueados que justifique a modificação do ônus probatório, ou seja, reforça o correto entendimento acerca da paridade empresarial, em que franqueador e franqueado estão no mesmo patamar negocial e jurídico.

Segundo pela aplicação decadencial de dois anos da conclusão do ato, a partir da assinatura do contrai de franquia. Daí decorre a necessidade de se estabelecer o nexo causal entre a alegação da violação do direito e a observação do prazo decadencial de dois anos para ajuizamento da ação anulatória.

Ainda, a decisão reafirma o dever de observar as obrigações pós-contratuais previstas no contrato de franquia, leia-se, respeitar a cláusula de não concorrência para cessação da atividade concorrencial nos termos previstos em contrato.

Logo, o reconhecimento e a aplicação da cláusula de não concorrência, ainda que por força de uma decisão do poder judiciário, afastando oportunismos, é vital para a preservação saudável de ambiente de negócios pautados na boa fé e na segurança jurídica, fortalecendo ainda mais o sistema de franquia no país.

> **DECISÃO – Setembro de 2020**
> Franquia – Contrato extinto – Tutela de urgência para fazer cumprir cláusula de não concorrência – Atividade educacional de ensino de idiomas – Encerramento imediato da atividade que atinge terceiros em momento delicado e em que estão sendo implementadas medidas vinculadas ao combate da pandemia do Covid-19 ("Coronavírus"), inviabilizada a realização de aulas presenciais – Incidência do § 3º do art. 300 do CPC/2015 – Decisão mantida – Recurso desprovido. (TJ-SP – AI: 20252368520218260000 SP 2025236-85.2021.8.26.0000, Relator: Fortes Barbosa, 1ª Câmara Reservada de Direito Empresarial).

São fundamentos da decisão: Ponderada a peculiar gravidade da conjuntura fática estabelecida, que atinge a todos indistintamente e constitui um fato notório, o pleito antecipatório, tal qual o reconhecido em caso similar (AI 2020172-94.2021.8.26.0000, desta mesma relatoria, j. 07/04/2021), potencializa a imposição de um prejuízo relevante e passível de expandir consequências negativas, o que não pode ser admitido. Há, assim, perigo de grave dano reverso potencializado a tutela provisória postulada e, diante do disposto no §3º do artigo 300 do CPC de2015, estão ausentes os requisitos necessários a seu implemento, ficando mantida a decisão de indeferimento.

Como contraponto, a decisão acima leva em consideração o contexto da pandemia da Covid-19 e o momento do julgado, associando claramente o risco da decisão de aplicação imediata da cláusula de não concorrência ainda em caráter de tutela (decisão provisória), sob o plausível argumento de que é peculiar a "gravidade da conjuntura fática estabelecida, que atinge a todos indistintamente e constitui um fato notório".

Nesse sentido, devemos entender que o julgado, assim como outros do próprio TJSP e comarcas menores, refletem apenas situações peculiares relacionadas aos efeitos nefastos da pandemia mundial, como forma de evitar riscos e danos ainda maiores, optando pela via conservadora, até porque os processos levam anos para serem definitivamente resolvidos. Não se deve, portanto, generalizar ou interpretar tais decisões como esteio jurisprudencial sobre o tema.

DECISÃO – Fevereiro de 2022

EMENTA Franquia Ação declaratória. Decreto de improcedência da ação e de procedência da reconvenção. Teoria da imprevisão invocada pela franqueada. Medidas de quarentena e afastamento social impostas pelo Poder Público para combate da pandemia do Covid-19 ("Coronavírus"). Inviabilização do acesso presencial ao público consumidor, obstaculizando a prestação de serviços tais quais aqueles projetados no contrato de franquia celebrado, de "manicure, pedicure, depilação, embelezamento do olhar, podologia, estética, cabelo, maquiagem e outros tratamentos" e venda de cosméticos de linha de fabricação própria, instalada unidade franqueada num "shopping center". Núcleo do ajuste de vontades atingido por evento incomum e extremamente grave, ultrapassados os riscos próprios ou naturais do negócio, sem que isso possa ser imputado a qualquer das partes. Inviabilidade da cobrança de "royalties" e taxa de publicidade atinentes ao período em que vigoraram as medidas de quarentena e afastamento social – Não se pode meramente fingir que a normalidade impera e que as obrigações são imunes a uma paralisação econômica forçada num cenário de crise sanitária e social. A disciplina da prestação e da contraprestação precisa refletir a gravidade dos acontecimentos, adaptados os preceitos inscritos nos arts. 476 e 478 do CC/2002, culminando no reconhecimento de uma impossibilidade temporária e na suspensão ou paralisação de posições jurídicas, mantidas em estado de pendência – Necessidade de acomodação ou modulação. Apreciação da situação concreta das partes. Falta de pagamento de "royalties" e taxa de publicidade vencidos em março de 2020, referentes a período anterior àquele em que foi imposta a paralisação da atividade empresarial – Fechamento antecipado da unidade franqueada, precedida de manifestação anterior ao evento, operada resilição unilateral com violação das regras negociais. Deferimento da cobrança de multa contratual, com redução proporcional, e de "royalties" e taxa de propaganda inadimplidos no mês de março de 2020, mantidas a declaração da extinção do contrato de franquia enfocado e a imposição do cumprimento dos deveres de não concorrência e confidencialidade ajustados – Declaração de inexigibilidade das verbas vencidas a partir do mês seguinte. Ação e reconvenção julgadas parcialmente procedentes – Sucumbência recíproca – Apelo parcialmente provido. Apelação Cível nº 1006823-29.2020.8.26.0565 Apelante: Mdr Esmalteria e Beleza Ltda. Apelado: Wlt Participações e Gestão Empresarial.

O julgado em âmbito recursal manteve a decisão de primeiro grau para assegurar e reconhecer as regras contratuais e pós contratuais estabelecidas. Importante analisar que o TJSP aplica as sanções contratuais e legais mesmo dentro do contexto dos efeitos da pandemia, em que pese a sensibilidade do julgado acerca do "núcleo do ajuste de vontades atingido por evento incomum e extremamente grave, ultrapassados os riscos próprios ou naturais do negócio, sem que isso possa ser imputado a qualquer das partes".

Nesse sentido, o TJSP mais uma vez, acertadamente, decide pela violação das regras negociais, reconhece a resilição unilateral, aplica a modulação de redução da multa contratual, estabelece o pagamento de *royalties* atrasados e por fim, mas não menos importante, mantém a declaração de extinção do contrato de franquia e destaca a imposição do cumprimento dos deveres de não concorrência e confidencialidade ajustados.

Vale lembrar, ainda, que o TJSP conta com duas Varas Empresariais, 1ª e 2ª Varas Regionais Empresariais e de Conflitos Relacionados à Arbitragem da 1ª Região Administrativa Judiciária – Grande São Paulo, competentes para julgar os casos de franquia e arbitragem, cujas decisões, de certa forma, recebem um nível maior de especificidade quanto às matérias relacionadas.

DECISÃO – Dezembro de 2022

Mais uma vez, acertadamente, o TJSP reconhece e mantém, mesmo sob o enfoque da nova lei, a validade e aplicabilidade da cláusula de não concorrência, inclusive com longa e destacada referência ao livro deste autor sobre o tema, a saber:

A cláusula de não concorrência prevista na cláusula 23, inciso XV (fls. 73) também deve ser observada no caso em tela. O limite temporal de 2 (dois) anos é razoável e proporcional ao fim a que se destina e o contrato firmado entre as partes encontra-se delimitado territorialmente à região indicada no inciso II.9.b (fls. 56). Na lição de ANTEO E. RAMELLA ao analisar o direito argentino "En lo que respecta a la forma de la cláusula, la ley no ha fijado una especial, de ahí es que queda ella librada a la voluntad de las partes... Aunque la cláusula debe ser expressa, la ley no exige términos sacramentales para manifestar la volunta de convenirla. Esta sólo debe traduzir apropiadamente al proposito que las partes tuvieron en miras al estipularla." (LA resolución por incumplimiento – 2ªed. ASTREA – B.AIRES – 1 979 – §58.- págs.178/179) Não se olvide que essa cláusula protege o bom desenvolvimento das relações entre os franqueadores e franqueados, mantendo protegido o "know how" gerado pela franquia, evitando, assim, que o trabalho de efetivação do negócio seja prejudicado ou perdido por culpa do aproveitamento desleal de ex-franqueados.

ALEXANDRE DAVID SANTOS estudando a aplicabilidade das cláusulas de não concorrência nos contratos de franquia tendo por escopo o ensino de idiomas preleciona que: "O franqueado, em função das informações que lhe são transmitidas pela franqueadora, consideradas segredo de negócio, inclusive aquelas constantes da Circular de Oferta e Franquia, manuais demais documentos pertinentes, durante o período de um ano, contato a partir do término da relação contratual, por qualquer motivo, não poderá, direta ou indiretamente, por si próprio ou em nome de outro em conjunto com qualquer pessoa, física ou jurídica, possuir, manter, envolver-se em, participar a qualquer título , na operação de qualquer negócio congênere ou concorrente, no território definido neste contrato, salvo marcas da franqueadora." (APLICABILIDADE E LIMITES DAS CLÁUSULAS DE NÃO CONCORRÊNCIA NOS CONTRATOS DE FRANQUIA – ALMEDINA – S.Paulo – 2 019 – pág.98) Refere ainda o autor a requisitos estratégicos prevendo-se a proibição ainda de parentes e sócios no desenvolvimento da atividade como pessoas interpostas. Nesse sentido já decidiu esta C. Câmara: "AGRAVO DE INSTRUMENTO. FRANQUIA. AÇÃO DECLARATÓRIA DE NULIDADE DE CLÁUSULA CONTRATUAL. Deferimento da tutela provisória de urgência. Inconformismo da franqueadora. Cláusula de não concorrência. Inexistência de abusividade. Definição dos limites geográficos e da amplitude da restrição. Precedentes. DECISÃO REFORMADA. RECURSO PROVIDO." (Ag. Inst. Nº 2248625-52.2020.8.26.0000 Rel. Des. AZUMA NISHI j. 02.03.21) "Reconvenção Tutela de urgência Revogação Cabimento Cláusula de não concorrência que deve ser observada pela agravada Recurso provido." (AG. Inst. Nº 2089061-08.2018.8.26.0000 Rel. Des. FORTES

BARBOSA j. 04.07.2 018) Referida cláusula deve observar o termo inicial indicado na r. sentença, tendo em vista a fundamentação supramencionada referente à ausência de comprovação de que as corres teriam deixado de utilizado o 'know how' e a marca das autoras.

5.1.3. Tribunal de justiça Bahia (TJBA)

DECISÃO – Setembro de 2020

Poder Judiciário Tribunal de Justiça do estado da Bahia, primeira câmara cível processo: Agravo de Instrumento n. 8028254-65.2019.8.05.0000 órgão julgador: primeira câmara cível Agravante: Rodrigo Barreto da Silva Rocha. Agravado: Cleannew Franchising e Serviços Eireli – Discussão sobre validade de cláusula de não concorrência em contrato de franquia. Controvérsia acerca de quem deu causa à ruptura do vínculo. Continuidade de funcionamento da agravante na mesma atividade comercial. Impossibilidade. Incidência da cláusula de não concorrência firmada quando da contratação. Necessária observância do prazo pactuado. Decisão mantida. Agravo de Instrumento Improvido. Agravo Interno prejudicado.

A plausibilidade do direito alegado pela recorrente encontra-se fragilizada em face de sua pretensão consistir exatamente em seguir atuando, de imediato, no mesmo ramo comercial da franqueadora, enquanto o contrato firmado estabeleceu lapso temporal para que aquela pudesse tornar a exercer tais atividades. Ressalte-se que não estando suficientemente esclarecida a motivação da ruptura do contrato ou quem teria dado causa a tal medida, de rigor que se preserve as cláusulas até então vigentes e consensualmente estabelecidas. Por outro lado, não obstante a recorrente argumente acerca do *periculum in mora*, destacando que a suspensão de suas atividades comerciais pelo prazo constante do contrato inviabilizará a continuidade do seu negócio, forçoso concluir que a autorização de continuidade também acarretará possíveis prejuízos à parte adversa, seja pela divulgação das técnicas inerentes à sua especialidade, a eventuais prejuízos à sua imagem de franqueadora e mesmo inviabilizando a chegada de novos franqueados nesta localidade.

A decisão do TJBA está em consonância com a própria decisão do STJ (3.1.1. Superior Tribunal de Justiça (STJ) no sentido de reconhecer, validar e aplicar efetivamente a cláusula de não concorrência. Ganha destaque para este julgado a preocupação no sentido de admitir que a continuidade das atividades concorrenciais coloca em risco e sujeita da franqueadora a possíveis prejuízos, além de afetar a reputação da marca e a inviabilidade do território para novos franqueados. De fato, os fundamentos são assertivos, alinhados com a necessidade empresarial de preservação do bom direito assegurado em contrato e com o ambiente de negócios entabulado sob a égide da lei de franquias.

Nesse sentido, a decisão reforça toda a nossa tese em defesa da aplicabilidade da cláusula de não concorrência e está em harmonia com as decisões do STJ acerca do tema.

5.1.4 Conclusão

O estudo das obrigações pós-contratuais, leia-se cláusulas de não concorrência, sob os aspectos teórico-doutrinário, jurisprudencial e casuístico contribuiu sobremaneira para identificar suas vulnerabilidades e, ao mesmo tempo, encontrar soluções práticas.

A despeito da maturidade e o franco crescimento do setor, ainda estamos aquém do esperado. A expressiva representatividade econômica da *franchising* requer a adoção de medidas estratégicas no mundo jurídico, em que estão inseridas as relações comerciais que dão sustentação ao sistema.

A ausência de forte interferência do novo marco legal resulta, por um lado, na falta de consenso entre doutrinadores acerca da definição da franquia empresarial, natureza jurídica do contrato de franquia e seus elementos, por outro, garante maior liberdade para os seus operadores.

Destarte, a irreversibilidade da transferência do *know-how* do franqueador para o fraqueado, que se aproveita dos segredos e modelos de um negócio, é a principal razão de existência da cláusula de não concorrência, pois visa impedir que o franqueado, ao obter esse conhecimento, aufira vantagens comerciais oportunistas por meio de concorrência desleal.

Nesse contexto, as cláusulas de não concorrência em contratos de franquia e seus reflexos econômicos, financeiros e emocionais – por interferir diretamente na vida do franqueado – ganham relevância e extrapolam para o mundo real, desaguando, invariavelmente, no Poder Judiciário.

Surge, então, a necessidade de elaboração de instrumentos jurídicos mais técnicos e específicos para o setor, em especial a cláusula de não concorrência *modulada* para atender aos *requisitos essenciais, estratégicos* e *de eficiência.*

Na jurisprudência, a consolidação da validade da cláusula de não concorrência pelo Poder Judiciário se deu em 2015, por ocasião do julgamento do REsp 1.203.109-MG (2010/0127767-0) e permanece aos dias atuais, mesmo sob a nova lei de franquia.

Verificamos, ainda, que a jurisprudência admite a *relativização* da cláusula de não concorrência quando identificado o *abuso do direito.* No entanto, a hipossuficiência ou a vulnerabilidade (assimetria) não se presumem, devem ser comprovadas concretamente. No mesmo sentido, presume-se a paridade na relação franqueador-franqueado, sobretudo diante da nova lei.

Para minimizar os riscos e vulnerabilidades, defendemos que os *requisitos essenciais* devam estabelecer *territorialidade* restrita ao limite geográfico estabelecido no contrato de franquia; o *tempo* definido de até cinco anos, eventual ampliação deverá ser justificada e comprovada a necessidade pelo franqueador; e o *objeto* restrito à atividade específica, desenvolvida na unidade franqueada.

Como *requisitos estratégicos,* devemos considerar as circunstâncias que envolvem a atividade empresarial essencial, uniprofissional ou quando o ex-franqueado já atuava no segmento antes de ser franqueado, portanto, já possuía o domínio do *know-how.* O descumprimento contratual por parte do franqueador e a continuidade da atividade do ex-franqueado por pessoa interposta (parentes, amigos, ex-sócios, sócios), quando houver a intenção de fraudar o dispositivo contratual contra a prática de concorrência desleal, também são elementos dos requisitos estratégicos.

A previsão de multa contratual pelo descumprimento da cláusula de não concorrência é o elemento do *requisito de eficiência* e deve observar a proporcionalidade e a razoabilidade em relação aos valores envolvidos concretamente, conforme o modelo proposto no capítulo próprio.

Nossa proposição de recomendação prática em face do exposto é a *modulação* como forma de eficiência da cláusula de não concorrência para minimizar o risco de relativização, partindo de situações conhecidas para favorecer a elaboração específica da cláusula de não concorrência ao caso concreto, podendo preestabelecê-las para contemplar os *requisitos essenciais, estratégicos e de eficiência.*

Aos franqueadores, recomendamos que tenham o interesse além da formatação comercial do seu negócio. A formatação jurídica do negócio deve ser adotada para ir além da utilização de instrumentos-padrão. Desenvolver estratégias e, principalmente, planejamento jurídico, a exemplo da nossa proposta para a cláusula de não concorrência, evitará surpresas e preocupações com a rede franqueada e o aumento do passivo, contencioso e instabilidades de toda sorte. Além disso, é inquestionável que uma rede formatada juridicamente agregará maior valor e liquidez ao negócio.

Da análise das decisões judiciais atuais encontradas abordando frontalmente o tema da não concorrência, podemos dizer que há sim interpretações majoritárias bem fundamentadas no sentido de consolidar e reconhecer a validade e aplicação da cláusula como forma de obstar a continuidade de atividades concorrências, devendo-se observar o prazo de quarentena estabelecido no contrato de franquia.

De outro turno, a natureza jurídica das cláusulas de não concorrência é indiscutivelmente autônoma, ou seja, mesmo após a extinção ou reconhecimento da anulabilidade ou nulidade do contrato de franquia em juízo, e em razão da sua costumeira e ampla utilização, deverá ser preservada a sua validade e aplicação até mesmo nesses casos, não sendo atingida pelos efeitos daí decorrentes. Do contrário, seria oportunizar mecanismos para violar a cláusula e viabilizar a continuidade ilegal da atividade concorrente pelo ex franqueado, ou, pior, a prática de concorrência desleal.

Por outro lado, é inegável que haja decisões no sentido contrário, mas certamente podem ser consideradas minoritárias, decorrentes de situações peculiares e não definitivas.

Por fim, em que pese a evolução do novo marco legal, que traz mais segurança jurídica às partes, criticamos a infelicidade da Lei 13.966/2019 ao prever no artigo 2º, inciso XXI[151] os requisitos da territorialidade, tempo e eficiência (multa), requisitos esses inéditos, inovados e reco-

[151] XXI – indicação das regras de limitação à concorrência entre o franqueador e os franqueados, e entre os franqueados, durante a vigência do contrato de franquia, e detalha-

mendados na tese de mestrado da qual decorre este capítulo. Isso porque tais requisitos só fazem sentido para as obrigações pós-contratuais, na medida em que durante a vigência do contrato é óbvia a proibição de concorrência com a franqueadora, além das demais obrigações e critérios de território, tempo e multa comumente utilizadas nos contratos de franquia. Muito mais razão e pertinência que os referidos requisitos estivessem dispostos como alínea "c" do inciso XV, do artigo 2º da Lei 13.966/2019. Lamentamos o equívoco técnico-legal e a perda da oportunidade de uma adequação legal correta para o tema.

Nesse sentido, propomos a revisão do novo marco legal da *franchising* para prever o expresso reconhecimento da cláusula de não concorrência, estabelecendo como *requisitos essenciais* a territorialidade restrita ao limite geográfico estabelecido no contrato de franquia, o tempo definido de até cinco anos (eventual ampliação deverá ser justificada e comprovada a necessidade pelo franqueador) e o objeto restrito à atividade específica desenvolvida na unidade franqueada.

6.1. Cláusula de não concorrência no direito norte-americano[152]

Assim como no Brasil, é bastante comum no sistema norte-americano disposições de não concorrência em contratos de franquia, que representam importante aspecto a ser analisado pelos candidatos antes de entrarem para o sistema de *franchising*.

As disposições de não concorrência – *non-compete clause* (NCC) ou *covenant not to compete* (CNC) – vão além da vigência contratual, normalmente de dois a três anos em que o ex-franqueado não poderá se envolver em "negócio competitivo". Os acordos de não concorrência também estabelecem o limite geográfico, geralmente em torno de cinco a vinte e cinco milhas.

mento da abrangência territorial, do prazo de vigência da restrição e das penalidades em caso de descumprimento; (...).

[152] Escolhemos analisar o tema frente a *common law* dos EUA por ser o país de origem do *franchising*, em torno da segunda metade do século XIX, bem como por representar consolidado mercado de *franchising*, estando em segundo lugar no mundo, atrás apenas da gigante China.

Com exceção da Califórnia, a maioria dos estados norte-americanos reconhece como válidas as disposições de não concorrência. O estado da Georgia é um dos mais recentes estados a promulgar legislação (2011), reconhecendo os pactos de não concorrência. Além disso, é comum os estados aderirem ao que chamam de "lápis azul" para evitar abusos das *NCC*, sobretudo em relação à área geográfica e tempo de proibição ou limitação.

O teste do lápis azul[153] é uma adequação judicial que os tribunais usam para decidir sobre a anulação de todo o contrato ou apenas de palavras ofensivas ou abusivas. Quando possível, aplica-se, em seguida, a nulidade apenas das palavras ofensivas para excluí-las simplesmente por correr um lápis azul por meio delas, em vez de mudar, adicionar ou rearranjar palavras.

Atualmente, muitos tribunais abandonaram o teste do "lápis azul" e estão adotando a regra de "razoabilidade", que permite aos órgãos jurisdicionais determinar, com base em todas as evidências disponíveis, as restrições que seriam razoáveis entre as partes. O "teste de razoabilidade" difere do teste do "lápis azul" somente no modo da modificação permitida, de acordo com a intenção no momento da contratação, de modo a avaliar todos os fatores que compõem a razoabilidade naquele contexto (Raimonde v. Van Vlerah, 42 Ohio St. 2d 21, 24-25 – Ohio 1975).

A razoabilidade normalmente é analisada sob três aspectos: atividade (objeto), duração (tempo) e área (território), assim como é aqui no Brasil. Na Georgia, o tempo considerado razoável de proibição ou restrição é de três anos ou menos após a relação contratual. A área geográfica deve ser restrita às áreas em que o franqueador tem negócios. O objeto deve ser limitado a interesses comerciais legítimos que justifiquem a restrição.

Importante destacar que as NCC podem ser negociadas em circunstâncias apropriadas. A experiência anterior do franqueado no mesmo ramo de atividade pode ser um fator para negociação, *v.g.*, podendo negociar uma redução da área geográfica.

Recentemente, a Suprema Corte do estado de Nebraska proferiu importante decisão que poderá nortear os franqueadores mais ávidos,

[153] Disponível em: <http://definitions.uslegal.com/b/blue-pencil-test/>. Acesso em: 5 fev. 2020.

que em busca de proteção para seus negócios criam as NCC, extrapolando, por vezes, de forma abusiva.

Trata-se do caso *Llimitado Opportunity Inc. v. Waadah*, 861 NW2d 437 (Neb. 2015), em que a violação de uma *NCC* por parte do ex-franqueado resultou em derrota para o franqueador. Em síntese, o franqueador *Llimitado Opportunity Inc.* (Jani-King) ficou sabendo que *Anthony Waadah*, ex-franqueado, aproximadamente dezoito meses após o término da relação contratual – dentro do prazo de dois anos de NCC –, montou empresa de zeladoria e estava angariando clientes da Jani-King em seu antigo território.

O Tribunal de Nebraska adotou dois entendimentos: o primeiro de que, se uma parte da NCC é inexequível, toda a disposição do contrato se torna legalmente inexequível, e o Tribunal não a reescreveu para torná-la exequível; o segundo de que as disposições adotadas pela Jani-King eram exageradamente restritivas. As duas disposições eram: i) o ex-franqueado não pode operar a mesma atividade, ou similar, no território após dois anos; ii) ex-franqueado não pode operar a mesma atividade, ou similar, em qualquer outro território onde uma franquia *Jani-King* opera, por um ano após o fim da relação contratual.

O tribunal entendeu que a segunda restrição não era razoável, e, portanto, abusiva, pelo fato de se tratar de um franqueador que tem forte atuação internacional, de modo que impediria o ex-franqueado de atuar em territórios tão distantes como a Austrália. Desse modo, o ex-franqueado foi de fato legitimado pelo Tribunal a competir com a Jani-king no mesmo território que atuava antes, sem nenhuma sanção ou impedimento.

Significa dizer que, a exemplo do que propomos neste livro, os franqueadores dispostos a criar NCC robustas devem observar as leis locais, o caso concreto e, sobretudo, a correta *modulação* da NCC para evitar o reconhecimento de disposições não razoáveis, que poderão ferir de morte toda a disposição contratual nesse sentido.

Outrossim, encontramos no livro *Problems in Contract Law – Cases and Materials* (Charles L. Knapp, Nathan M. Crystal, Harry G. Prince – 2012, p. 650) referências no sentido de proibição de pactos (*covenants*) de NCC em relação à restrição ou proibição da atividade médica, *per se*, em diversos estados norte-americanos, por infringirem políticas públicas e até códigos de ética médica. Obviamente, tais restrições se aplicam aos contratos de franquia.

No entanto, a maioria dos tribunais, como o Supremo Tribunal do Arizona, recusa invalidar as NCC, *v.g.*, entre dentistas, as NCC não ferem as políticas públicas, razão pela qual devem ser reconhecidas, exceto quando a lei estadual expressamente dispuser em sentido contrário.

Nesse sentido, tanto as leis federais – *Federal Trade Commission* (FTC) – como estaduais regem a relação de franquia, estabelecendo requisitos de divulgação e proibição, como forma de regulamentar o setor. Mello João (2003, p. 89) ressalta que alguns estados norte-americanos contemplam legislação específica quanto à possibilidade das *NCC*, outros adotam os usos e costumes para sua avaliação, competindo ao Poder Judiciário a análise do caso concreto.

Cretella Neto (2003, p. 160), citando Petres (1994), contribui com a informação de que quinze estados norte-americanos possuem legislação relacionada ao *franchising* para regular a relação, a partir do momento de vigência do contrato de franquia. Outra legislação, conforme o citado autor, regulamenta a oferta e a venda do *franchising*, e se manifesta de duas maneiras: uma legislação federal, aplicável aos cinquenta estados norte-americanos (FTC) e as legislações estaduais baseadas na regulamentação da FTC, já em vigor em dezessete estados norte-americanos, nos moldes da Circular de Oferta de Franquia (COF) existente no Brasil.

O autor ainda informa que a *International Franchise Association* (IFA) adota o *Code of Principles ands Standards of Conduct e a North American Securities Administrators Association* (NASAA) e a *Uniform Franchise Offering Circular* (UFOC), que indicam quais informações devem ser fornecidas aos candidatos a franqueados – a exemplo da nossa Circular de Oferta de Franquia –, que permite a utilização, pela FTC, da UFOC como complemento ao documento básico prescrito em seu texto de lei.

Temos ainda, no âmbito do Direito Internacional, a Organização *Intergovernamental Independente* (*Unidroit*)[154], com sede em Roma, que tem por finalidade examinar formas de harmonizar e coordenar o Direito Privado

[154] Disponível em: <http://www.unidroit.org/>. Acesso em: 5 fev. 2020.

Internacional, cujos acordos multilaterais integram cinquenta e seis países, incluindo o Brasil.

A atuação da *Unidroit*, especialmente para o *franchising*, vem resultando em significativos estudos norteadores de lei uniforme, lei modelo, convenção e outros instrumentos[155], o que contribui para contratos mais precisos, conferindo mais segurança jurídica aos contratantes.

7.1. Análise da amostra selecionada e conclusão

7.1.1. Cláusula de não concorrência em contratos de franquia

Nossa análise centra-se na cláusula de não concorrência dos contratos de franquia fornecidos pela ABF e selecionados especialmente para esta obra.

O estudo das cláusulas dos dez contratos de grandes franqueadoras revelou a conclusão de que todas as cláusulas analisadas, que representam cinquenta por cento dos segmentos atualmente existentes, possuem riscos de relativização, ante as *ausências de requisitos essenciais e/ou estratégicos e/ou de eficiência.*

Esse resultado confirma o problema geral do tema e justifica o desenvolvimento deste capítulo nos exatos aspectos abordados, reforçando favoravelmente a nossa proposição de *modulação* das cláusulas de não concorrência ao caso concreto, consubstanciada nos *requisitos essenciais, estratégicos e de eficiência.*

[155] Cretella Neto (2002) cita o exemplo: *Study Group on Franchising* (*Guide to International Franchising, Third Draft*). *Study* LXVIII, doc. nº 14.

CAPÍTULO 6
CRÍTICAS AO NOVO MARCO LEGAL

Em que pese a inegável evolução e aperfeiçoamento técnico do novo marco legal, andamos de lado em alguns assuntos. Identificamos algumas falhas e atecnias jurídicas lamentáveis.

i) O artigo 2º, merece nossas críticas por ausência de técnica jurídica. O inciso XVI estabelece: modelo do contrato-padrão e, se for o caso, também do pré-contrato-padrão de franquia adotado pelo franqueador, com texto completo, inclusive dos respectivos anexos, condições e prazos de validade;

Nossa crítica ao legislador que, por falha técnica, denomina pré-contrato o instituto do Contrato Preliminar previsto nos artigos 462 a 466 do Código Civil, inexistindo a denominação técnica de pré-contrato.

O erro do legislador certamente decorre da prática mercadológica do sistema de franquia, que comumente atribui ao contrato preliminar a denominação coloquial, geral e indistinta de pré-contrato. O mesmo ocorre nos casos de repasse de unidades franqueados, em que é comum a confusão quando o setor chama de repasse o que a lei prevê como trespasse[156].

[156] *Art. 1.144. O contrato que tenha por objeto a alienação, o usufruto ou arrendamento do estabelecimento, só produzirá efeitos quanto a terceiros depois de averbado à margem da inscrição do empresário, ou da sociedade empresária, no Registro Público de Empresas Mercantis, e de publicado na imprensa oficial.*

ii) Por sua vez, o inciso XVIII, do mesmo artigo 2º, comete um exagero absolutamente desnecessário para o setor, senão vejamos: XVIII – indicação das situações em que são aplicadas penalidades, multas ou indenizações e dos respectivos valores, estabelecidos no contrato de franquia;

Mais uma inovação da Lei 13.966/2019. Nos parece que o inciso XVIII é completamente prescindível juridicamente. Na medida em que o candidato já conta com a obrigação de fornecimento da minuta do pré-contrato e do contrato de franquia, conforme determina o inciso XVI da mesma lei, não há razão para exigir que o franqueador indique também as situações em que serão aplicadas as penalidades, multas e valores, que, necessariamente, deverão constar das referidas minutas e posteriormente nos contratos, sob pena de perda dos seus efeitos jurídicos.

Passar a exigir tal disposição de forma apartada das minutas de pré-contrato e de contrato de franquia – de forma destacada e descontextualizada – irá dificultar muito a vida da equipe de expansão e do time do jurídico do franqueador, que perderão muito tempos justificando cada situação e valoração das multas antes mesmo de o candidato tornar-se franqueado da rede. Haverá perda de tempo e, pior, de muitos negócios quando a análise descontextualizada do projeto maior, que é o a operação do modelo de negócio, tiver como foco principal a discussão de multas e penalidades. Lamentamos tal disposição para o sistema de franquia que já conta com elevado nível de rigor e transparência no processo de seleção do candidato.

iii) XXI – indicação das regras de limitação à concorrência entre o franqueador e os franqueados, e entre os franqueados, durante a vigência do contrato de franquia, e detalhamento da abrangência territorial, do prazo de vigência da restrição e das penalidades em caso de descumprimento;

O inciso XXI, do artigo 2º, também representa uma novidade da nova lei e merece nossas críticas.

Perdeu-se a oportunidade de levar para o inciso XV[157]da Lei 13.966/2019 os requisitos necessários, fundamentais e obrigatórios recomendados na obra deste autor que tem como tema a Aplicabilidade e Limites das Cláusulas de Não Concorrência nos Contratos de Franquia, editora Almedina, 2019, e agora, utilizados pelo legislador, quais sejam: i) abrangência territorial; ii) prazo da quarentena; iii) penalidades.

Não faz sentido estabelecer no inciso XXI as regras de ouro da não concorrência no curso da vigência do contrato de franquia. Isso porque, tradicionalmente, os contratos de franquia já proíbem a concorrência com o franqueador e franqueados pelos próprios franqueados com outras marcas, inclusive estabelecendo as regras de concorrência entre si ainda que sob a mesma bandeira.

Muito melhor se as regras de ouro estivessem dispostas no inciso XV que trata da não concorrência após a expiração da vigência do contrato de franquia, situação em que se exige mais rigor e técnica para a validade e aplicabilidade das cláusulas de não concorrência, que serão tratadas com profundidade mais adiante.

Lamentamos o equívoco e a perda da oportunidade de atribuir ao marco legal uma perfeição técnica necessária ao setor. Como veremos adiante, o tema requer atenção e a validade de uma cláusula de não concorrência bem escrita e modulada à prova de nulidades depende, indiscutivelmente, dos requisitos mínimos de prazo, território, segmento e penalidades. No entanto, tais requisitos constaram do inciso XXI que se refere ao período de vigência do contrato de franquia, deixando de fora o mais importante, disposto no inciso XV.

Poderia o legislador repetir os termos no inciso XXI por questão de preciosismo em atribuir os requisitos necessários também durante a vigência do contrato de franquia, mas jamais poderia deixar de dispor no inciso XV. Daí decorre a necessidade de reforçarmos a nossa tese de não concorrência ainda com mais vigor, mas haverá um enorme esforço, sem

[157] XV: situação do franqueado, após a expiração do contrato de franquia, em relação a:
a) know-how da tecnologia de produto, de processo ou de gestão, informações confidenciais e segredos de indústria, comércio, finanças e negócios a que venha a ter acesso em função da franquia;
b) implantação de atividade concorrente à da franquia;

garantia de resultado, para tentar atribuir os mesmos requisitos às cláusulas de não concorrência pós-contratuais. Ademais, tal dispositivo poderia estar associado ao disposto no próprio inciso XI, letra "a", do artigo 2º[158].

iv) ***XXII – especificação precisa do prazo contratual e das condições de renovação, se houver;***

O artigo 2º, do novo marco legal, é de extrema relevância para o setor. É bastante equivocada a utilização da expressão **"renovação"** como disposta no texto legal. Renovação passa a ideia de que o contrato será renovado e, portanto, nos mesmos termos em que foi assinado no passado. Isso é uma falácia. Primeiro por inexistir a garantia de renovação, segundo porque se o franqueador aceitar e quiser a manutenção da relação com o franqueado, haverá uma **"nova contratação"** – termo que preferimos e utilizamos – cujas condições contratuais certamente não serão as mesmas firmadas há 5 (cinco)[159] anos.

O dinamismo empresarial, especialmente do sistema de franquia, é uma característica que deve ser levada em consideração. Logo, após longos 5 (cinco) anos de contrato de franquia muitas condições sofreram mudanças, sejam de caráter comercial, financeiro, administrativo ou mesmo jurídicas. Portanto, caso haja interesse recíproco na continuidade da unidade franqueada com o franqueado, haverá uma **nova contratação.**

A propósito, uma dúvida relacionada a esse tema é sobre a necessidade, ou não, de entrega de nova COF nos casos de "renovação".

Como defendemos que não existe "renovação", mas sim "nova contratação" e para evitar riscos desnecessários, recomendamos fortemente a entrega de nova COF, atualizada, também nesse caso, ainda que seja o mesmo franqueado, na mesma unidade. A lei não exige isso, apenas a entrega da COF ao candidato, mas por se tratar de uma nova contratação, com novas condições, indicamos pecar pelo excesso.

[158] XI – informações relativas à política de atuação territorial, devendo ser especificado: a) se é garantida ao franqueado a exclusividade ou a preferência sobre determinado território de atuação e, neste caso, sob que condições.

[159] 5 (cinco) anos é o prazo adotado em larga escala pelos franqueadores

Aliás, há contratos que preveem a cobrança de taxa de renovação. Há contatos que estabelecem descontos na taxa de renovação caso o franqueado tenha atingido determinadas metas pré-estabelecidas. Há contratos isentando a taxa em caso de renovação. São, portanto, algumas condições de renovação que devem constar da COF para cumprimento ao requisito exigido no inciso XXII.

v) Revoga-se a Lei nº 8.955, de 15 de dezembro de 1994 (Lei de Franquia).

A crítica derradeira vai para o art. 9º da nova lei. Ao prever de modo raso, para evitar problemas de interpretação e conflitos, o artigo 9º da lei revoga expressa e integralmente a lei anterior (8.955/1994), deixando no ar algumas lacunas, como a necessidade de constituição e formação do contrato de franquia.

Anteriormente, o contrato de franquia deveria ser sempre por escrito e assinado na presença de duas testemunhas e tinha validade independentemente de ser levado a registro perante cartório ou órgão público, conforme disposto no artigo 6º, da lei 8.955/1994[160]. Como não há mais previsão sobre a aceitação ou não de contrato informal, por exemplo, agora resta a dúvida acerca da validade do contrato de franquia informal.

Nesse sentido, de acordo com a classificação dos contratos, poderão ser formais ou informais.

Nos contratos formais ou solenes não basta o acordo de vontade para a sua consumação; exige-se também o cumprimento de uma formalidade, assim como ocorre no contrato de compra e venda de bens imóveis por definição do Código Civil, a saber:

> Art. 108. Não dispondo a lei em contrário, a escritura pública é essencial à validade dos negócios jurídicos que visem à constituição, transferência, modificação ou renúncia de direitos reais sobre imóveis de valor superior a trinta vezes o maior salário-mínimo vigente no País.

[160] Art. 6º O contrato de franquia deve ser sempre escrito e assinado na presença de 2 (duas) testemunhas e terá validade independentemente de ser levado a registro perante cartório ou órgão público.

Nos contratos informais, ou não solenes, não se exige nenhuma formalidade, como ocorre nos contratos de compra e venda de bens móveis, por exemplo.

Na medida e que a entrega da COF, bem como a necessidade de comprovação de entrega pelo franqueador, como já dissemos, exige, necessariamente, a formalidade de se entregar um documento escrito, seguindo rigorosos requisitos, com assinatura ou confirmação de recebimento para efeito de prova, somos obrigados a fazer novas críticas em relação a esse ponto obscuro da lei.

Poderia o novo marco legal ter simplesmente repetido o texto disposto no artigo 6º da Lei 8.955/1994, a fim de evitar problemas de interpretação e validade do contrato de franquia.

No dia a dia de um franqueador, pode acontecer, por algum lapso dentre as preocupações da fase pré-operacional, de inaugurar-se uma unidade franqueada sem que haja contrato assinado pelas partes, aliás, isso ocorre com mais frequência do que parece.

Essa situação, por si só, certamente irá criar celeuma, debates e discussões acerca da admissibilidade, ou não, da celebração de contrato de franquia cuja unidade está operando ou operou por determinado período, sendo que a COF foi entregue a tempo e na forma exigida em lei, porém, o contrato não foi assinado pelas partes. A nova lei fez um desfavor ao deixar de prever a formalidade do contrato de franquia e sua validade, tão bem definida na lei anterior. Lamentamos, novamente a falha e registramos nossas críticas também a esse ponto da lei.

CAPÍTULO 7
CONCLUSÕES

Podemos afirmar o significativo avanço do novo marco legal ao elevar e preservar o princípio da transparência como protagonista no enlace entre franqueador, candidato e franqueado, para, efetivamente, fortalecer o setor com os novos institutos jurídicos.

Fruto da maturidade e gigantismo do nosso mercado de franquia, que já é o quarto maior do mundo e conta com crescimento histórico, o setor se fortalece com o novo marco legal, após 25 anos de vigência da Lei 8.955/94, ao proporcionar ainda mais segurança jurídica às partes, ampliando o sistema de franquia com os institutos de direito ora abordados, a fim de que continue atraindo investidores e empreendedores para a expansão do *franchising* brasileiro.

Como vimos nos comentários artigo por artigo, os novos institutos de direito e as novas disposições legais estão bem ajustadas e norteiam suficientemente o arranjo jurídico, indispensável para estabelecer direitos e obrigações no enlace entre franqueador e franqueado.

O estudo das obrigações pós-contratuais, do dever de confidencialidade e das cláusulas de não concorrência sob os aspectos teórico-doutrinário, jurisprudencial, direito comparado e casuístico contribuiu sobremaneira para identificar suas vulnerabilidades e, ao mesmo tempo, encontrar soluções práticas.

A despeito da maturidade e o franco crescimento do setor, ainda estamos aquém do esperado. A expressiva representatividade econômica do *franchising* requer a adoção de medidas estratégicas no mundo jurídico, em que estão inseridas as relações comerciais que dão sustentação ao sistema.

A ausência de forte interferência do novo marco legal resulta, por um lado, na falta de consenso entre doutrinadores acerca da definição da franquia empresarial, natureza jurídica do contrato de franquia e seus elementos; por outro, garante maior liberdade para os seus operadores.

Além disso, os impactos e efeitos da Covid-19 no setor de franquia foram marcantes. De um lado nos deparamos com a rápida capacidade de adaptação e resiliência dos empresários, de outro, mesmo diante de inúmeras soluções apresentadas aos problemas que surgiram no período pandêmico, foi inevitável sofrer perdas, de vidas e econômicas.

Do ponto de vista de interpretação da nova lei de franquia por parte dos tribunais, em que pese ser uma construção permanente que sofre mudanças continuamente e, a despeito do descompasso temporal entre a dinâmica empresarial e o lento relógio que rege as atividades do poder judiciário, a jurisprudência atual vem consolidando importantes entendimentos no sentido amplo de reconhecer a validade dos institutos jurídicos da lei e de contratos de franquia robustos, preconizando a independência e a paridade empresarial entre franqueados e franqueadores.

Vimos ainda, que a irreversibilidade da transferência do *know-how* do franqueador para o fraqueado, que se aproveita dos segredos e modelos de um negócio, é a principal razão de existência da cláusula de não concorrência, pois visa impedir que o franqueado, ao obter esse conhecimento, aufira vantagens comerciais oportunistas por meio de concorrência desleal.

Nesse contexto, as cláusulas de não concorrência em contratos de franquia e seus reflexos econômicos, financeiros e emocionais – por interferirem diretamente na vida do franqueado – ganham relevância e extrapolam para o mundo real, desaguando, invariavelmente, no Poder Judiciário.

Como vimos, não há uma preocupação preventiva e estratégica por parte dos franqueadores na elaboração das cláusulas de não concorrência analisadas. Elas que seguem um padrão generalizado, sem o delineamento necessário e adequado ao caso concreto. Por vezes, a cláusula de não concorrência sequer está alinhada com o próprio segmento franqueado. Ao que percebemos, há uma banalização no uso exagerado de cláusulas genéricas. Como consequência, as cláusulas são vulneráveis e suscetíveis de relativização.

Surge, então, a necessidade de elaboração de instrumentos jurídicos específicos para o setor, em especial a cláusula de não concorrência *modulada* para atender aos *requisitos essenciais, estratégicos* e *de eficiência.*

No direito comparado, analisamos as disposições de não concorrência – *non-compete clause* (NCC). Atualmente, muitos tribunais norte-americanos estão adotando a regra de "razoabilidade", que permite aos órgãos jurisdicionais determinar, com base em todas as evidências disponíveis, quais as restrições que seriam razoáveis entre as partes.

O caso julgado pelo Tribunal de Nebraska é de grande importância para o nosso aprendizado, ao liberar o ex-franqueado para competir no mesmo território com o franqueador após a vigência contratual, em razão do reconhecimento de sua abusividade.

A lição que podemos tirar para os franqueadores e empreendedores do nosso país é que quanto mais nos afastamos dos requisitos e/ou quanto maior for a ampliação dos direitos do franqueador, maior a chance de relativização das cláusulas de não concorrência.

A análise dos dez contratos de franquia foi fundamental para revelar o uso indiscriminado de cláusulas de não concorrência genéricas e descompassadas com o caso concreto. Identificamos a falta de preocupação até mesmo em relação aos *requisitos essenciais* – em alguns casos ausentes – elevando os riscos de relativizações. Todos os casos analisados apresentaram fragilidades técnicas.

Para minimizar os riscos e vulnerabilidades, defendemos que os *requisitos essenciais* devam estabelecer *territorialidade* restrita ao limite geográfico estabelecido no contrato de franquia; o *tempo* definido de até cinco anos, eventual ampliação deverá ser justificada e comprovada a necessidade pelo franqueador; e o *objeto* restrito à atividade específica, desenvolvida na unidade franqueada.

Cumpre esclarecer que, em se tratando de redes novas e/ou ainda em expansão, cuja capilaridade não seja uma característica, a *limitação territorial poderá ser ampliada* para além do território cedido em contrato de franquia, a fim de preservar o *know-how* do franqueador, desde que observados os princípios gerais do Código Civil.

Como *requisitos estratégicos,* devemos considerar as circunstâncias que envolvem a atividade empresarial essencial, uniprofissional ou quando o ex-franqueado já atuava no segmento antes de ser franqueado, portanto, já possuía o domínio do *know-how*. O descumprimento contratual por parte do franqueador e a continuidade da atividade do ex-franqueado por pessoa interposta (parentes, amigos, ex-sócios, sócios), quando houver a intenção de fraudar o dispositivo contratual contra a prática de concorrência desleal, também são elementos dos requisitos estratégicos.

A previsão de multa contratual pelo descumprimento da cláusula de não concorrência é o elemento do *requisito de eficiência* e deve observar a proporcionalidade e a razoabilidade em relação aos valores envolvidos concretamente, conforme o modelo proposto no capítulo próprio.

Nossa proposição prática em face do exposto é a *modulação* como forma de eficiência da cláusula de não concorrência, para minimizar o risco de relativização, partindo de situações conhecidas para favorecer a elaboração específica da cláusula de não concorrência ao caso concreto, podendo preestabelecê-las para contemplar os *requisitos essenciais, estratégicos e de eficiência*.

Aos franqueadores, recomendamos que tenham o interesse além da formatação comercial do seu negócio. A formatação jurídica do negócio deve ser adotada para ir além da utilização de instrumentos-padrão. Desenvolver estratégias e, principalmente, planejamento jurídico, a exemplo da nossa proposta para a cláusula de não concorrência, evitará surpresas e preocupações com a rede franqueada e o aumento do passivo, contencioso e instabilidades de toda sorte. Além disso, é inquestionável que uma rede formatada juridicamente agregará maior valor e liquidez ao negócio.

Por fim, em que pese a evolução do novo marco legal, que traz mais segurança jurídica às partes, criticamos a infelicidade da Lei 13.966/2019 ao prever no artigo 2º, inciso XXI[161] os requisitos da territorialidade, tempo e eficiência (multa). Isso porque, tais requisitos **só fazem sentido para as obrigações pós-contratuais**, na medida em que durante a vigência do contrato é óbvia a proibição de concorrência com a franqueadora, além das demais obrigações e critérios de território, tempo e multa

[161] XXI – indicação das regras de limitação à concorrência entre o franqueador e os franqueados, e entre os franqueados, durante a vigência do contrato de franquia, e detalhamento da abrangência territorial, do prazo de vigência da restrição e das penalidades em caso de descumprimento;

comumente utilizadas nos contratos de franquia. **Muito mais razão e pertinência que os referidos requisitos estivessem dispostos como letra "c" do inciso XV, do artigo 2º da Lei 13.966/2019**[162]. Lamentamos o equívoco técnico-legal e a perda da oportunidade de uma adequação legal correta para o tema.

Nesse sentido, propomos a revisão do novo marco legal do *franchising* para prever o expresso reconhecimento da cláusula de não concorrência, estabelecendo como *requisitos essenciais* a territorialidade restrita ao limite geográfico estabelecido no contrato de franquia, o tempo definido de até cinco anos (eventual ampliação deverá ser justificada e comprovada a necessidade pelo franqueador) e o objeto adstrito à atividade específica desenvolvida na unidade franqueada, conforme acima sugerido, bem como para prever expressamente a necessidade de contrato de franquia escrito e assinado por duas testemunhas, como já observava a lei anterior.

[162] Requisitos esses inéditos, inovados e recomendados na obra deste autor: Aplicabilidade e Limites das Cláusulas de Não Concorrência nos Contratos de Franquia, Editora Almedina, 2019,

REFERÊNCIAS

Associação Brasileira de *Franchising*. **Vinte anos de *franchising***: 100 anos de varejo. São Paulo: Lamonica: ExLibris, 2008.

ABRÃO, N. **Da franquia comercial *(Franchising)***. São Paulo: Revista dos Tribunais, 1984.

___. A lei da franquia empresarial (nº 8.955, de 15/12/1994). **Revista dos Tribunais.** v. 722. São Paulo, dez. 1995.

ALBUQUERQUE, J. B. de. **Prática e jurisprudência dos contratos.** Leme: Jurídica Mizuno, 1997.

ALEXY, R. **Teoria dos direitos fundamentais.** Trad. Virgílio Afonso da Silva. 2. ed. São Paulo: Malheiros, 2011.

AMENDOEIRA JÚNIOR, S. Principais características dos contratos de franchising. In: BRUSCHI, G. G. *et al.* (Org.). **Direito processual empresarial.** Rio de Janeiro: Elsevier, 2012.

AZEVEDO, A. J. **Estudos e pareceres de direito privado.** São Paulo: Saraiva, 2004.

BAGNOLI, V. **Direito econômico.** 5. ed. São Paulo: Atlas, 2011.

BARCELLOS, R. **O contrato de *shopping center* e os contratos atípicos Interempresariais.** São Paulo: Atlas, 2009.

BERTOLDI, M. M. Curso avançado de direito comercial. 5. ed. Revista dos Tribunais, 2009.

BITTAR, C. A. Direito das obrigações. 2. ed. Rio de Janeiro: Forense Universitária, 2004.

___. **Contratos comerciais.** 5. ed. rev. e atual. Rio de Janeiro: Forense Universitária, 2008.

BORGES, R. C. B. Reconstrução do conceito de contrato: do clássico ao atual. In: HIRONAKA, G. M. F. N.; TARTUCE, F. (Coord.). **Direito contratual**: temas atuais. São Paulo: Método, 2007.

BULGARELLI, W. **Contratos mercantis**. 10. ed. São Paulo: Atlas, 1998.

CHERTO, M. **Franchising**: revolução no marketing. 2. ed. São Paulo: McGraw-Hill, 1988.

CHERTO, M. et al. ***Franchising***: uma estratégia para expansão de negócios. São Paulo: Premier Máxima, 2006.

CHOW, D. C. K.; SCHOENBAUM, T. J. **International business transactions**. Problems, cases and materials. 2. ed. New York: Wolters Kluwer Law & Business, 2010.

COELHO, F. U. **Curso de direito contratual**. 16. ed. São Paulo: Saraiva, 2012.

___. **Manual de direito comercial**: direito de empresa. 26. ed. São Paulo: Saraiva, 2014.

CRAWFORD, E. S. **The regulation of franchising in the new global economy**. Cheltenham: Edward Elgar Publishing Limited, 2010.

GRAU, E. R.; FORGIONI, P. A. **O estado, a empresa e o contrato**. São Paulo: Malheiros, 2005, p. 291.

CRETELLA NETO, J. **Manual jurídico do *franchising***. São Paulo: Atlas, 2003.

___. **Do contrato internacional de *franchising***. 2. ed. Rio de Janeiro: Forense. 2002.

DINIZ, M. H. **Curso de direito civil brasileiro.** 21. ed. rev. e atual. São Paulo: Saraiva, 2005, v. 3: teoria geral das obrigações contratuais e extracontratuais.

___. **Tratado teórico e prático dos contratos**. 7. ed. rev. São Paulo: Saraiva, 2013, v. 4.

DUARTE, R. P. **Tipicidade e atipicidade dos contratos**. Coimbra: Almedina, 2000 (Coleção Teses).

FERNANDES, L. Do contrato de franquia. Belo Horizonte: Del Rey, 2000.

FERNANDES, W. Contratos de consumo e atividade econômica. São Paulo: Saraiva, 2009 (Série GVlaw).

FIEDRA, G. **Obrigação de não concorrência**. São Paulo: Singular, 2007.

FIUZA, C. **Direito civil.** 17. ed. rev. Belo Horizonte: Del Rey, 2014.

FORGIONI, P. A. **Teoria geral dos contratos empresariais**. São Paulo: Revista dos Tribunais, 2009.

___. **Contrato de distribuição**. 2. ed. São Paulo: Revista dos Tribunais, 2008.

FRIGNANI, A. **Il Franchising**. Torino: Unione Tipografico-Editrice, 1990.

GARCIA, J. **Como adquirir uma franquia**. Rio de Janeiro: Sebrae, 2007.

GIGLIOTTI, B. S. **Transferência de conhecimento nas franquias brasileiras**. Dissertação de Mestrado (Mestrado em Administração de Empresas). Fundação Getúlio Vargas, São Paulo, 2010.

GOMES, O. **Contratos**. São Paulo, Forense, 2008.

___. **Contratos.** 26. ed. Rio de Janeiro: Forense, 2008.

GONÇALVES, C. A. **Direito civil brasileiro.** 6. ed. rev. São Paulo: Saraiva, 2009, v. III: contratos e atos unilaterais.

GRAU, E. R.; FORGIONI, P. **O estado, a empresa e o contrato**. São Paulo: Malheiros, 2005.

GUYENOT, J. **¿Qué es franchising? Concesiones comerciales**. Buenos Aires: Ediciones Jurídicas Europa-América, 1977.

GUYON, Yves. **Droit des Affaires.** Paris: Economica, 1992

JOÃO, R. T. M. **Cláusula de não concorrência no contrato de trabalho**. São Paulo: Saraiva, 2003.

___. **Código de Processo Civil comentado e legislação extravagante**. 11. ed. São Paulo: Revista dos Tribunais, 2010.

JUNQUEIRA, A. A. **Estudos e pareceres de direito privado**. São Paulo. Saraiva. 2004.

KNAPP, Charles L.; CRYSTAL, Nathan M.; PRINCE, Harry G. **Problems in contract law**. Cases and Materials. 7. ed. New York: Wolters Kluwer Law & Business, 2012.

KONRAD, M. A.; KONRAD, S. L. N. **Direito civil I. Parte geral: obrigações e contratos.** São Paulo: Saraiva, 2007.

Lamy, M. **Franquia pública**. São Paulo: Juarez de Oliveira, 2002.

LEÃES, L. G. P. B. **Denúncia de contrato de franquia por tempo indeterminado.** São Paulo: Revista dos Tribunais, 1995.

LOBO, J. **Contrato de franchising**. 3. ed. Rio de Janeiro: Forense, 2003.

LORENZETI, R. **Tratado de los contratos**: parte general. Buenos Aires: Rubinzal - Culzoni, 2004.

MAFEI, R. R. Q. **Monografia jurídica passo a passo – projeto, pesquisa, redação e formatação.** São Paulo: Método, 2015.

MARTINS, F. **Contratos e obrigações comerciais**. 16. ed. rev. e aum. Rio de Janeiro: Forense, 2010.

MARTINS, S. P. **Direito do trabalho.** 24. ed. São Paulo: Atlas, 2008.

MAURO, P. C. **Guia do franqueador:** como fazer sua empresa crescer com o franchising. 3. ed. São Paulo: Nobel, 1999.

MELLO JOÃO, R. **Cláusula de não concorrência no contrato de trabalho**. São Paulo: Saraiva. 2003.

MENDELSOHN, M. A essência do franchising. São Paulo: Difusão de Educação e Cultura, 1994.

MIRANDA, P. Direito das coisas: propriedade mobiliária (bens incorpóreos): propriedade industrial (sinais distintivos). Tratado de direito privado. São Paulo: Bookseller, 2002.

___. Tratado de Direito Privado – Parte geral. 3. ed. Rio de Janeiro: Borsoi, 1970, t. 5.

MUÑOZ, F. M. La franquicia una estrategia de crecimiento empresarial. Disponível em: <http://www.eafit.edu.co/revistas/revistamba/Documents/revista-mba--dic-2010.pdf>. Acesso em: 10 nov. 2015.

NERY JUNIOR, N. Código Civil comentado. 6. ed. São Paulo: Revista dos Tribunais, 2008.

___; NERY, R. M. A. **Código Civil anotado e legislação extravagante**. 2. ed. rev. São Paulo: Revista dos Tribunais, 2003.

PELUSO, C. *et al.* **Código Civil comentado**: doutrina e jurisprudência. 2. ed. rev. São Paulo: Manole, 2008.

PEREIRA, C. M. S. **Lesão nos contratos**. Rio de Janeiro: Forense, 1999.

___. **Instituições de direito civil.** 14. ed. Rio de Janeiro: Forense, 2010.

PLÁ, D. **Tudo sobre franchising**. Rio de Janeiro: Senac Rio, 2001.

PODESTÁ, F. Contrato de franquia (franchising). In: HIRONAKA, G. M. F. N. (Org.). **Direito Civil 3 – Direito dos contratos.** São Paulo: Revista dos Tribunais, 2008.

REDECKER, A. C. **Franquia empresarial**. São Paulo: Memória Jurídica, 2002.

RIZZARDO, A. **Contratos.** 14. ed. Rio de Janeiro: Forense, 2014.

LISBOA, Roberto Senise. **Manual de Direito Civil** – Contratos e Declarações Unilaterais: Teoria Geral e Espécies. 3 ed. São Paulo: Revista dos Tribunais, 2004, v. I.

RODRIGUES, S. **Direito civil**. 30. ed. atual. São Paulo: Saraiva, 2004, v. 3.

ROPPO, E. **O contrato**. Coimbra: Almedina, 2009.

ROQUE, S. J. **Direito contratual civil-mercantil**. 2. ed. rev. São Paulo: Ícone, 2003.

ROQUE, S. J. **Dos contratos civis-mercantis em espécie**. São Paulo: Ícone, 1997.

RUBIO, G. A. El derecho de danos frente a una realidad del mundo de los negocios: el contrato de franchising. **Revista de la Facultad. Córdoba**. Facultad de Derecho y Ciencias Sociales, v. 6, n. 1, 1998.

SAAVEDRA, T. **Vulnerabilidade do franqueado no franchising**. Rio de Janeiro: Lumen Juris, 2005.

SACCO, R. Autonomia contrattuale e tipi. **Rivista Trimestrale di Diritto e Procedura Civil.** n. 3/786, 1966.

SALOMÃO FILHO, C. **Direito concorrencial**: as condutas. São Paulo: Malheiros, 2003.

SANTOS DAVID, ALEXANDRE, **Aplicabilidade e Limites das Cláusulas de Não Concorrência nos Contratos de Franquia**: São Paulo, Almedina, 2019.

SENISE, R. L. **Manual de direito civil – contratos e declarações unilaterais**: teoria geral e espécies. 3. ed. São Paulo: Revista dos Tribunais, 2004, v. I.

SILVA, A. L. M. **Contratos comerciais.** Rio de Janeiro. Forense, 2004.

SILVA, F. M.; TUSA, G. **Contratos empresariais.** São Paulo: Saraiva. 2011 (Série GVlaw).

SIMÃO FILHO, A. **Direito dos negócios aplicado.** São Paulo: Almedina, 2015, v. 1.

___. **Franchising. Aspectos jurídicos e contratuais.** 4. ed. rev. São Paulo: Atlas, 2000.

TAKAHASHI, R. W. A. Franchising: um sistema empreendedor de negócio: o caso da Apolar Imóveis. **ANPAD.** Atibaia: ANPAD, 2003.

UNIDROIT – Instituto Internacional para la Unificación de Derecho Privado. **Guía para los acuerdos de franquicia principal internacional.** Disponível em: <http://www.unidroit.org/spanish/guides/1998franchising/franchising-guide--s.pdf>. Acesso em: 10 nov. 2015.

VARELA, J. M. A. **Das obrigações em geral.** 10. ed. Coimbra: Almedina, 2000.

VASCONCELOS, P. P. **Contratos atípicos.** Coimbra: Almedina, 2009.

VENOSA, S. S. **Direito civil:** contratos em espécie. 9 ed. São Paulo: Atlas, 2009.

___. **Direito civil**: contratos em espécie. 14. ed. São Paulo: Atlas, 2014, v. 3.

___. **Direito civil:** teoria geral das obrigações e teoria geral dos contratos. 10. ed. São Paulo: Atlas, 2010.

WALD, A. **Obrigações e contratos.** 16. ed. rev. São Paulo: Saraiva, 2004.

___. **Direito civil – Introdução e Parte Geral.** 10. ed. São Paulo: Saraiva, 2003.

ANEXOS

Anexo i – Lei da franquia

Presidência da República
Casa Civil
Subchefia para Assuntos Jurídicos

LEI Nº 8.955, DE 15 DE DEZEMBRO DE 1994.

Mensagem de veto Dispõe sobre o contrato de franquia empresarial (franchising) e dá outras providências.

O PRESIDENTE DA REPÚBLICA Faço saber que o Congresso Nacional decreta e eu sanciono a seguinte lei:

Art. 1º Os contratos de franquia empresarial são disciplinados por esta lei.

Art. 2º Franquia empresarial é o sistema pelo qual um franqueador cede ao franqueado o direito de uso de marca ou patente, associado ao direito de distribuição exclusiva ou semi-exclusiva de produtos ou serviços e, eventualmente, também ao direito de uso de tecnologia de implantação e administração de negócio ou sistema operacional desenvolvidos ou detidos pelo franqueador, mediante remuneração direta ou indireta, sem que, no entanto, fique caracterizado vínculo empregatício.

Art. 3º Sempre que o franqueador tiver interesse na implantação de sistema de franquia empresarial, deverá fornecer ao interessado em tornar-se franqueado uma circular de oferta de franquia, por escrito e em linguagem clara e acessível, contendo obrigatoriamente as seguintes informações:

I – histórico resumido, forma societária e nome completo ou razão social do franqueador e de todas as empresas a que esteja diretamente ligado, bem como os respectivos nomes de fantasia e endereços;

II – balanços e demonstrações financeiras da empresa franqueadora relativos aos dois últimos exercícios;

III – indicação precisa de todas as pendências judiciais em que estejam envolvidos o franqueador, as empresas controladoras e titulares de marcas, patentes e direitos autorais relativos à operação, e seus subfranqueadores, questionando especificamente o sistema da franquia ou que possam diretamente vir a impossibilitar o funcionamento da franquia;

IV – descrição detalhada da franquia, descrição geral do negócio e das atividades que serão desempenhadas pelo franqueado;

V – perfil do franqueado ideal no que se refere a experiência anterior, nível de escolaridade e outras características que deve ter, obrigatória ou preferencialmente;

VI – requisitos quanto ao envolvimento direto do franqueado na operação e na administração do negócio;

VII – especificações quanto ao:

a) total estimado do investimento inicial necessário à aquisição, implantação e entrada em operação da franquia;

b) valor da taxa inicial de filiação ou taxa de franquia e de caução; e

c) valor estimado das instalações, equipamentos e do estoque inicial e suas condições de pagamento;

VIII – informações claras quanto a taxas periódicas e outros valores a serem pagos pelo franqueado ao franqueador ou a terceiros por este indicados, detalhando as respectivas bases de cálculo ou o fim a que se destinam, indicando, especificamente, o seguinte:

a) remuneração periódica pelo uso do sistema, da marca ou em troca dos serviços efetivamente prestados pelo franqueador ao franqueado (*royalties*);

b) aluguel de equipamentos ou ponto comercial;

c) taxa de publicidade ou semelhante;

d) seguro mínimo; e

e) outros valores devidos ao franqueador ou a terceiros que a ele sejam ligados;

IX – relação completa de todos os franqueados, subfranqueados e subfranqueadores da rede, bem como dos que se desligaram nos últimos doze meses, com nome, endereço e telefone;

X – em relação ao território, deve ser especificado o seguinte:

a) se é garantida ao franqueado exclusividade ou preferência sobre determinado território de atuação e, caso positivo, em que condições o faz; e

b) possibilidade de o franqueado realizar vendas ou prestar serviços fora de seu território ou realizar exportações;

XI – informações claras e detalhadas quanto à obrigação do franqueado de adquirir quaisquer bens, serviços ou insumos necessários à implantação, operação ou administração de sua franquia, apenas de fornecedores indicados e aprovados pelo franqueador, oferecendo ao franqueado relação completa desses fornecedores;

XII – indicação do que é efetivamente oferecido ao franqueado pelo franqueador, no que se refere a:

a) supervisão de rede;

b) serviços de orientação e outros prestados ao franqueado;

c) treinamento do franqueado, especificando duração, conteúdo e custos;

d) treinamento dos funcionários do franqueado;

e) manuais de franquia;

f) auxílio na análise e escolha do ponto onde será instalada a franquia; e

g) layout e padrões arquitetônicos nas instalações do franqueado;

XIII – situação perante o Instituto Nacional de Propriedade Industrial – (INPI) das marcas ou patentes cujo uso será autorizado pelo franqueador;

XIV – situação do franqueado, após a expiração do contrato de franquia, em relação a:

a) *know-how* ou segredo de indústria a que venha a ter acesso em função da franquia; e

b) implantação de atividade concorrente da atividade do franqueador;

XV – modelo do contrato-padrão e, se for o caso, também do pré-contrato-padrão de franquia adotado pelo franqueador, com texto completo, inclusive dos respectivos anexos e prazo de validade.

Art. 4º A circular oferta de franquia deverá ser entregue ao candidato a franqueado no mínimo 10 (dez) dias antes da assinatura do contrato ou pré-contrato de franquia ou ainda do pagamento de qualquer tipo de taxa pelo franqueado ao franqueador ou a empresa ou pessoa ligada a este.

Parágrafo único. Na hipótese do não cumprimento do disposto no caput deste artigo, o franqueado poderá arguir a anulabilidade do contrato e exigir devolução de todas as quantias que já houver pago ao franqueador ou a terceiros por ele indicados, a título de taxa de filiação e *royalties*, devidamente corrigidas, pela variação da remuneração básica dos depósitos de poupança mais perdas e danos.

Art. 5º (VETADO).

Art. 6º O contrato de franquia deve ser sempre escrito e assinado na presença de 2 (duas) testemunhas e terá validade independentemente de ser levado a registro perante cartório ou órgão público.

Art. 7º A sanção prevista no parágrafo único do art. 4º desta lei aplica-se, também, ao franqueador que veicular informações falsas na sua circular de oferta de franquia, sem prejuízo das sanções penais cabíveis.

Art. 8º O disposto nesta lei aplica-se aos sistemas de franquia instalados e operados no território nacional.

Art. 9º Para os fins desta lei, o termo franqueador, quando utilizado em qualquer de seus dispositivos, serve também para designar o subfranqueador, da mesma forma que as disposições que se refiram ao franqueado aplicam-se ao subfranqueado.

Art. 10. Esta lei entra em vigor 60 (sessenta) dias após sua publicação.

Art. 11. Revogam-se as disposições em contrário.

Brasília, 15 de dezembro de 1994; 173º da Independência e 106º da República.
ITAMAR FRANCO
Ciro Ferreira Gomes
Este texto não substitui o publicado no DOU de 16.12.1994

Anexo ii – Lei da franquia

Presidência da República
Casa Civil
Subchefia para Assuntos Jurídicos

LEI Nº 13.966, DE 26 DE DEZEMBRO DE 2019

Mensagem de veto
Vigência Dispõe sobre o sistema de franquia empresarial e revoga a Lei nº 8.955, de 15 de dezembro de 1994 (Lei de Franquia).

O presidente da república Faço saber que o Congresso Nacional decreta e eu sanciono a seguinte Lei:

Art. 1º Esta Lei disciplina o sistema de franquia empresarial, pelo qual um franqueador autoriza por meio de contrato um franqueado a usar marcas e outros objetos de propriedade intelectual, sempre associados ao direito de produção ou distribuição exclusiva ou não exclusiva de produtos ou serviços e também ao direito de uso de métodos e sistemas de implantação e administração de negócio ou sistema operacional desenvolvido ou detido pelo franqueador, mediante remuneração direta ou indireta, sem caracterizar relação de consumo ou vínculo empregatício em relação ao franqueado ou a seus empregados, ainda que durante o período de treinamento.

§ 1º Para os fins da autorização referida no **caput**, o franqueador deve ser titular ou requerente de direitos sobre as marcas e outros objetos de propriedade intelectual negociados no âmbito do contrato de franquia, ou estar expressamente autorizado pelo titular.

§ 2º A franquia pode ser adotada por empresa privada, empresa estatal ou entidade sem fins lucrativos, independentemente do segmento em que desenvolva as atividades.

Art. 2º Para a implantação da franquia, o franqueador deverá fornecer ao interessado Circular de Oferta de Franquia, escrita em língua portuguesa, de forma objetiva e acessível, contendo obrigatoriamente:

I – histórico resumido do negócio franqueado;

II – qualificação completa do franqueador e das empresas a que esteja ligado, identificando-as com os respectivos números de inscrição no Cadastro Nacional da Pessoa Jurídica (CNPJ);

III – balanços e demonstrações financeiras da empresa franqueadora, relativos aos 2 (dois) últimos exercícios;

IV – indicação das ações judiciais relativas à franquia que questionem o sistema ou que possam comprometer a operação da franquia no País, nas quais sejam parte o franqueador, as empresas controladoras, o subfranqueador e os titulares de marcas e demais direitos de propriedade intelectual;

V – descrição detalhada da franquia e descrição geral do negócio e das atividades que serão desempenhadas pelo franqueado;

VI – perfil do franqueado ideal no que se refere a experiência anterior, escolaridade e outras características que deve ter, obrigatória ou preferencialmente;

VII – requisitos quanto ao envolvimento direto do franqueado na operação e na administração do negócio;

VIII – especificações quanto ao:

a) total estimado do investimento inicial necessário à aquisição, à implantação e à entrada em operação da franquia;

b) valor da taxa inicial de filiação ou taxa de franquia;

c) valor estimado das instalações, dos equipamentos e do estoque inicial e suas condições de pagamento;

IX – informações claras quanto a taxas periódicas e outros valores a serem pagos pelo franqueado ao franqueador ou a terceiros por este indicados, detalhando as respectivas bases de cálculo e o que elas remuneram ou o fim a que se destinam, indicando, especificamente, o seguinte:

a) remuneração periódica pelo uso do sistema, da marca, de outros objetos de propriedade intelectual do franqueador ou sobre os quais este detém direitos ou, ainda, pelos serviços prestados pelo franqueador ao franqueado;

b) aluguel de equipamentos ou ponto comercial;

c) taxa de publicidade ou semelhante;

d) seguro mínimo;

X – relação completa de todos os franqueados, subfranqueados ou subfranqueadores da rede e, também, dos que se desligaram nos últimos 24 (vinte quatro) meses, com os respectivos nomes, endereços e telefones;

XI – informações relativas à política de atuação territorial, devendo ser especificado:

a) se é garantida ao franqueado a exclusividade ou a preferência sobre determinado território de atuação e, neste caso, sob que condições;

b) se há possibilidade de o franqueado realizar vendas ou prestar serviços fora de seu território ou realizar exportações;

c) se há e quais são as regras de concorrência territorial entre unidades próprias e franqueadas;

XII – informações claras e detalhadas quanto à obrigação do franqueado de adquirir quaisquer bens, serviços ou insumos necessários à implantação, operação ou administração de sua franquia apenas de fornecedores indicados e aprovados pelo franqueador, incluindo relação completa desses fornecedores;

XIII – indicação do que é oferecido ao franqueado pelo franqueador e em quais condições, no que se refere a:

a) suporte;

b) supervisão de rede;

c) serviços;

d) incorporação de inovações tecnológicas às franquias;

e) treinamento do franqueado e de seus funcionários, especificando duração, conteúdo e custos;

f) manuais de franquia;

g) auxílio na análise e na escolha do ponto onde será instalada a franquia; e

h) leiaute e padrões arquitetônicos das instalações do franqueado, incluindo arranjo físico de equipamentos e instrumentos, memorial descritivo, composição e croqui;

XIV – informações sobre a situação da marca franqueada e outros direitos de propriedade intelectual relacionados à franquia, cujo uso será autorizado em contrato pelo franqueador, incluindo a caracterização completa, com o número do registro ou do pedido protocolizado, com a classe e subclasse, nos órgãos competentes, e, no caso de cultivares, informações sobre a situação perante o Serviço Nacional de Proteção de Cultivares (SNPC);

XV – situação do franqueado, após a expiração do contrato de franquia, em relação a:

a) know-how da tecnologia de produto, de processo ou de gestão, informações confidenciais e segredos de indústria, comércio, finanças e negócios a que venha a ter acesso em função da franquia;

b) implantação de atividade concorrente à da franquia;

XVI – modelo do contrato-padrão e, se for o caso, também do pré-contrato-padrão de franquia adotado pelo franqueador, com texto completo, inclusive dos respectivos anexos, condições e prazos de validade;

XVII – indicação da existência ou não de regras de transferência ou sucessão e, caso positivo, quais são elas;

XVIII – indicação das situações em que são aplicadas penalidades, multas ou indenizações e dos respectivos valores, estabelecidos no contrato de franquia;

XIX – informações sobre a existência de cotas mínimas de compra pelo franqueado junto ao franqueador, ou a terceiros por este designados, e sobre a possibilidade e as condições para a recusa dos produtos ou serviços exigidos pelo franqueador;

XX – indicação de existência de conselho ou associação de franqueados, com as atribuições, os poderes e os mecanismos de representação perante o franqueador, e detalhamento das competências para gestão e fiscalização da aplicação dos recursos de fundos existentes;

XXI – indicação das regras de limitação à concorrência entre o franqueador e os franqueados, e entre os franqueados, durante a vigência do contrato de franquia, e detalhamento da abrangência territorial, do prazo de vigência da restrição e das penalidades em caso de descumprimento;

XXII – especificação precisa do prazo contratual e das condições de renovação, se houver;

XXIII – local, dia e hora para recebimento da documentação proposta, bem como para início da abertura dos envelopes, quando se tratar de órgão ou entidade pública.

§ 1º A Circular de Oferta de Franquia deverá ser entregue ao candidato a franqueado, no mínimo, 10 (dez) dias antes da assinatura do contrato ou pré-contrato de franquia ou, ainda, do pagamento de qualquer tipo de taxa pelo franqueado ao franqueador ou a empresa ou a pessoa ligada a este, salvo no caso de licitação ou pré-qualificação promovida por órgão ou entidade pública, caso em que a Circular de Oferta de Franquia será divulgada logo no início do processo de seleção.

§ 2º Na hipótese de não cumprimento do disposto no § 1º, o franqueado poderá arguir anulabilidade ou nulidade, conforme o caso, e exigir a devolução de todas e quaisquer quantias já pagas ao franqueador, ou a terceiros por este indicados, a título de filiação ou de ***royalties***, corrigidas monetariamente.

Art. 3º Nos casos em que o franqueador subloque ao franqueado o ponto comercial onde se acha instalada a franquia, qualquer uma das partes terá legitimidade para propor a renovação do contrato de locação do imóvel, vedada a exclusão de qualquer uma delas do contrato de locação e de sublocação por ocasião da sua renovação ou prorrogação, salvo nos casos de inadimplência dos respectivos contratos ou do contrato de franquia.

Parágrafo único. O valor do aluguel a ser pago pelo franqueado ao franqueador, nas sublocações de que trata o **caput**, poderá ser superior ao valor que o franqueador paga ao proprietário do imóvel na locação originária do ponto comercial, desde que:

I – essa possibilidade esteja expressa e clara na Circular de Oferta de Franquia e no contrato; e

II – o valor pago a maior ao franqueador na sublocação não implique excessiva onerosidade ao franqueado, garantida a manutenção do equilíbrio econômico-financeiro da sublocação na vigência do contrato de franquia.

Art. 4º Aplica-se ao franqueador que omitir informações exigidas por lei ou veicular informações falsas na Circular de Oferta de Franquia a sanção prevista no § 2º do art. 2º desta Lei, sem prejuízo das sanções penais cabíveis.

Art. 5º Para os fins desta Lei, as disposições referentes ao franqueador ou ao franqueado aplicam-se, no que couber, ao subfranqueador e ao subfranqueado, respectivamente.

Art. 6º (VETADO).

Art. 7º Os contratos de franquia obedecerão às seguintes condições:

I – os que produzirem efeitos exclusivamente no território nacional serão escritos em língua portuguesa e regidos pela legislação brasileira;

II – os contratos de franquia internacional serão escritos originalmente em língua portuguesa ou terão tradução certificada para a língua portuguesa custeada pelo franqueador, e os contratantes poderão optar, no contrato, pelo foro de um de seus países de domicílio.

§ 1º As partes poderão eleger juízo arbitral para solução de controvérsias relacionadas ao contrato de franquia.

§ 2º Para os fins desta Lei, entende-se como contrato internacional de franquia aquele que, pelos atos concernentes à sua conclusão ou execução, à situação das partes quanto a nacionalidade ou domicílio, ou à localização de seu objeto, tem liames com mais de um sistema jurídico.

§ 3º Caso expresso o foro de opção no contrato internacional de franquia, as partes deverão constituir e manter representante legal ou procurador devidamente qualificado e domiciliado no país do foro definido, com poderes para representá-las administrativa e judicialmente, inclusive para receber citações.

Art. 8º A aplicação desta Lei observará o disposto na legislação de propriedade intelectual vigente no País.

Art. 9º Revoga-se a Lei nº 8.955, de 15 de dezembro de 1994 (Lei de Franquia).

Art. 10. Esta Lei entra em vigor após decorridos 90 (noventa) dias de sua publicação oficial.

Brasília, 26 de dezembro de 2019; 198º da Independência e 131º da República.

JAIR MESSIAS BOLSONARO

Paulo Guedes

Anexo iii – Código de consulta e princípios éticos

ABF – ASSOCIAÇÃO BRASILEIRA DE FRANCHISING
CÓDIGO DE CONDUTA E PRINCÍPIOS ÉTICOS

Capítulo i – Da natureza do documento

Art. 1º O presente Código de Conduta é orientado por princípios éticos e desdobrado em normas de comportamento que envolvem o sistema de franchising Brasileiro.

Capítulo II – Objetivos e abrangência

Art. 2º O Código tem como objetivos:

I – Elevar o nível de confiança e de respeito mútuo entre participantes do Sistema de Franchising a saber: associados, prestadores de serviços, diretores e colaboradores da ABF;

II – Enfatizar a importância do contínuo aprimoramento educacional, cultural e profissional de todos os envolvidos na atividade de franchising;

III – Servir de referência para avaliação de eventuais violações das normas de conduta aqui consagradas;

IV – Defender a imagem e a reputação do Sistema de Franchising brasileiro, como fatores fundamentais para o êxito dos empreendimentos e do próprio conceito de negócio.

Capítulo iii – Princípios éticos adotados

Art. 3º Este Código é regido pelos seguintes princípios éticos:

I – Transparência;

II – Integridade;

III – Respeito;

IV – Responsabilidade Corporativa.

Transparência

Art. 4º As organizações são transparentes, no conceito consagrado pela governança corporativa, quando obedecem ao critério de relevância ao divulgar informações, sejam ou não obrigatórias por leis ou regulamentos, mas que de fato interessam aos seus públicos. Em consequência as seguintes normas devem ser observadas:

I – prestar e divulgar informações claras, exatas, fiéis, que propiciem aos futuros e atuais parceiros condições concretas de avaliação dos riscos de cada investimento;

II – não utilizar cópias ou imitações de marcas registradas, nome comercial, "slogan", logotipo, qualquer outro traço de identificação ou outros direitos de propriedade intelectual pertencente a outra empresa, nacional ou estrangeira, que possam iludir ou induzir a terceiros interessados a erro ou engano;

III – prover os candidatos a franqueados com as informações indispensáveis para o processo de seleção e para o bom relacionamento entre franqueadores e franqueados em termos de direitos, obrigações, particularidades e correspondentes responsabilidades;

IV – ressalvada a hipótese de justificado sigilo, informar os planos ou decisões da ABF, que sejam de interesse dos públicos internos e externos, os quais deverão ser objeto de divulgação para, com isso, incentivar as contribuições de todos os participantes do sistema;

V – considerar que as informações que a ABF possuir sobre seus associados, respectivos colaboradores, são confidenciais e sua divulgação para terceiros dependerá de expressa autorização dos envolvidos, exceção feita aos casos disciplinados por lei;

VI – manter compromisso com a veracidade e tempestividade de todas as informações prestadas à ABF.

Integridade

Art. 5º A Integridade consiste na forma transparente, leal e honesta com a qual se desenvolvem as relações sejam elas pessoais e profissionais. É o respeito às leis do País como cidadão, bem como o respeito as normas internas da ABF, condutas e boas práticas que regem o sistema de franchising. Em consequência os seguintes deveres devem ser observados:

I – conhecer, divulgar e cumprir a legislação que rege a atividade de franchising (Lei 8955/94), bem como as normas internas da ABF, entre as quais se incluem seu Estatuto Social e este Código, tendo em vista que a violação desses normativos poderá afetar seriamente as relações de negócio ou de trabalho entre quaisquer associados, seus diretores e colaboradores;

II – levar sempre ao conhecimento da ABF, através da Comissão de Ética, a ocorrência de violação de qualquer disposição deste Código, por qualquer dos associados, franqueados e seus diretores ou colaboradores;

III – não participar de atividades ou serviços incompatíveis com as boas práticas de franchising ou cujo modelo de negócio ou estrutura legal se revelem conflitantes com as normas deste Código;

IV – não realizar publicidade e divulgação de franquias, marcas, produtos ou serviços que contenham ambiguidades, ou sejam fantasiosas ou enganosas sob a perspectiva de potenciais franqueados;

V – utilizar de forma adequada a marca ABF, a chancela do SELO DE EXCELÊNCIA e outras chancelas e sinais distintivos da ABF;

VI – reger seus negócios sempre buscando aplicar as melhores práticas do franchising e as melhores práticas de administração de negócios.

Respeito

Art. 6º A Ética se caracteriza pela prevalência dos valores coletivos sobre os individuais e se materializa, entre outros princípios, no respeito, que é reconhecido pela ética da reciprocidade. É um valor que conduz o homem a reconhecer, aceitar, apreciar e valorizar as qualidades do próximo, os seus direitos, deveres e responsabilidades. Por força deste princípio, deve-se:

I – colaborar ativamente na formação de uma cultura de respeito pelo sistema de franchising, por meio da atividade empresarial, pessoal ou profissional com princípios de sustentabilidade;

II – articular parcerias e conduzir negócios em conjunto com stakeholders que também tenham, em suas práticas, princípios norteados por respeito ao meio ambiente, à pessoa e a sociedade;

III – respeitar as boas práticas de concorrência, com firme oposição a:

§ 1º aliciamento de franqueados, clientes e colaboradores de outros associados;

§ 2º invasão e canibalização de território;

IV – assegurar as mesmas oportunidades para todos os envolvidos no sistema de franchising, respeitando cada categoria de associado.

Responsabilidade corporativa

Art. 7º Responsabilidade corporativa é a conciliação das esferas econômica, ambiental e social na geração de um cenário de continuidade e de expansão das atividades das empresas, sob a égide dos interesses maiores da sociedade. A partir desse princípio, a seguintes normas devem ser observadas:

I – utilizar sempre as melhores práticas de governança;

II – manter integração dos associados com ações sociais;

III – certificar a inexistência do trabalho infantil e forçado na cadeia produtiva;

IV – incentivar o empreendedorismo através da criação e realização de projetos, serviços ou negócios, produzindo inovações relevantes nas atividades dos associados, dedicando tempo e esforços, correndo riscos calculados e gerando lucro para o negócio e valor para a cadeia produtiva do sistema de Franchising.

Capítulo iv – Gestão do código

Art. 8º Caberá ao Conselho Diretor da ABF a divulgação deste Código.

Art. 9º Caberá a Comissão de Ética cuidar da constante adequação e atualização deste Código.

Art. 10. Será também de sua competência dirimir questões de interpretação, bem como tomar conhecimento de casos de violação e julgá-los, na forma do disposto no Estatuto Social da ABF e no Regimento Interno da Comissão de Ética.

Art. 11. A estrutura, composição e as normas operacionais da Comissão de Ética estão previstas no seu Regimento Interno, disponível no site da ABF.

Art. 12. É direito dos associados e pessoas, físicas ou jurídicas, a eles vinculados, recorrer à Comissão de Ética da ABF em defesa dos interesses relacionados a conduta e boas práticas do sistema de franchising.

Art. 13. A Comissão de Ética irá analisar questões de natureza contratual desde que oriundos do descumprimento de conduta ética e das demais disposições previstas neste código.

Art. 14. Não caberá a Comissão de Ética analisar questões que já sejam objeto de litígio em discussão na esfera judicial (Justiça Comum ou Arbitral).

Capítulo v – Das penalidades

Art. 15. A violação das normas de conduta estabelecidas neste Código poderá ensejar a aplicação das penalidades previstas no Capítulo VI do Estatuto Social da ABF entre elas:

I – Comunicação de "Não Conformidade";

II – Advertência;

III – Suspensão;

IV – Exclusão.

Art. 16. O presente Código integra-se ao conjunto de normas que regem o Sistema de Franchising, no que diz respeito aos associados e pessoas, físicas ou jurídicas, a eles relacionados, e será de cumprimento obrigatório.

Capítulo vi – Do termo de compromisso

Art. 16. O presente Código integra-se ao conjunto de normas que regem o Sistema de Franchising, no que diz respeito aos associados e pessoas, físicas ou jurídicas, a eles relacionados, e será de cumprimento obrigatório.

Capítulo vii – Do apêndice

Art. 17. É apêndice deste Código:

I – RICE – Regimento Interno da Comissão de Ética.

Anexo iv – Quadro comparativo de leis

QUADRO COMPARATIVO	
Lei 8.955/94 - LEI REVOGADA	LEI 13.966/19 - NOVA LEI
Artigo 2º – Franquia empresarial é o sistema pelo qual um franqueador cede ao franqueado o direito de uso de marca ou patente, associado ao direito de distribuição exclusiva ou semi-exclusiva de produtos ou serviços e, eventualmente, também ao direito de uso de tecnologia de implantação e administração de negócio ou sistema operacional desenvolvidos ou detidos pelo franqueador, mediante remuneração direta ou indireta, sem que, no entanto, fique caracterizado vínculo empregatício.	Artigo 1º – **Esta Lei disciplina o sistema de franquia empresarial**, pelo qual um franqueador **autoriza por meio de contrato um franqueado a usar marcas e outros objetos de propriedade intelectual, sempre** associados ao direito de produção ou distribuição exclusiva ou não exclusiva de produtos ou serviços e também ao direito de uso de métodos e sistemas de implantação e administração de negócio ou sistema operacional desenvolvido ou detido pelo franqueador, mediante remuneração direta ou indireta, **sem caracterizar relação de consumo ou vínculo empregatício em relação ao franqueado ou a seus empregados, ainda que durante o período de treinamento.**
–	§ 1º Para os fins da autorização referida no caput, o franqueador deve ser titular ou requerente de direitos sobre as marcas e outros objetos de propriedade intelectual negociados no âmbito do contrato de franquia, ou estar expressamente autorizado pelo titular.
–	§ 2º A franquia pode ser adotada por empresa privada, empresa estatal ou entidade sem fins lucrativos, independentemente do segmento em que desenvolva as atividades.
Art. 3º Sempre que o franqueador tiver interesse na implantação de sistema de franquia empresarial, deverá fornecer ao interessado em tornar-se franqueado uma circular de oferta de franquia, por escrito e em linguagem clara e acessível, contendo obrigatoriamente as seguintes informações:	Art. 2º Para a implantação da franquia, o franqueador deverá fornecer ao interessado Circular de Oferta de Franquia, **escrita em língua portuguesa**, de forma objetiva e acessível, contendo obrigatoriamente:

QUADRO COMPARATIVO	
Lei 8.955/94 – LEI REVOGADA	LEI 13.966/19 – NOVA LEI
-	II – Qualificação completa do franqueador e das empresas a que esteja ligado, identificando-as com os respectivos números de inscrição no Cadastro Nacional da Pessoa Jurídica (CNPJ);
VII – Especificações quanto ao: b) Valor da taxa inicial de filiação ou taxa de franquia e de **caução;**	VIII – Especificações quanto ao: b) Valor da taxa inicial de filiação ou taxa de franquia;
VIII – a) Remuneração periódica pelo uso do sistema, da marca ou em troca dos serviços efetivamente prestados pelo franqueador ao franqueado (*royalties*); b) Aluguel de equipamentos ou ponto comercial; c) Taxa de publicidade ou semelhante; d) Seguro mínimo; **e) Outros valores devidos ao franqueador ou a terceiros que a ele sejam ligados;**	IX – a) Remuneração periódica pelo uso do sistema, da marca, **de outros objetos de propriedade intelectual do franqueador ou sobre os quais este detém direitos ou, ainda**, pelos serviços prestados pelo franqueador ao franqueado; b) Aluguel de equipamentos ou ponto comercial c) Taxa de publicidade ou semelhante; d) Seguro mínimo;
IX – Relação completa de todos os franqueados, subfranqueados e subfranqueadores da rede, bem como dos que se desligaram nos últimos doze meses, com nome, endereço e telefone;	X – Relação completa de todos os franqueados, subfranqueados ou subfranqueadores da rede e, também, dos que se desligaram nos **últimos 24 (vinte quatro) meses**, com os respectivos nomes, endereços e telefones;
-	XI – c) Se há e quais são as regras de concorrência territorial entre unidades próprias e franqueadas;

QUADRO COMPARATIVO	
Lei 8.955/94 - LEI REVOGADA	LEI 13.966/19 - NOVA LEI
XII - Indicação do que é efetivamente oferecido ao franqueado pelo franqueador, no que se refere a: a) Supervisão de rede; b) Serviços de orientação e outros prestados ao franqueado; c) Treinamento do franqueado, especificando duração, conteúdo e custos; d) Treinamento dos funcionários do franqueado; e) Manuais de franquia; f) Auxílio na análise e escolha do ponto onde será instalada a franquia; e g) Layout e padrões arquitetônicos nas instalações do franqueado;	XIII - Indicação do que é oferecido ao franqueado pelo franqueador e em quais condições, no que se refere a: **a) Suporte;** b) Supervisão de rede; c) Serviços; **d) Incorporação de inovações tecnológicas às franquias;** e) Treinamento do franqueado e de seus funcionários, especificando duração, conteúdo e custos; f) Manuais de franquia; g) Auxílio na análise e na escolha do ponto onde será instalada a franquia; e h) Leiaute e padrões arquitetônicos das instalações do franqueado, **incluindo arranjo físico de equipamentos e instrumentos, memorial descritivo, composição e croqui;**
XIII - Situação perante o Instituto Nacional de Propriedade Industrial - (INPI) das marcas ou patentes cujo uso será autorizado pelo franqueador;	XIV - Informações sobre a situação da marca franqueada e outros direitos de propriedade intelectual relacionados à franquia, cujo uso será autorizado em contrato pelo franqueador, incluindo a caracterização completa, com o número do registro ou do pedido protocolizado, com a classe e subclasse, nos órgãos competentes, e, no caso de cultivares, informações sobre a situação perante o Serviço Nacional de Proteção de Cultivares (SNPC);
XIV - a) Know how ou segredo de indústria a que venha a ter acesso em função da franquia;	XV - a) **Know-how da tecnologia de produto, de processo ou de gestão, informações confidenciais e segredos de indústria, comércio, finanças e negócios** a que venha a ter acesso em função da franquia;
XIV - b) Implantação de atividade concorrente da atividade do franqueador;	XV - b) Implantação de atividade **concorrente à da franquia**;

QUADRO COMPARATIVO	
Lei 8.955/94 - LEI REVOGADA	LEI 13.966/19 - NOVA LEI
XV - Modelo do contrato-padrão e, se for o caso, também do pré-contrato-padrão de franquia adotado pelo franqueador, com texto completo, inclusive dos respectivos anexos e prazo de validade.	XVI - Modelo do contrato-padrão e, se for o caso, também do pré-contrato-padrão de franquia adotado pelo franqueador, com texto completo, inclusive dos respectivos anexos, **condições** e prazos de validade;
-	XVII - Indicação da existência ou não de regras de transferência ou sucessão e, caso positivo, quais são elas;
-	XVIII - Indicação das situações em que são aplicadas penalidades, multas ou indenizações e dos respectivos valores, estabelecidos no contrato de franquia;
-	XIX - Informações sobre a existência de cotas mínimas de compra pelo franqueado junto ao franqueador, ou a terceiros por este designados, e sobre a possibilidade e as condições para a recusa dos produtos ou serviços exigidos pelo franqueador;
-	XX - Indicação de existência de conselho ou associação de franqueados, com as atribuições, os poderes e os mecanismos de representação perante o franqueador, e detalhamento das competências para gestão e fiscalização da aplicação dos recursos de fundos existentes;
-	XXI - Indicação das regras de limitação à concorrência entre o franqueador e os franqueados, e entre os franqueados, durante a vigência do contrato de franquia, e detalhamento da abrangência territorial, do prazo de vigência da restrição e das penalidades em caso de descumprimento;
-	XXII - Especificação precisa do prazo contratual e das condições de renovação, se houver;

QUADRO COMPARATIVO	
Lei 8.955/94 - LEI REVOGADA	LEI 13.966/19 - NOVA LEI
-	XXIII - Local, dia e hora para recebimento da documentação proposta, bem como para início da abertura dos envelopes, quando se tratar de órgão ou entidade pública.
Art. 4º A circular oferta de franquia deverá ser entregue ao candidato a franqueado no mínimo 10 (dez) dias antes da assinatura do contrato ou pré-contrato de franquia ou ainda do pagamento de qualquer tipo de taxa pelo franqueado ao franqueador ou a empresa ou pessoa ligada a este.	§ 1º A Circular de Oferta de Franquia deverá ser entregue ao candidato a franqueado, no mínimo, 10 (dez) dias antes da assinatura do contrato ou pré-contrato de franquia ou, ainda, do pagamento de qualquer tipo de taxa pelo franqueado ao franqueador ou a empresa ou a pessoa ligada a este, **salvo no caso de licitação ou pré-qualificação promovida por órgão ou entidade pública, caso em que a Circular de Oferta de Franquia será divulgada logo no início do processo de seleção.**
Parágrafo único. Na hipótese do não cumprimento do disposto no caput deste artigo, o franqueado poderá argüir a anulabilidade do contrato e exigir devolução de todas as quantias que já houver pago ao franqueador ou a terceiros por ele indicados, a título de taxa de filiação e *royalties*, **devidamente corrigidas, pela variação da remuneração básica dos depósitos de poupança mais perdas e danos.**	§ 2º Na hipótese de não cumprimento do disposto no § 1º, o franqueado poderá arguir anulabilidade **ou nulidade, conforme o caso**, e exigir a devolução de todas e quaisquer quantias já pagas ao franqueador, ou a terceiros por este indicados, a título de filiação ou de *royalties*, corrigidas monetariamente.
-	Art. 3º Nos casos em que o franqueador subloque ao franqueado o ponto comercial onde se acha instalada a franquia, qualquer uma das partes terá legitimidade para propor a renovação do contrato de locação do imóvel, vedada a exclusão de qualquer uma delas do contrato de locação e de sublocação por ocasião da sua renovação ou prorrogação, salvo nos casos de inadimplência dos respectivos contratos ou do contrato de franquia.

QUADRO COMPARATIVO	
Lei 8.955/94 – LEI REVOGADA	**LEI 13.966/19 – NOVA LEI**
–	Parágrafo único. O valor do aluguel a ser pago pelo franqueado ao franqueador, nas sublocações de que trata o **caput**, poderá ser superior ao valor que o franqueador paga ao proprietário do imóvel na locação originária do ponto comercial, desde que:
–	I – Essa possibilidade esteja expressa e clara na Circular de Oferta de Franquia e no contrato;
–	II – O valor pago a maior ao franqueador na sublocação não implique excessiva onerosidade ao franqueado, garantida a manutenção do equilíbrio econômico-financeiro da sublocação na vigência do contrato de franquia.
Art. 7º A sanção prevista no parágrafo único do art. 4º desta lei aplica-se, também, ao franqueador que veicular informações falsas na sua circular de oferta de franquia, sem prejuízo das sanções penais cabíveis.	Art. 4º **Aplica-se ao franqueador que omitir informações** exigidas por lei ou veicular informações falsas na Circular de Oferta de Franquia a sanção prevista no § 2º do art. 2º desta Lei, sem prejuízo das sanções penais cabíveis.
Art. 8º O disposto nesta lei aplica-se aos sistemas de franquia instalados e operados no território nacional.	–
Art. 9º Para os fins desta lei, o termo franqueador, quando utilizado em qualquer de seus dispositivos, serve também para designar o subfranqueador, da mesma forma que as disposições que se refiram ao franqueado aplicam-se ao subfranqueado.	Art. 5º Para os fins desta Lei, as disposições referentes ao franqueador ou ao franqueado aplicam-se, no que couber, ao subfranqueador e ao subfranqueado, respectivamente.
–	Art. 7º Os contratos de franquia obedecerão às seguintes condições:
–	I – Os que produzirem efeitos exclusivamente no território nacional serão escritos em língua portuguesa e regidos pela legislação brasileira;

QUADRO COMPARATIVO	
Lei 8.955/94 - LEI REVOGADA	LEI 13.966/19 - NOVA LEI
-	II - Os contratos de franquia internacional serão escritos originalmente em língua portuguesa ou terão tradução certificada para a língua portuguesa custeada pelo franqueador, e os contratantes poderão optar, no contrato, pelo foro de um de seus países de domicílio.
-	§ 1º As partes poderão eleger juízo arbitral para solução de controvérsias relacionadas ao contrato de franquia.
-	§ 2º Para os fins desta Lei, entende-se como contrato internacional de franquia aquele que, pelos atos concernentes à sua conclusão ou execução, à situação das partes quanto a nacionalidade ou domicílio, ou à localização de seu objeto, tem liames com mais de um sistema jurídico.
-	§ 3º Caso expresso o foro de opção no contrato internacional de franquia, as partes deverão constituir e manter representante legal ou procurador devidamente qualificado e domiciliado no país do foro definido, com poderes para representá-las administrativa e judicialmente, inclusive para receber citações.
-	Art. 8º A aplicação desta Lei observará o disposto na legislação de propriedade intelectual vigente no País.
-	Art. 9º Revoga-se a Lei nº 8.955, de 15 de dezembro de 1994 (Lei de Franquia).
Art. 10. Esta lei entra em vigor 60 (sessenta) dias após sua publicação.	Art. 10. Esta Lei entra em vigor após decorridos 90 (noventa) dias de sua publicação oficial
Art. 11. Revogam-se as disposições em contrário.	-